# 太极的智慧

李世化◎著

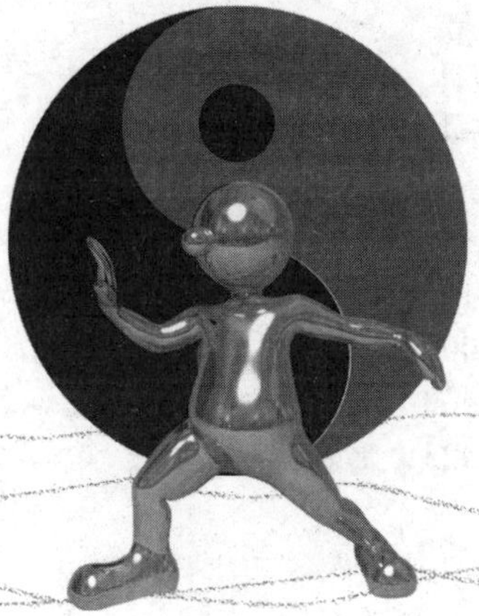

当代世界出版社
THE CONTEMPORARY WORLD PRESS

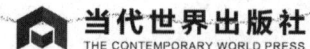

图书在版编目（CIP）数据

太极的智慧 / 李世化著. -- 北京：当代世界出版社，2018.9
ISBN 978-7-5090-1334-2

Ⅰ.①太… Ⅱ.①李… Ⅲ.①太极—研究—中国 Ⅳ.① B221.5

中国版本图书馆 CIP 数据核字 (2018) 第 013478 号

## 太极的智慧

| 作　　者： | 李世化 |
|---|---|
| 出版发行： | 当代世界出版社 |
| 地　　址： | 北京市复兴路 4 号（100860） |
| 网　　址： | http://www.worldpress.org.cn |
| 编务电话： | （010）83908456 |
| 发行电话： | （010）83908410（传真） |
| | （010）83908408 |
| | （010）83908409 |
| | （010）83908423（邮购） |
| 经　　销： | 新华书店 |
| 印　　刷： | 北京彩虹伟业印刷有限公司 |
| 开　　本： | 710mm×1000mm　1/16 |
| 印　　张： | 14 |
| 字　　数： | 220 千字 |
| 版　　次： | 2018 年 9 月第 1 版 |
| 印　　次： | 2018 年 9 月第 1 次 |
| 书　　号： | ISBN 978-7-5090-1334-2 |
| 定　　价： | 45.00 元 |

如发现印装质量问题，请与承印厂联系调换。
版权所有，翻印必究；未经许可，不得转载！

# 序言一
# 探究太极的真谛

很多人都有一个疑问，什么叫太极？那么玄妙的东西，恐怕离我们的生活很远。其实，太极是一种遥远的自然现象。在147亿年前，宇宙间曾经有过一次巨大的爆炸，这次爆炸之后，宇宙中形成了这样一种现象：鸿蒙混沌，渺冥虚空，无形无象，无声无臭。在中国，人们将其称之为"太极"。

太极在不断的运动变化中逐渐分化，形成绝对运动和相对静止两种仪态，这就是我们今天所说的"两仪"，"两仪"在宇宙常数的支配下又逐渐分化，出现四种原始现象，分别为"空间、时间、力量、数量"这四种原始现象，在今天被我们称作"四象"。然后"四象"再次衍化，形成八种事物特征，他们分别为："自强不息的天体（乾）、厚德载物的大地（坤）、供给能源的太阳（离）、滋润万物的雨露（坎）、无孔不入的大风（巽）、蕴藏能量的山丘（艮）、迅猛激烈的雷电（震）、平衡环境的云雾（兑）"，这八种特征就是今天我们所称的"八卦"。

也就是说，科学研究在今天发现的宇宙规律是两千五百年以前的自然现象。对此，我国古老的科学书籍《易经》曾进行过这样的描述："是故易有太极，太极生两仪，两仪生四象，四象生八卦，八卦生吉凶，吉凶生大业。"

所谓"太极智慧"，就是在太极思想的基础上建立并延伸出来的哲学理念、辩证方法、万物规律，进而对社会、对个人带来有益的启示。其实，太极，不仅有太始，还有太终。宇宙太极只是太极的一种原始形态，一物一太

极,一事一太极,事物皆太极,太极生事物。在我们周围,每种事物都是一个太极,每一个太极都是一个完整的体系。

比如,在生物体系中,生态网络体系是一个大太极,存在于这种生态网络体系中的每一个生物又是一个小太极。太极是一个完美的宇宙结构,我们之所以会看到那么多无序的现象,是因为多数人只会用三维思考问题,而没有学会用太极四维思考问题。要研究一件事物,就要研究他的"基因序列"。因此,这就需要我们建立太极思维,只有这样才能提升境界、增加智识,进而形成终极智慧,也就是我们所说的"太极智慧"。

在现实生活中,我们若想做到处事不惊、四平八稳、游刃有余,就要深刻理解太极的智慧,并将之化为己用,以阴阳之理应万物之变,遵循能量守恒,以静制动,以不变应万变。

# 序言二
# 学习太极智慧,把握人生真谛

作为自然界的主宰者,人类生活在地球上,仰望天空,俯视大地,自然需要掌握生存、发展的大智慧。在这个"高效率、高节奏、高压力"的时代里,很多人迷失了自己,找不到真正的幸福。他们加班加点地工作,全心全意地付出,可是依然感受不到足够的温暖,获取不到想要的东西,得不到想要达到的目标,实现不了心中的梦想,反而经常会吵架、生气、郁闷、迷茫、痛苦……是什么导致这些现象的发生呢?

生活本应该是美好的,丰富多彩的,除了工作、学习、赚钱之外,还应该有许多美好的事物存在于我们的生命之中,等待着我们去追求、去享用:温馨的家庭、和谐的人际关系、浪漫的爱情、动听的音乐、美妙的舞姿、自由自在的旅行等等。然而,很多时候,我们忽略了它们,感受不到它们,一味地给自己的心灵投注潮气,使自己与阳光明媚的世界渐行渐远,越来越靠近阴暗的角落。

因此,太极智慧告诫我们,人的生活必须合乎天道:拥有辽阔无声、宽广无形的胸怀;独立、勇敢、无所畏惧的气魄;举一反三、灵活多变的灵气;趋利避害、预知危险的先知;高处立、平处坐、低处行的立身之德;慎独自修、心无妄念的克己精神;宠辱不惊、达观处变的从容;辨真识假、处世方圆的明智;上善若水、无欲则刚的上德;顺应天性、超脱生死的豁达……

太极智慧包罗万象、博大精深。近年来随着中西方文化交流的日益深入,太极智慧的世界意义也日渐显著,越来越多的西方学者不遗余力地探求

其中的深远奥秘，寻求人类文明的精华，深究古代智慧的底蕴。到目前为止，有关太极智慧的文学书籍数不胜数，太极智慧被译成多国语言大量发行。

数百年来，人们一直通过两种渠道研究太极，一条是修心，一条是修身。或是普通百姓，或是开明志士，或是达官显贵，他们都在用自己的身体乃至整个生命，实践着太极哲理，探究着太极智慧的精髓。

为了更好地学习和参悟太极的真义，参透为人处世的至高智慧，进一步追寻生命的真正价值，我们编写了这本《太极的智慧》。本书共计十个章节，从太极思维、太极拳理、太极的修心智慧、太极的立身智慧、太极的为人智慧、太极的处世智慧、太极的生存智慧、太极的健康智慧、太极的成功智慧，讲述中国人"师法自然"的太极大智慧，道出了天地万物的发展、变化之玄机，解释了阴阳和谐之微妙。《太极的智慧》讲述的是为人处世的方略，道出了人生进退之术，涵盖了利身利心的人生哲理。

本书的理论知识源自太极智慧对世态人情的深彻洞察和深刻思索。社会动荡、人事纠纷、人生无常，点点滴滴积淀成了太极关于人性修养、处世哲学、为人之道、养生之道、成功之道等智慧之学。本书通透解读了太极智慧，明辨世间百态的玄妙之机，实现了"执古之道，以御今之有"。书中结合真实的现实生活，列举了大量妙趣横生的古今中外案例，以及多角度、全面、细致的解析，力争为读者呈现出理论与现实全方位结合的立体化效果，使读者能够更好地体会和感悟太极的大智慧。

在每一次感悟中，或许你心灵和潜在的能量正在迅速壮大，你的生活和事业正在不知不觉中实现一次又一次的提升，而这每一次的提升，每一次的感悟，都能让你、我、他见识到不一样的人生风景，达到与众不同的人生意境。无论是修身养性、待人接物，还是征战商海、置身职场，又或是从政入仕；无论是名门望族、巨贾富商，还是普普通通的平民百姓，总能在本书中找到自己所需要的处世智慧，从而使自己的人生放松下来，在实现人生价值的同时享受幸福和美好。

以太极智慧处世，做人自然雅淡抒节、心逸身安、左右逢源；以太极智慧经商，企业自然人气大升，在商场中大放光芒；以太极智慧从政，仕途自然一帆风顺，平步青云；以太极智慧求学，学业自然更上一层楼；以太极智慧追求成功，成功自然水到渠成……

# 目 录

序言1　探究太极的真谛　001
序言2　学习太极智慧，把握人生真谛　003

**第一章　太极思维：中国人师法自然的生存智慧**　001
　　1. 太极，万法自然的道理　002
　　2. 道教与太极　005
　　3. 太极乃修身处世之道　007
　　4. 阴阳知分晓　011
　　5. 于无为处知有为　014
　　6. 阴与阳，太极与社会　017

**第二章　太极拳理：通达人与天道的规律和法则**　021
　　1. 双脚如树，踏地生根　022
　　2. 保持姿态，站直立正　025
　　3. 全身放松，顺其自然　028

4. 为自己做一次深呼吸　　　　　　　　　031

　　5. 立身中，保持中心　　　　　　　　　　034

　　6. 身处动荡也要集中精神　　　　　　　　037

　　7. 让身体和心灵一起保持平衡　　　　　　040

**第三章　太极运行智慧：顺势而为，才能大有作为**　　043

　　1. 养虚灵，修智慧　　　　　　　　　　　044

　　2. 太极竞争——虚与实　　　　　　　　　047

　　3. 太极战略——顺与动　　　　　　　　　050

　　4. 太极资源——行与势　　　　　　　　　053

　　5. 圈子与个人，通则合，合则通　　　　　056

　　6. 加法与减法，看轻才能看清　　　　　　059

　　7. 动与静，互相转化互相依存　　　　　　062

**第四章　太极修心智慧：用一颗沉静心看花开云起**　　065

　　1. 天人合一，道法自然，自然即道　　　　066

　　2. 其大无外，其小无内　　　　　　　　　069

　　3. 宇宙大人体，人体小宇宙　　　　　　　072

　　4. 企业亦宇宙，企业亦太极　　　　　　　075

　　5. 意念贯穿，动如抽丝，势断意不断，藕断丝相连　　077

　　6. 阴阳转换如昼夜交替　　　　　　　　　080

　　7. 松静定慧空　　　　　　　　　　　　　083

**第五章　太极立身智慧：与众人行又不失真性情**　　087

　　1. 天性和本色是你独享的资本　　　　　　088

　　2. 瞭望世界从认识自己开始　　　　　　　091

3. 学会"装傻"就不再是"傻瓜" **094**

　　4. 坚守自我的同时也能顺遂众人 **097**

　　5. 直视个人劣势，发扬内在优势 **100**

　　6. 胜己者，天下莫能与之争雄 **103**

**第六章　太极为人智慧：学会"外圆内方"　107**

　　1. 福祸相依，顺承生活中的不如意之事 **108**

　　2. 圆转如意，做人应"外圆内方" **111**

　　3. 推己及人，帮助别人就是帮助自己 **113**

　　4. 人贵有自知之明 **116**

　　5. 得失之间，有失才能有得 **119**

　　6. 忘却才能享福，善遗忘的人才能生存 **122**

　　7. 大智若愚，大巧若拙 **125**

**第七章　太极处世智慧：纷乱世情中保持淡然的境界　129**

　　1. 做事不要过分与执着 **130**

　　2. 礼仪之术，人人须重视的积累 **133**

　　3. 用"真诚"为明天开路 **136**

　　4. 宽容就是潇洒别人，逍遥自己 **139**

　　5. 接纳别人与自己不同的地方 **142**

　　6. 人言不可畏，笑而置之 **145**

**第八章　太极生存智慧：上善若水，不争才是争　151**

　　1. 太极平衡：举重若轻与举轻若重 **152**

　　2. 上善若水，不争才是争 **155**

　　3. 分清主次，生存下去才有利益可谈 **158**

4. 太极容纳万物，以"平常心"对待世情　　161
5. 宠辱不惊，惯看世事无常　　164
6. 读懂了"生""死"，才能更加坦然　　167
7. 无欲则刚，不让欲望做主　　170

## 第九章　太极健康智慧：养生的根本在于"慈俭和静"　　175

1. 调整心态，增强活力　　176
2. 阴阳平衡，祛病强身　　179
3. 体脑并练，延缓衰老　　182
4. 量变质变，巩固提高　　185
5. 静神养心，滋养精气　　188
6. 松劲养肝，调理怒火　　191

## 第十章　太极成功智慧：梦想在坚守与顺应中照进现实　　195

1. 突发奇想不等于想象和幻觉　　196
2. 自发行为和直觉力很重要　　199
3. 你需要创作力和想象力　　202
4. 太极，解决冲突的钥匙　　205
5. 每天打一拳，益寿又延年　　208
6. 保持戒惧，才能少走弯路　　211

## 第一章
# 太极思维

### 中国人师法自然的生存智慧

# 1. 太极，万法自然的道理

天地万物本是一体，相生相克，循环往复。任你是改天换地的英雄豪杰，还是尘世间的一粒粟，都离不了万物的本源：太极。

太极讲究无根无极，万法自然。世间万物都在这个道理中繁衍生息。太极给予人类的启示，就是一种中庸的思想，一种师法自然的生存智慧。太极生两仪，两仪生四象，四象生八卦，人类所拥有的精神和物质也正是由自然这种万物本源而变化出来的。因此，万法自然才是人们真正应该追求的东西，而不应该是表象中的金钱、地位。

影片《太极张三丰》想要向世人展示的不是里面精彩的打斗场面和李连杰的帅气身影，而是想要人们从中领悟一些关于太极的道理——太极很简单也很环保，从来都是顺从自然的力量，从而能够运用自然的力量——这股看似无力却是最强大的力量。

"一花一世界，一叶一菩提。"树木虽然微弱，但是世间万物的本质都逃不过太极。秋天满树的叶落干枯，但是到春季还是会发出新芽，这就是自然规律。师法自然，人生也是如此，"山重水复疑无路，柳暗花明又一村"，没有一帆风顺的人生，绝境总是出现，但冥冥之中也会有希望。因此，一个人只要懂得坚持，无论身处何境，总会有春暖花开之时，这就是太极。抛开尘世间的一切纷扰，"人法地，地法天，天法道，道法自然，"归根结蒂就是太极，就是万法自然。世间万物，形形色色，无根无极，一切的真谛就存在于自然界中，万法自然，从一草一木中领悟人生！

"无根无尘、万法自然"就是太极的真谛。一切顺其自然，不争亦争，无情亦有情，无根无尘，万法自然。曾经苦苦寻觅的道理，就存在于自然中，只要心静就能体会到。而现实生活中太多太多的人忽略了身边的事物，迷迷糊糊陷入了自己给自己设置的漩涡之中。顺其自然，一冲出世，车到山前必有路，绝境之处定然别有洞天。

太极提醒我们，无论做什么事情，都要有两种思路，一是超脱的眼界，一是深入的精神。治理国家也好，经营企业也罢，或是从事任何一项工作，都要有超越性的眼光，任何一个成功者都不会沉浸在具体的事物中，而忽视对大的发展方向和根本利益的超越性思考。这里所说的"大方向"就是指自然之道。而深入的精神，则需要我们有踏实做事的能力，不能纸上谈兵。

东汉末年，刘备在动荡的时局中寻找一展抱负的机会。然而当时群雄逐鹿，各有各的势力，而刘备只是脱身于刘表门下的"一穷二白"的皇叔。当刘备得知诸葛亮是不可多得的旷世奇才，则不惜三顾茅庐。

诸葛亮见刘备如此虔诚，就推心置腹地把自己的想法说出，这就是历史上有名的"隆中对"。诸葛亮先分析了曹操和孙权两大集团，曹操挟天子以令诸侯，坐拥百万大军，刘备不能与之对抗；孙权占据江东，根深蒂固，深得民心，刘备需与之结盟，不可算计他；唯有荆州的刘表，占据重要的军事位置，北有汉水为障，西连巴蜀，土地肥沃、百姓富庶，但是他不知珍惜，民怨四起，故而建议刘备可以先夺荆州。

在这段分析中，不难看出诸葛亮胸怀"遵守自然规律"的大智慧，不拿鸡蛋碰石头，既然与曹操、孙权实力相差悬殊，那么坚决打消与之为敌的想法，从已有灭亡之势的刘表下手，顺应自然规律，最终助刘备顺利拿下荆州。

刘备听完诸葛亮的精辟分析后，茅塞顿开，非常钦佩眼前这位大才，极力邀请他共谋大业。而诸葛亮也觉得刘备礼贤下士、志向远大，是难得的理想君主，于是欣然答应了他。

事后，刘备在诸葛亮的辅佐下，成就了霸业，与曹操、孙权集团形成了三足鼎立的局面。

诸葛亮最为人称道的就是未出茅庐，就已知三分天下。在思考这种战略性问题时，诸葛亮出于"常无，欲以观其妙"的思维状态，也就是说他放开了一切世间俗事，综合各种信息，探究事物的本质和根源，借助自然之力，

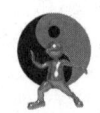

优胜劣汰，适者生存，助刘备成就大业。

西施是春秋时期越国的美女，虽然出身并不高贵，却因美貌闻名。后来，西施被选入宫，借以迷惑吴王夫差。

西施有一个毛病，经常心口痛，因此她时常会用手捧着心口，同时也会因为不舒服而皱眉。西施的这一动作让她变得更加美丽。她的邻居东施看见之后，恍然大悟，也学着西施的样子，捧着心口，皱着眉毛，做出很痛苦的样子。然而，这一举动却截然相反。人们看到东施这副样子，更加厌恶她了，甚至很多人都远远避开他，唯恐跑得不够快。

这就是东施效颦的故事，人们经常用这个故事来讽刺那些盲目模仿的行为。那么，这个东施到底错在哪里了？

东施错在只看事物的表象，而忽略事物的本质。西施的美丽是事物的本质，而捧心皱眉只是事物的表象。二者结合在一起，顺其自然。而东施装病，做出那种矫揉造作的姿态违背了自然规律，自然会闹出笑话来。

世间的很多事情都有其一定之规，只有顺应其发展的规则，才能让事态变得越来越好。其实，事情的本质本来很简单，简单到让人无法相信，而人们总是喜欢用复杂的想法来看简单的事情。简单到复杂很容易，而摆脱复杂重新回归简单可就太难了。所有的圈套，所有的计谋，看似复杂，但从来没有跳出大自然的圈。返璞归真，重归自然才是事情的解决之法。

老子说："道可道，非常道，名可名，非常名。"作为宇宙之源，原本混沌无形的"道"，在天地万物产生之后，就形成了自然界中的"道"，而自然界中的"道"落入社会之后，同样通用。《列御寇》里说，"懂得道容易，不说出来就难了。懂得而不说，是通往天然的途径。"也就是说，很多事物的道是没有办法具体说出来的，因为事物在变化，每个人的经历和角度都不一样，"道"是变化的，是因人而异的。我们能做的就是顺其自然，遵守自然道，属于自己的自然道，却又是不属于自己的自然道。

自然道属于每一个人，你看到的与我看到的永远都不会是同一片叶子。

"故常无，欲以观其妙。常有，欲以观其徼。"人们想要真正看清楚一件事物，只有透过现象看本质。解决问题，要从根本入手，否则只会暂时麻痹。

所谓"无招胜有招"，只有明白本质在哪里，顺其本质的发展规律，才能打败对手，才能主宰自己的人生。其实人最大的敌人是自己，太多的人做不到"无根无尘、万法自然"，因此，有太多的人钻进尘世却找不到出来的路。太极早已经告诉你了，入口即出口，答案就是这样简单。

## 2. 道教与太极

什么是太极？

我想说"种田"就是太极，顺应庄稼的自然生长规律，适时地播种、施肥、拔草、收割，不违背自然规律拔苗助长，这就是太极。

"太极者，无极而生，动静之机，阴阳之母也。动之则分，静之则合。无过不及，随曲就伸。人刚我柔谓之走，我顺人背谓之粘，动急则急应，动缓则缓随。虽变化万端，而理为一贯。由招熟而渐悟懂劲，由懂劲而阶及神明。然非用力之久，不能豁然贯通焉。虚领顶劲，气沉丹田。不偏不倚，忽隐忽现。左重则左虚，右重则右杳。仰之则弥高，府之则弥深，进之则愈长，退之则愈促。一羽不能加，蝇虫不能落，人不知我，我独知人。英雄所向无敌，盖皆由此而及也……"

太极始见于清乾隆年间，创始人王宗岳。太极的宗旨在于强身健体，然而随着人们对太极的了解，越发感悟到太极中蕴含的天地精华。

道教作为民族的瑰宝，源远流长。道教的广义宗旨是对整个社会实施中庸的教化，以道的哲理教化世人，道教具有一定的化恶扬善思想。

研究表明，道教文化早在八千年前就已诞生。河南省发掘出的七音骨笛，最早反映了中国道家阴阳五行的观念学说和应用实践；而中医学典籍《黄帝内经》中，记载了五千年前中国人的祖先黄帝，向一些医学家和养生家求教的事情，反映了早在五千年前，中国道家不仅具有自觉理性的养生观

念,而且已经具有成熟完备的养生方法。

道教文化围绕"天""地""生"的自然现象,探索发现其中永恒不灭的本质规律性东西——道,从而理性地借用"道"来完美展示生命的过程和归宿。当人类文明发展至春秋时期,也就是老子生活的年代时,事实上道教已经发展成了一门独立的、系统的、成熟的大学问。老子作为道学代表人物,不仅是一名名垂千古的道学思想家,同时也是道家养生的伟大典范。

道家之学,并非为学而学;道家之教,并非为教而教,道教教化的最终目的乃是养生。说白了,道学的宗旨在于"贵生""利生",其显著表现就是"和"。人们顺"道"而行,方能与天和、与地和、与人和、与万物和,从而才能顺应自然,获得完美的生命过程。

太极是从道教中派生出来的独立学派,两者之间有着千丝万缕的关联。太极哲理和广义的道学一直存在着鱼水不分的血肉关系,于是太极形成了显著的道教特征。这些特征表现在以下四个方面:

1. "和"是太极的灵魂

太极作为道学的分支,继承了道学的精髓——和。太极讲究"和"。在中国武术界里,太极拳颠覆了武学中"残忍""暴力"的典型特征,蕴含着"止戈为武"的思想。事实上,太极的理论基础就是道家哲学。

道学是我国先人们发明的一种完美、和谐地解决人类生存问题的方式,提倡顺道而行。太极作为分支,自然也提倡顺道而行,二者之间有着明显的血肉关系。

2. 养生是太极的宗旨

道家哲学和太极的宗旨均在于养生。道学的初衷在于顺道而行,保护自己。自东汉时期起,道家哲学就形成了"我命在我不在天"的道家思想,并因此专门涉足中医中的养生学、化学中的冶炼技术等。尽管道士、炼丹术带有一定的迷信色彩,但它们却非常鲜明地展示出了道家哲学的宗旨——重视养生之道。

正是因为道学意在养生,所以太极也意在养生,比如太极拳,其每一个招式都是意在调整人的身体和心理,有舒筋活血、滋阴补气、滋养五脏、陶冶身心的功效。即使在与对手对抗的过程中,依然不违背养生之道,每一个招式都讲究"以四两拨千斤"的技巧。所以说,养生是太极的宗旨。

3. 太极重门风重道德修养

太极以"道"为本,贵生、利生、益生。其中的益生就是指道德。在这样的道德标准指导下,一代一代的太极传人至今依然保持着高尚的门风。

4. 太极讲究万法自然

万法自然,指的就是效法大自然。练习太极的过程,就是效法自然的过程,就是让人完全契合于大自然的规律,一切顺其自然,而不要人为的现象。太极出自道家,所以太极的美出自道学之道。老子的《道德经》著"人法地、地法天、天法道、道法自然"之论,这也就是说,道家从整个大自然中寻求普遍规律。所以,太极既然是以"道学"思想为主旨,自然也会遵"道"去运动,表现出万法自然的风韵。

综上所述,道学认为世间万物原本是一个浑沌体,没有任何对立的事物,这种观念被称之为"无极"。但是,世间万物从无到有,产生了阴阳,阴阳交合因而产生万物,这个过程就是从无极到有极再到太极的过程。因此,太极从无极而来。老子曰:"恍兮惚兮",阴阳难分,世间万物不清,这就是太极之前的世间。老子曰:"无极者,易极也,初极也,始极也,素极也"。意思是说,混沌时期的世界到后来有了变化,也就是"易极"。天和地分开了,日月也按规律出现了,从而形成的"太极"。世间万物的本源皆归属太极,太极由道而生。

## 3. 太极乃修身处世之道

太极乃修身处世之道,修身处世要善打太极。以静制动、谦虚礼让、温文尔雅、先认错后批评、以柔克刚、以缓制快;巧借外力、四两拨千斤;做事不急不躁、有板有眼,深知心急吃不了热豆腐,有等待的耐心;待人温和大度,不斤斤计较……

太极是一种哲学，一种道理，一种语气，一个动作，一种因时制宜的态度，是一种处世的方法，一种自我反省。

胸中有太极的人，懂得避其锋锐，借势于人，懂得言语间不针锋相对，顺势而迂回，对待身边的人刚柔并济、粗中有细。胸中有太极的人，神情祥和，做事稳重，不急不躁，不计得失，往往给人一种大智若愚的感觉。胸中有太极的人，严于律己，宽以待人，从不轻易责备他人，也不溺爱他人，该放手时就放手。胸中有太极的人，凡事心中有数，从不以高人自居，谦卑做人。胸中有太极的人，做人做事都留有余地，既能接受美好，又能包容丑陋。胸中有太极的人，笑口常开，透视一切凡尘纷扰……他们深知鸟尽弓藏、有舍才有得、满招损谦受益、水至清则无鱼……

东汉末年，皇室衰微，天下诸侯，各霸一方，相互征战。汉献帝建安五年，也就是公元二百年，北方最大的两股势力——曹操与袁绍之间爆发了历史上十分著名的官渡之战。在官渡之战爆发前，双方的势力相差还很悬殊。袁绍的势力远远强过曹操的势力。因此，袁绍的胜算更大一些。可是，战争的结果却是袁绍大败，曹操从此定鼎北国。而造成这一结果的关键人物就是许攸。

许攸原本是袁绍的重要谋士，是一个非常有才华的人。当时的名士孔融就曾经这样评价他，"许攸，智计之士也。"

当时，尽管曹操挟天子以令诸侯，先后歼灭了袁术、吕布、张杨等割据势力，实力得到了快速提升，但是比起袁绍，还差得远。因此，袁绍对这场战争是满怀信心的。但是，战事一开始就进展得不顺利，曹操虽然实力弱，却也做了周密的部署，导致袁绍迟迟占不到便宜。就这样，战事进入了相持阶段。

其间许攸曾经多次向袁绍进言，其建议很有参考价值。可是袁绍生性多疑，均未采纳。这令许攸很是不爽，认定此人不足与谋。然而，许攸虽然有才华，却非常贪婪，不仅自己贪图钱财，还纵容家人违法乱纪。一直以来，袁绍因其有利用价值，刻意袒护。后来，袁绍忙于阵前，无暇顾及他，其手下的忠勇之士借机将许攸的家人依法治罪，这件事彻底触怒了许攸。于是背弃了袁绍，投靠了曹操。

由于许攸对袁绍的军事部署了如指掌，他的背叛给袁绍带来了毁灭性的打击。在许攸的筹谋下，曹操一举奇袭了袁绍的屯粮之地乌巢，焚了袁绍大军的全部粮草。袁绍大军闻听粮草被焚，顿时军心大乱。曹操没费吹灰之力就轻而易举地歼灭了袁军七万余人。而袁绍仅仅带着八百余人慌乱逃生，不久就染病身亡。其子袁尚继承袁家在冀北根据地的全部基业。当时，虽然袁绍在官渡之战中大败，损兵折将，但是袁家在冀北的实力犹存。为了彻底歼灭自己的敌人，曹操陈兵冀北。又是许攸献策，曹操才得以水淹冀北，袁尚仓皇逃生。至此，袁家的基业彻底灰飞烟灭，曹操成了名副其实的北国之王。

许攸在官渡之战中立下奇功，对于曹操成就霸业功不可没。于是，许攸自恃有功，变得狂妄自大，甚至在曹操面前也不知收敛，经常直呼其小名，"如果不是我许攸助你曹阿瞒，你怎会有今天。"曹操是什么人呀，一代枭雄，岂能容他如此放肆，虽然念着他毕竟有功于自己忍了几次，终究还是忍无可忍，随便找个理由杀了这位功臣。

这就是一代名臣许攸的下场。所谓"飞鸟尽，良弓藏。"这是多么浅显的道理呀，可他许攸不理会，终日四处炫耀自己的功德，强制受恩人对其感恩戴德。而曹操是"宁可我负天下人"的人物，岂会容忍这位大功臣如此居功自傲？

天地万物任其生长变化，自然虽然生养它们，但却不占有它们，这就是大自然，也是太极中讲究的一个重要的为人处世原则——万物作焉而不辞，生而不有为而不恃，功成而弗居。其中不居功的意思就是，这件事情是我做的，功劳自然也是我的，但是我却不这么认为，不会认为功劳是我的，更不会去对别人宣扬自己有多么的了不起，也不会因为自己对谁有功就想着去控制人家。如果有功者都能这么做，那么功劳才会真正属于他。

那么太极中为什么要讲究"功成而弗居"呢？需从反方向来解释一下：

俗话说："人为财死，鸟为食亡"，原本是批判人们对利益的过度争取，人性的贪婪竟如同鸟兽之于食物一样一般无二。而从另一角度来看，这句话也同样道出了人与兽的区别：鸟兽的贪婪只针对于食物，而人性之贪婪却在于追求财富。财富是什么？那是物质利益的典型代表，与食物不一样。食物只是为了果腹，胃口再大，也有饱的时候。而财富无关温饱，贪婪之人对财富的态度是越多越好，没有极限。这就是人类高于鸟兽之处，除了基本的生存需求之外，还有物质追求和精神追求。向别人展示自己的功劳，从而赢得他人的羡慕和钦佩，这就是人们热衷于追逐功劳的内在原因。

在太极中，各种价值的判断都是相对的，对于功劳也是如此，有功的同时同样也有过，功过永远并存着。中国古代的第一个皇帝秦始皇，单论他的功劳，秦始皇堪称千古一帝，他不仅实现了长达数百年的列国纷争，完成了一统的大业，还实现了政治上的统一、文化上的统一。然而，在另一方面，秦始皇横征暴敛，广发徭役，劳民伤财，百姓苦不堪言。特别是毫无人道的"焚书坑儒"，至今仍被视为中华文化界的一场浩劫。然而在当时，"焚书坑儒"并非完全错误，它促进了文化的统一，维持了国家的统一和政局的稳定。所以说功与过是相对的。人们在邀功的同时也将过揽在了自己的身上。

除此之外，居功还有可能给自身招致灾难。古往今来那些"大功臣"的结局很多都是悲惨的。同样是辅佐越王勾践成就霸业的功臣，文种和范蠡的结局却是大相径庭。范蠡功成身退，泛舟叶湖，隐姓埋名，从此天地间多了一位巨富商贾陶朱公；而文种功成之后贪恋权位，最终落得个被勾践赐死的结局。前例中的许攸也是如此，如果说他有功于曹操，那么何尝不是有负于袁绍，且在功成之后居功自傲，最终丧命于曹操的刀下。

太极拳名家陈发科曾说过："为人之道，以忠实为主；处世之法，以谦和为主。不忠实则无信用；不谦虚则不进步；不和气则无朋友。"由此可见，太极的确是修身处世之道。

首先，太极讲究：中正安舒，不偏不倚。

太极要求武者身姿中正，动作安舒，不偏不倚，支撑八面。做人亦是如此，需中正为本，才能活得安然顺畅。中华民族历来讲究气节，多少仁人志士在权贵、金钱面前不卑不亢,刚正不阿,为后世树立了榜样。清华大学更是将"天行健,君子以自强不息;地势坤,君子以厚德载物"作为校训。修身处世应如同练太极一样,中正安舒,不偏不倚,定能正直无欺,安立于世。

其次,太极技在:灵活随性,刚柔相济。

太极作为一门武学,要求动作灵活随性,刚柔相济。现实生活中修身处世何尝不遵循此理。一个人无论在家庭或是在社会上,都应宽以待人,圆转自如,刚柔相济,进退有度。

最后一点,太极教导我们要无过不及,自然而然。

为人处世要加强个人修养,万事不可强求,顺其自然不可枉生执念,掌握好分寸,适可而止,才能达到天人合一。做人须谦虚勤奋,恭敬待人,在追求成功的路上,稳扎稳打,进退有度。这就要求人们不管在何种境遇下都要保持初心,坚持自己的理想和抱负,时刻自省,洗心涤虑,修身养性。其实,每个人的心中都有太极,只要日日修炼,终会无师自通。

## 4. 阴阳知分晓

道学家老子说:"天下皆知美之为美,斯恶矣;皆知善之为善,斯不善矣。故有无相生,难易相成,长短相较,高下相倾,音声相和,前后相随。"意思就是说:"天下人都知道什么是美,那么丑的概念也就清楚了;都知道什么是善,那么恶的概念也就清楚了。所以,有和无相生,高和低相互依存,声和乐相互配合,前和后相互跟随。"人类是万物的灵长,具有超然的智慧,能够对自然界进行改造。但是恩格斯曾经就警告过世人:"我们不要过分陶醉于我们对自然界的胜利,对于每一次这样的胜利,自然界都报复了我们。每一次胜利,起初确实取得了我们预期的结果,后来却发生了完全不同的、出乎意料的影响,长续航把最初的结果又取消了。"恩格斯的这段话是有依据的。人类因发展工业而破坏环境,尽管工业的确如人们所愿得到了突飞猛

进的发展，但是与此同时，生态环境也成了困扰人类的重点问题。人类因此面对着生存的压力，不得不反过来投入大量的力量以恢复生态平衡。从以前的垦荒到现在的退耕还林，以前的填海到今天的造海，人类得到的教训已经很多很深了。

太极分阴阳，动而生阳，动极而静，静而生阴，静极复动。一动一静，一阴一阳，互为其根。阴阳变化而生五行——水、火、木、金、土。五行一阴阳也，阴阳一太极也，阴阳交感，化生万，故而阴阳知分晓。人亦如此，善恶分，万事出矣。圣人以中正仁义定性，故圣人与天地同德，与日月同明，名垂青史。究其根源在于君子顺应阴阳变化，知晓天地道理。原来阴阳变化的学说可以揭示世间万物。从"子—丑—寅—卯—辰—巳—午"阴消阳长的过程到"午—未—申—酉—戌—亥—子"阳消阴长的过程，告诉我们事物从最大逐步到最小，再由最小逐步到最大，无时无刻不在变化，唯有顺应自然，遵从变化规律才是真正的大智慧。

《韩非子》中记载着一则"自相矛盾"的故事——

楚国有一个做买卖的人，在他出售的货物中既有矛又有盾。矛是用来攻击的武器，而盾是用来防守的武器，二者的作用是相对的。楚人在介绍自己的矛时，说道："我的矛是世界上最锋利的矛，所有的盾都抵挡不了它的锋利。"而在介绍自己的盾时，他又说道："我的盾是世界上最结实的盾，所有的矛都穿不透它。"这时，一边的客人问道："那如果用你的矛攻击你的盾呢？"楚人闻听顿时愣在一处，无言以对。

这个故事中的商人在出售货物时，忽略了商品的相对功能，从而导致了尴尬的场面。由此可见，生活中我们在说话办事时，一定要综合考虑相反面，要知道任何事物都有对立的一面，不要以偏概全、忽略事物的另一面。

春秋时期，管种和鲍叔牙是很好的朋友。直至今天，我们提起管仲和鲍叔牙时，首先想起的就是二人真挚的友情，其次才是二人的才华和功绩。

管仲年少时家境贫寒，与家境颇丰的鲍叔牙一起合伙做生意。由于管仲没有钱，所以做生意的本钱全部都是鲍叔牙出的。但是到了分利时，管仲却毫不客气地分得了比鲍叔牙还多的利润。鲍叔牙的家奴非常看不惯管仲的贪婪，于是对鲍叔牙说道："这样贪得无厌的人，您为什么还要和他一起做生意？"鲍叔牙闻听后，说道："不能这么评价管仲，他之所以贪图钱财是因为他家贫穷，他比我们更需要银子。"

　　后来管仲和鲍叔牙一起参军。在作战时，管仲贪生怕死一直躲在后面。久而久之，大家都瞧不起他，纷纷嘲笑他贪生怕死。鲍叔牙闻听后，说道："管仲之所以贪生怕死是因为他家中上有年迈的老母需要照顾。如果他死了，他的老母该怎么办？因此管仲是因为顾虑老母才贪生怕死的。"

　　由于管仲和鲍叔牙才华卓越，很快就都得到了重用。鲍叔牙效命于公子小白，而管仲则是公子纠的手下。齐襄王在位时昏庸无道，无数忠良受奸人的陷害，使得齐国的政治局面异常混乱，百姓们叫苦不迭。为了避害，公子小白和公子纠纷纷奔赴异国。后来齐襄王被杀，齐国大乱，群龙无首。公子小白和公子纠纷纷回国，争夺皇位。为了帮助公子纠顺利登上皇位，管仲秘密派出人马埋伏在公子小白回国的必经之路上，意图射杀公子小白。待到公子小白经过时，管仲搭箭射杀。只听公子小白一声惨叫，仰面摔倒。公子纠和管仲以为公子小白已经被射杀，故而放慢了回国的速度。然而，公子小白并没有被射中要害，他假装被射杀至死，意图迷惑麻痹对方，同时催促星夜兼程，以最快的速度赶回国内。结果公子纠和管仲中计，还没达到齐国，就闻听公子小白已经登基。此时此刻，等待公子纠的不是皇帝的宝座而是残酷的刑罚。最后，公子纠决定返回鲁国。无奈鲁国慑于齐国的铁骑不敢接纳，最后残忍杀死了公子纠，并将管仲押送回齐国。

　　公子小白见到管仲，意欲将其碎尸万段以报当年的一箭之仇。鲍叔牙及时阻止了公子小白，他告诉公子小白，管仲罪不至死，当年的行为只是忠于自己的主公而已，况且管仲非常有才华，到哪个国家，哪个国家就可以兴旺起来，如果公子小白只是想治理好齐国，那么有他鲍叔牙一人足矣；如果公子小白意欲建立霸业，非管仲之力不可。最后，在鲍叔牙的劝说下，公子小

白不仅没有杀死管仲报仇，反而重用了他。后来的事实证明，管仲的确是不可多得的人才。在他的辅佐下，齐国政通人和，经济发达，军事力量强大，公子小白也因此一匡天下，成为春秋时期的第一霸主。

从这个故事不难看出，管仲为人贪婪、狡诈。但是鲍叔牙对他的理解不仅在于他的缺点，更在于他的优点。鲍叔牙看到了管仲的另一面，从而将管仲由一名自私自利、贪生怕死、阴险狡诈之徒转化成了有勇有谋、敢于担当、孝顺仁义的君子。最终，充分发挥了管仲的才智，令其助公子小白成就了一方霸业。由此可见，人的缺点和优点都是相对的，换一个角度，缺点就可以转化成优点。因此，我们在看待一个人或一件事物时，一定要学会综合考虑，不要以偏概全，一叶障目。

世间的万事万物都是相对的，没有绝对的对与错，任何事物的本质都只能放在特定的环境中才能得出所谓的结论。因此，人们在为人处世时要心胸宽广，广开言路，多听多学，方能看清事物的本质，才不至于自毁长城。太极以阴阳区分世界，阴阳作为对立的两极，无时无刻不在互相转化。世界上根本就没有绝对的事物，万物都存在着对立的两面，想要真正了解其中的真谛，就必须学会正反两面看到事物，这就是太极想要告诉我们的。

## 5. 于无为处知有为

"无为"是太极哲学中的一个基本概念，对这个问题，我们一定要做出正确的解释。"无为"作为太极哲学的一贯主张，按其字面意思，很容易被理解成无所作为，或者是什么都不做，而这种解释绝对不是太极哲学的本意。太极中的"无为"讲的就是顺其自然。

与"顺其自然"对立的有这样一则寓言故事——拔苗助长。故事的大意就是一位农夫想要庄稼长得快一些，于是便将庄稼的幼苗一点点地向上拔。表面上庄稼的苗儿的确长得"高"了，但是农夫的行为却违背了自然规律。

结果农夫的"付出"不仅没有得到预期的结果，反而加速了庄稼的死亡。事实上，如果这位农夫能够做到"无为"，顺应农作物的生长规律，恰到好处地施肥、浇水，定然能够获得丰收。这就是太极中提到的"无为"，于无为处知有为。

古往今来，有多少人打着"有所作为"的旗帜，干尽了逆天的事情。他们推行着自己的理想，置国家、人民于险境。古代隋炀帝，打着"有所作为"的大旗，征高丽、开运河，劳民伤财，其本质无非是想要满足自己的私欲，告诉世人："我杨广乃千古一帝"。他的有为，导致了隋王朝的灭亡，天下苍生生灵涂炭，百姓们揭竿而起，杨广身死。近代，看清王朝的灭亡，难道不是以慈禧为首的大家贵胄们叫嚣着要有所作为么？他们千方百计地阻止新政施行，阻止着这个国家顺应时代的发展，他们想要清王朝一直保持着生机。这样的有为换来的结果是什么？有识之士们纷纷高举造反的旗帜，最终将清王朝碾压在历史的车轮下。这就是自然的力量，一股不可以改变的力量，即使费尽心机试图改变也不会产生好的结局。

中国自古以来就是盗墓活动比较猖獗的国家之一。究其根源，与古人的厚葬习俗有关。早在原始社会，人们就非常重视厚葬。他们认为，陪葬的物和人，在另一个世界里墓主人还会用到。太多的"有为"思想了，不仅想这一生衣食无忧，还要为下一世谋划。于是，后人们将大量的金银珠宝放到墓里。甚至有的大户人家还将墓主人生前喜爱的奴隶和人杀死陪葬。后来，随着社会生产力的提升，社会剩余价值越来越多，贵族们的丧葬更是极尽奢华。大量的珍贵物品被陪葬在墓中，这也是盗墓现象屡禁不绝的原因。很多皇帝耗巨资修建陵墓，为了死后不被盗墓者打扰，用尽心思设立重重机关，甚至还采取了疑冢的方式迷惑盗墓者。想来也是辛苦，其实想要死后陵墓不被打扰，简单得很，不放那么多宝贝自然就没事了。

在太极哲学中，唯有保持淳朴，社会才会美好。庄子曾经说过，上古时候，平民百姓织布穿衣，耕种吃饭，仅此而已。人们的想法和行为浑然天成，一切都很自然，所以那个时期的人们保留着最完善的天性。

20世纪中叶,在美国亚利桑那州北部的一个森林里生活着大约四千只鹿和它们的天敌狼。当时的美国总统西奥多·罗斯福非常同情那些终日生活在恐惧中的小鹿。为了让鹿过上无忧无虑的日子,西奥多·罗斯福下令消灭这片森林里的狼。命令一出,这片森林的狼群可就遭殃了。在此后的二十年时间里,大约六千多只狼丧命在猎人的枪下。狼群殆尽,鹿失去了天敌,开始大量繁殖,短短几年时间里,这片森林里的鹿由最初的四千多只迅速增长到了十几万只。

鹿群的快速繁殖带来了严重的生态问题,地表草皮受到了毁灭性的打击。以前有狼群在,鹿的数量维持在固定的数量范围内,作为鹿的食物——草被鹿吃掉之后,新的植物有时间补充上来,所以鹿群吃掉的植物不会影响生态。可是狼群没有了,鹿群开始迅速壮大,它们所吃掉的植物量已经远远超过了植物自然更新的速度。到最后,森林里的地表植被越来越少,鹿群的数量越来越多,森林几乎面临被毁掉的命运。

正所谓"皮之不存,毛将焉附"?森林一旦被毁灭,鹿群的命运可想而知。随着食物的减少,越来越多的鹿面临着严峻的生存考验,不仅如此,此前狼虽然是鹿的天敌,捕杀了一部分鹿,但是却提高了整个鹿群的生命力。狼捕获的鹿多半是一些老弱病残,而经过考验存活下来的鹿却是非常健硕的鹿,这个过程实际上就是自然界中的优胜劣汰过程。在这种情况下,鹿群虽然每天都面临着巨大的压力,但却保持着勃勃生机。可是狼群被消灭之后,鹿群的生命力得不到提升,鹿的身体素质开始下降。当瘟疫降临时,大多数的鹿都不能抵挡过去,整个鹿群的数量急剧下降,面临着灭种的危险。

为了拯救鹿群,生态专家提出了建议,那就是将狼群重新请回来。这个建议让很多人质疑,大家都认为鹿群已经奄奄一息了,如果此时再将狼群请回,简直是火上浇油,只会加速鹿群灭亡的时间。然而,事实证明生态专家的建议是对的,狼群回到森林之后,大量的病残鹿被吃掉,鹿群的生命力很快被激发起来,一些身体强健的鹿,迫于狼的威胁不得不保持高度警惕性,时时刻刻准备奔跑。因此,身体变得更加强壮了。

没过多久,鹿群开始渐渐恢复生命力,森林也开始恢复。最后,狼群、鹿群、森林又形成了稳定的平衡。

原本人们想要给鹿群安稳的生活，因此人为干涉自然生态，将狼群消灭殆尽。不想，事与愿违，狼群的灭亡打破了生态平衡，鹿群的数量因此急剧上升，最终导致地表植被被毁，鹿群也遭受到了灭顶之灾。这个事例告诉我们，只有充分掌握自然规律，采用合理的方式运用自然之力，才能真正产生正面效应，这就是太极哲学倡导的于无为之处知有为。

老子说："人法地，地法天，天法道，道法自然。"其中的"道法自然"就是"无为"，一切遵从自然规律，展示出最原始的样子，才能真正"有为"。太极哲学是从道学中派生出来的，与道学所倡导的基本宗旨一致，同样主张"道法自然"，提倡"无为"思想。战国时期，魏国名臣田子方的老师就达到了"无为"的境界。田子方是这样评价自己的老师的："他为人真朴，外表与普通人没有什么区别，但内心却合乎自然。他既能顺应外在事物，又能保持自己的真性，他心境宁静清虚但能包容万物，对不合'道'的一切，都能及时指出使人醒悟，引导人们自然消除邪恶之念。"这也是太极哲学一直倡导的思想——人们可以随心所欲地行动，但却从不逾越规矩，自己不需要受到任何来自外界的约束，而只需听凭自己自然地去做就可以了。

## 6. 阴与阳，太极与社会

有人曰："何谓道，一阴一阳谓之道。"阴与阳，乃是太极中的两级。在物理科学中，阴是磁铁的阴极，是负电荷，阳是磁铁的阴极，是正电荷，同性相斥异性相吸，这是物理学科中的自然现象，在太极八卦中也是如此。

有物必有气、有形也必有气，根据科学实验证明，任何物体都有生命和气，因此，有物必有气，有形也必有气，二者相互依存相互关联，是不可分割的一对阴阳。八卦就是依据此而得来形好气吉、形差气凶的形气法风水理论。

气分阴气和阳气,阳气者,主发散,主上升,主攻击,主出击;阴气者,主吸收、主下降、主包容、主保函、主奉献,这两者都是看不见、摸不着的气体物质。

在中国传统风水中,研究阴阳关系是一门基础的学问。风水以砂和水为主要研究对象,从另一种角度说,这也是阴和阳的问题,因为砂是阳,水是阴,而从动静角度来说,砂又是阴,水又是阳,因此,人与居住周边的砂水的和谐就是风水的和谐,也就是阴阳的平衡。

对于阴阳的划分,一般以上为阳,下为阴,左为阳,右为阴,前为阳,后为阴,高为阳,低为阴,矛为阳,盾为阴,刚为阳,柔为阴,男为阳,女为阴,动为阳,静为阴,实为阳,虚为阴,满为阳,空为阴。

由此,我们可以说,中国对风水的研究,是起源于阴阳的。阴阳平衡,正负相吸,藏风聚气,才是风水格局中的最高境界。

以北京为例,北京中轴线的建立,就是根据阴阳正负来划分的。从元代开始,中轴线正式形成,当时的位置位于今天旧鼓楼的中心线及其向南的延伸线上,越过太液池东岸的宫城中央。明代开始,统治者将中轴线向东移动了150米,形成了现在的格局。

中轴线南起外城永定门,经过内城正阳门、中华门、天安门、端门、午门、太和门,穿过太和殿、中和殿、保和殿、乾清宫、坤宁宫、神武门,越过万岁山万景亭、寿皇殿、鼓楼,直抵钟楼的中心点。这条中轴线连着四重城,即外城、内城、皇城和紫禁城,就像北京的脊梁,鲜明地将九重宫阙放在突出位置,体现了封建帝王稳居天下之中、"唯我独尊"的思想。

每个事物都有一个太极点,所谓太极点就是我们对事与体的总体把握和基本定位。例如,我们在看住宅风水时,可以把住宅定位为小太级,离住宅50米以内的周围环境定位为中太级,50米以外的定位为大太极。

太极点的正确与否,对研究风水起着关键性作用,是我们对风水对象的吉凶分析、认识正确的关键性因素。因为太极点是我们对"一个太极物"思维的出发点和方向。对于不同的太极点,我们有两个阴阳方向可以进行研究选择,因此,不同的选择,得到的时空信息也不一样。由此,确立一个好的太极点，对我们研究风水来说是至关重要的。

太极图代表古人对宇宙宏观的一种特殊思维模式，它反映各个天体运行的规律，反映了万事万物发展的规律，反映了人类从生到死和日月交替变化、发展、运动的规律。太极图是一个承载无限载体和立体的多维空间，包括天地人的蕴含，同时，也包含阴阳等信息。

太极图也反映了"阳尽阴生，阴尽阳生，生生不息"的事物发展规律，同时也展示了阴阳二气的对待和方位流行规律，比如夫妇相配、阴阳交融、阴阳平衡等。中国传统风水的研究，就是阴与阳的平衡研究，因此，风水并不是迷信，而是一门自然科学，而"大道至简"就是太极的一阴一阳之道。

现代社会城市的可持续性发展是实现人类可持续性发展的重心。随着科技的进步，我国城市经济取得了辉煌的成果，与此同时，城市的生存与发展也面临着人口过度膨胀、资源严重缺乏、生态环境日益恶化等严峻问题。

城市的可持续性发展，包括经济、环境、民生在内的整个社会体系，三者相辅相成，必须同步进展。很多年前，我们倡导建设工业化城市，而现在我们倡导建设森林化城市。城市的发展应尽可能地保持平衡。中国作为拥有13亿人口的大国，我国的生态问题不仅关系到中国人的生存，同样对世界也产生了重大的影响。特别是近年来，城市发展面临着环境污染严重、资源匮乏的严峻考验，城市用地与农业耕地矛盾尖锐，经济发展与维护生态环境矛盾尖锐。经济增长以民生失去宜室宜家的生存环境作为代价，国民付出了很大的代价。因此，城市的发展必须强调人与自然的和谐发展。否则，若干年之后，人类从自然中汲取多少，自然界将会连本带利地报复人类多少。

有人云"太极有动静之分，是天命之流星也"，这是对"一阳一阴之谓道"的另一种解释。动极而静，静极复动，一动一静，互为其根，命之所以流行而不已也；动而生阳，静而生阴，分阴分阳，两仪立焉。保持自然，维持阴阳平衡，人类才能长长久久地发展下去，社会才能保持安定、和谐、稳定的局面。

总而言之,阴阳平衡,才能万物相生。一个国家,一个社会,若想得到远大的发展,必须从阴阳平衡的角度进行打算,阴生阳,阳生阴,二者相生相克,只有协调发展才能走得长远,这就是我们今天所提倡的可持续发展。

具体到现实的层面上,太极哲学不仅可以用来治国,也可以作为一种普遍的管理学智慧。可以说任何一个团队,小到一个协会,大到整个社会,都离不开太极哲学。作为一个团队的首领,对于团队的管理首先应该做到顺应规律,不强求,不妄为;其次是不能随意变更原则。就拿现代社会来说,如果管理者急功近利,不遵循市场和生产规律,强行制定不现实、冒进的目标,结果只能导致失败。亦或是基本原则三天两头地变,今天倡导这个政策,明天倡导那个政策,反反复复,只会造成社会资源的严重浪费,最后什么路线也走不成功。因此,遵从太极哲学,顺应自然规律,才能保证社会的稳定和谐发展。

# 第二章
# 太极拳理
## 通达人与天道的规律和法则

## 1. 双脚如树，踏地生根

练武的人通常将身体分为三个部位：上盘、中盘、下盘。上盘主要讲究手上功夫；中盘讲究身上功夫；下盘讲究腿上功夫。太极拳的根基在下盘功夫。下盘功夫大致总结为两个要点。其一是柔韧性，指通过各种腿法的练习，提高腿部的柔韧性；其二是力量性，指在腿部保持柔韧性练习基础上增添一些力度练习，目的是为了提高腿部的力量，力求达到"双脚如树，踏地生根"的目的。

毋庸置疑，长期练习太极拳，可以提升人体腿部的力量，提高人体的平衡能力。美国曾经通过大量的实验数据对比得出这样的结论：长时间练习太极拳的人身体平衡能力非常好，下盘稳固，抗摔打能力非常强，这也侧面印证了太极拳"道法自然"的训练宗旨。

如果将人体想象成一棵大树，这棵树想要成长为一棵参天大树，那么它的根必须发达，深扎土里才能获取足够的营养和水分，树木才能茂盛，生长的后力才充足。太极拳以太极哲学为灵魂，自然讲究稳扎稳打，需要做到"下盘稳固"。因此，太极拳中要求"腰髋松沉"。这样做的目的是为了降低整个身体的重心。当人的整个重点下沉之后，身体的纵向平衡性自然会得到提高，这就是太极拳中常常提到的"中定"。只有在"中定"的基础上，身体的各个环节才能得到合理的分配，做到收发自如、虚实结合，很多灵活自如的动作才能顺畅地完成。如今的太极拳套路很多，但是不管哪家的太极拳都必须讲究"脚踏实地"，才能发挥出太极拳的技击技巧。在太极拳的练习过程中，双腿要一直保持在"自然弯曲"的姿态，这是太极拳里的一个重要动作要领——曲中求直。

练习太极拳，首先就要加强腿部功底的练习。通过身体平稳、重心稳固，从而达到动作的虚实变化、力量的合理分配，这时候人的双脚就如同树根了，正如郝月如前辈所说："犹如不倒翁，上欲轻，下欲沉"。不仅练习太极拳如此，世间的很多事物也是如此。一个人或是一件事物想要更好地立足，获得更长远的发展，或是在天地间建立一番功业，如果不能做到脚踏实地是根本不可能的。

在举世闻名的兵马俑中，至今保持最完整的就是那些跪射俑。因此，跪射俑被世人称为秦始皇兵马俑博物馆的镇店之宝。当考古学家们将深埋地下两千多年的兵马俑挖掘出来时，大部分的兵俑已经有了不同程度的破损，有的掉了半颗头颅，有的掉了胳膊，有的衣着受损等，唯有跪射俑竟然毫发无损，不仅身体上没有任何破损，就连头发丝、衣服的褶皱等细微之处也保存完好。对于已经存世两千多年的文物而言，这简直就是一个意外的奇迹。

跪射俑的姿势非常统一，都是右脚脚尖和右膝支地，左腿弯曲，全身下蹲微微向右倾斜，双手摆出拉弓的姿势，目视前方。这种在当时被称为"坐式射姿"的姿势，由于身体下蹲，重心下沉，大大提升了整个身体的平衡性。这也是为什么跪射俑在历经两千多年的洗礼后依然保持完好无损的主要原因。人生也是如此，当压力、困难降临时，只有那些基础扎实的人才更具有抵抗力。

周襄王二十年，当时两个最强大的诸侯国晋国与楚国爆发了大战。楚国战败，晋文公因此成为继齐桓公之后的又一春秋霸主。之后，楚国在楚穆王的带领下励精图治，极力扭转楚国因战败带来的不利局面，使得楚国的国力在短短二十年的时间里迅速赶超晋国。正在楚穆王意欲与晋国一争高下时，楚穆王忽然去世，随后楚庄王继位。楚庄王继位虽说顺理成章，但是底下反对的声音也很高。为了自保，楚庄王在继位之初，断决了朝臣的进谏之路，终日沉溺于女色，花天酒地。很多忠臣良将看到楚庄王如此昏庸非常忧心，而一些贪官污吏却非常开心，他们认为这样的楚庄王不会影响到他们的利益，于是放心大胆地肆意挥霍、贪污。

一眨眼三年时间过去了，楚庄王依然每天不理朝政，浑浑噩噩的。一些忠臣再也忍受不了了。他们不顾楚庄王之前的禁令，以生命进谏，希望楚庄王可以以楚国大业为重。其中就有素以忠义闻名的大臣武举。武举在进言的

过程中，采用了含蓄的方式，他对楚庄王说道："臣看到一只大鸟，对它的举动非常不解，因此来问大王。这只鸟已经停留在山顶上长达三年之久了，一直也不飞也不鸣叫，请问大王这到底是怎么回事？"楚庄王听到武举的问题，心里明白他是在说自己，于是答道："这只鸟停在山顶三年不飞、不鸣，一旦它飞起来就会一飞冲天，一旦它鸣叫起来，就会一鸣惊人。"武举听到楚庄王的话后，立即明白了他的苦心，知道楚庄王一直心怀大志。随后，楚庄王依旧我行我素，这令其他大臣更加着急，其中一位大臣苏从决定再一次冒死进谏。这一次，苏从没有像武举那样委婉地劝谏楚庄王，他抱着一颗必死之心，说话也非常直接，毫不留情。他对楚庄王说道："哪有一个王像你这样不务正业，你这样荒唐的言行能让楚国壮大起来么……"

苏从言辞激烈，楚庄王大怒，一气之下意欲举剑杀死苏从。但是苏从毫无畏惧，反而更加真诚地劝谏，希望楚庄王能够改邪归正，做一名合格的君王。然而令人意外的是，楚庄王高高举起的剑并没有落下，他让苏从回去。没过多久，楚庄王对苏从委以重任，而他自己也开始亲理国事，励精图治。没过几年，楚国相继战胜了齐国、晋国等，问鼎中原，成为继齐桓公、晋文公之后的又一中原霸主。

事实上，楚庄王在继位初的三年里并没有胡作非为，而是以"无为"之表行"有为"之事。当时的楚庄王之所以不理朝政，是因为他知道，自己刚刚继位，根基未稳，反对者颇多，如果此时此刻他就开始励精图治，大刀阔斧地实施新政，必然会引火烧身，不能自保，因此，楚庄王选择了隐忍，私下里悄悄考察国事、官员，针对一些弊端做出了严密的应对之策。待这一切都准备好了以后，楚庄王才开始整顿朝纲。真可谓："不鸣则已，一鸣惊人"。楚庄王就此大胆启用了一批有识之士，广开言路，最终开创了一代霸业。

试想，如果楚庄王一开始就整顿朝纲，在根基不稳的情况下，楚庄王不仅会因此丢掉性命，就连楚国也可能面临灭国之祸。正是因为看到了这一点，楚庄王才以退为进，先打好基础，待根基稳固之后方才出手，最终大获全胜，此乃真太极也。

## 2. 保持姿态，站直立正

太极拳要求练习者时刻保持身体各部位的姿势准确，这是历代太极拳前辈根据自己的经验总结出来的宝贵经验——对初学者，要求保持姿态，站直立正，先重形、后重意。太极拳不仅是一门强身健体的拳法，更是一种乐观积极的生活态度。太极哲学意在引导世人保持心平气和，积极认真地面对生活中的每一件事，同时又超然于俗世之上，培养"不以物喜不以己悲"的洒脱。太极拳也是如此，练太极拳需做到注意力集中，清心寡欲，认真对待每一个动作。好的太极拳法会给人一种外松内紧的感觉。

首先，练太极拳时一定要心静体松。

松和静是练太极拳的原则，练习者需保持心平气和，心无杂念，注意力高度集中，将大脑清空，让身体和心灵都静下来、松弛下来。在这个修炼的过程中，不仅有助于人们的身体健康，也可以使世人的心灵得到释放，从而达到调理身心的目的。

其次，练习太极拳需保持中正安舒。

从身体的姿势上，头部要正直，躯干要端正；动作上手脚需轻松、缓慢、自然，身体重心稳重，上身灵活多变，整个身体的姿势要舒缓、连贯、自如、协调，既不散漫又无颓废之状。这才是太极拳身法的特点。

除此之外，练习太极拳还需要保持上下一线。

身形要端正，无论是前进倒退还是左右转动时，身体都必须保持上下一线，站直立正，从头顶、躯干至会阴穴都要始终保持一条线。太极拳中最忌挺胸凸肚，哈腰驼背等姿势。

太极拳一直延续下来的这一动作要领，除了单纯的武学智慧之外，也意在培养修炼者养成一身浩然正气，顺应天道，留清白于乾坤。《庄子·刻意》中说道："众人重利，廉士重名，贤士尚志，圣人贵精"。从众人到圣人的修炼过程同时也是人们摆脱世间名利束缚的渐变过程。在圣人的眼中，为一己

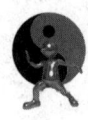

之私放弃人性的光明是非常愚蠢的事情。太极哲学中也视之为一种严重的病态。然而在历史长河中,即便是叱咤风云的英勇之士,也经常误入歧途,为了身外之物,丧失光明磊落的品格,其结局自然也很可悲,甚至有的英才因此丧命。然而,到了生命即将结束之际,回首过往,失去的和得到的终归不过是一场梦而已,留给后人的是一片唏嘘声。

春秋齐景公时,著名的"齐邦三杰"均是安邦定国的大功臣。田开疆曾率领大军征服徐国,为齐国奠定了霸主地位,有开疆辟土之功;古冶子有斩神龟救主之功;公孙捷有打虎救主之功。三人结为异姓兄弟,并称"齐邦三杰"。齐景公感念其功劳,赐其"五乘之宾"的荣耀。然而这样叱咤风云的英勇之士最终也没有摆脱名利的束缚。随着时间的推移,他们三人变得越来越骄纵,自恃有功于国,就连齐景公也不放在眼里了。不仅如此,他们三人还结党营私,为了个人私欲危及国家安定。齐相晏子为此深感忧虑,决心除掉此三人。

一天,晏子在花园里摘了两个桃子对"齐邦三杰"说道:"你们三人谁的功劳最大,就吃掉一个桃子,功劳最小的自然就没有桃子吃了。"

公孙捷首先站出来,说道:"我赤手空拳打死一只吊睛白虎,救了主公一命,我的功劳最大。"晏子闻听,点了点头。于是公孙捷拿起一只桃子吃了起来。

古冶子也不甘示弱,说道:"我在黄河中亲手杀死一只神龟救了主公一命,我的功劳同样大。"晏子闻听,又点了点头。于是古冶子也拿起一只桃子吃了起来。

这时,田开疆站起来,说道:"我率师出征攻打徐国,逼得徐国投降,为整个齐国奠定了盟主地位,我的功劳才是最大的。"晏子听完之后,点了点头,说道:"的确,田将军之功是开疆辟土之功,因此田将军是整个齐国的功臣,田将军的功劳才是最大的。不过您说晚了,桃子已经被他们二人吃掉了。"

田开疆觉得自己的功劳最大,反而吃不到桃子,很是羞辱,于是挥剑自尽。古冶子和公孙捷见到田开疆自尽，也感到很羞辱，在他们看来自己的功劳不是最大，却吃了桃子，导致了功劳最大的田开疆自杀身亡。于是二人出于内疚和羞愤也选择了自杀。

　　这就是著名的"二桃杀三士"的故事。充斥在这个故事中最多的还是那一颗颗被功名利禄束缚的心。晏子用两只桃子设计除掉了田、古、公孙三人，造成他们三人命丧黄泉的根本原因正是他们自身惑于功利之争，丧失了本心。若他们三人能够摒弃名利之心，堂堂正正立于天地间，也不会中了晏子之计，落得个羞愤而死的结局。

　　人性的贪欲从来不只是对于金钱，而地位、名利、权力同样可以激发人性的贪欲。贪婪的力量是强大的，会彻底吞噬一个人的本心。这样的人，因为贪欲而刚强不起来，因为贪欲而清白不起来，因为贪欲而正直不起来。正所谓无欲则刚，只有那些清空心灵、摆脱俗世种种束缚的人才能真正清清白白地屹立于天地间。

　　"宁谢纷华而甘澹泊"，太极拳以其站直立正的姿势要领，给世人带来一股清新正气，一个人一生浮华无意，功名利禄不求，一切顺其自然，即便不能拥有富可敌国的财富，最起码能做真实的自己，顺应本心，无拘无束。如果将这种太极智慧结合到实际生活中，那就是说我们在处理问题、谋取财富、开创事业时，要保持一身正气。

　　"行得正，立得直"，是太极拳家们一直秉持的武德，同样也应该是众人秉持的做人原则。人的一生，欲望越多，痛苦越多。俗话说："贪心不足蛇吞象"，试想一下，一条细长的蛇吞咽一头大象的情景，那将是怎样一种感觉呀？卡在嘴巴里，吐不出来，咽不下去，别提多难受了。这种感觉就是那些贪婪之人所需要经受的煎熬，即便他们拥有了很多很多的财富、权力，也不会感觉幸福的。

　　因此，太极哲学告诫我们不要被功名利禄束缚，那些都是身外之物，绝对不是人生最宝贵的财富。身外之物如过眼浮云，付出很大代价获得之后，就会发现它们其实真的不重要。人生要活出质量、活出骨气、活出清爽来，一个人如果这样无拘无束了，也就品得了太极的真谛了。

## 3. 全身放松，顺其自然

太极拳尊重自然、顺其自然、倡导自然。其核心就是全身放松，顺其自然。

第一，太极拳练习者需保持心态自然。

保持心态自然，也就是说无论你的处境是顺还是逆，职位是高还是低，拳艺是否精湛，都要以一颗平常心来面对事物。不骄不躁、谦虚有礼、尊师重道、与人为善等，才能换得心灵的一方净土。在纷扰不断的生活中，想要保持这样一方净土需要我们心怀太极，与时俱进，克服功名利禄的诱惑、摒弃虚伪奸佞等各种与太极理法不相符合的心理，养成"遵从本心，诚信待人"的好品德。

第二，松静自然，心静体松。

太极拳的练习者从预备招式开始，就应清空心灵，排除一切杂念，保持虽身处乱世却能心静如水，不以物喜不以己悲，动中有静，静中有动。如果练习者渐入太极境内，那么他的全身都会感到放松，一切关节、韧带、肌肉都应处于自然舒展状态，不受任何拘束和压迫，完全顺其自然。只有这样，他们才能打出富有韧性、沉稳自然的太极拳。

第三，练习时拳法要顺其自然。

太极讲究顺其自然，因此练习太极拳一定要放平心态，循序渐进，不能急于求成。正所谓"欲速则不达"，急功近利、拔苗助长是太极拳的大忌。练武需要勤奋，练习太极拳不需要勉强自己，根据自己的身体状况，顺其自然地安排练习的时间和强度。太极中说：意顺、气顺、劲顺、形顺，则四肢百骸、五脏六腑顺。练习者周身内外上下平顺、自然，才能进退有度，开合有序，刚柔协调，转化自如，意动身随，心动形随，天人合一，一切都要自然、自由，不能有半点强迫为难之痕。

其四，练习太极拳需遵从量变至质变的自然之道。

做任何事情想要达到熟练，了解其内在规律都需要有一个量变到质变的过程。练习太极拳也是如此，练习者必须具有坚强的意志，能够长期坚持，勤学苦练，还要及时总结，理解和掌握每个动作要领。

事实上任何事物都与自然保持着亲密的关系，练习太极拳也是如此。太极拳是一种亲近自然的拳法，因此，练习者一定要增加与大自然沟通的机会。练习的场地尽量选择清净的自然环境中，这样有助于练习者将自己与大自然融为一体。太极拳理曰："太极本自然，人意莫强求。"自然是太极拳的生命和灵魂。"道法自然"，只要按照自然规律行事，不仅能够学好太极拳，更能乐观生活。

佛家讲究顺应因果；道家讲究顺应自然；儒家讲究保守本分。总结起来，就是"随缘素位"，只有这样才能渡过人生的苦海。其实人的一生到底会遇到些什么，没有人能够提前预测到，唯一能做的事情就是坦然面对所遇到的事情，这样，无论发生什么都能怡然自得地过一生。

有一位得道高僧，因为年事已高，心中便开始思量继承人的人选问题。高僧有两个徒儿，一个叫明辉，一个叫明远。高僧对他们说道："你们两个谁能从后山的悬崖下爬上来，谁就可以继承我的衣钵。"

明辉和明远来到后山的悬崖下，向上望去，悬崖高耸入云，极其险峻。身体强壮的明辉首先开始攀登，但是没过多会儿就从上面摔了下来。他不甘心，于是一次又一次地尝试。明辉被摔得鼻青脸肿，但是依然不肯放弃。最后一次，明辉爬到了半山腰上，再也没有力气了，他极力想要寻找一块可以休息的地方，但是悬崖实在是太陡峭了，没有任何可以依赖的地方。最后，明辉再一次摔了下来。这一次，明辉再也站不起来了。

明辉失败了，明远开始攀登了。最初他就像明辉一样，一次又一次地从悬崖摔下来。终于爬到了半山腰，明远再也没有力气向上爬了，他不经意地向下看了一眼。只见他迅速从悬崖上下来，头也不回地向山下走去。看着明远远去的身影，其他僧人纷纷议论起明远临阵脱逃。

最后，明远从山下，沿着一条小路，穿过了山涧，没费什么力气就到达了山顶。众人原本认为高僧一定会训斥明远这种临阵脱逃的行为，没想到高僧却将自己的衣钵传给了明远。他对众人说道："通过这件事，你们一定要记住，世间的很多事情是人力不及的，必须懂得适时进退，否者只能像明辉一样被摔伤。其实让你们去爬后山的悬崖，意在考验你们的心智，能不能摆脱世俗的束缚，做真实的自己。心中无碍，顺天而行者，才是我所中意的接班人。"

人生之路茫茫无边，过于执着总归不是好事情。而能够坦然面对得失，学会拥有"物来则应，过去不留"的智慧，才能活出自己。这也是太极一直倡导的"无拘无束"。在太极的思想体系中，自然居于核心地位，它一直在论述着自然的运行与人之间的关系。在老子看来，道是超越时间和空间而存在的，寂静又空虚，不依靠任何力量，也不以人的意志为转移。它无处不在，却又看不见摸不到，而在它的内部却蕴藏着巨大的洪荒之力。

由此可见，太极无处不在，却又看不到摸不着，那么人类与太极应该怎么沟通呢？

老子曰，"人法地，地法天，天法道，道法自然。"人类生存在大地上，虽然很久很久以前人类就可以飞上蓝天，但是在人类繁衍生息的漫长岁月里，从来就没有真正离开过大地。即使是今天，太空飞船、飞机火箭满天飞的时代里，人类赖以生存的家园依然是地球。因此，大地对于人类的意义远远重于天空。也就是说，人类与太极沟通的第一环节就是"人法地"。大地敦厚、朴实，滋养万物却不求回报，人类既然要效法大地，就要学会"厚德载物"，顺应天道，顺应自然。

正如自然界的四季变化，春天来了，大地变得温暖了，于是花团锦簇，绿树成荫，一片热闹祥和的景象。然而到了冬天，大地变得寒冷无比，满眼的银装素裹，冰雪世界，此时没有鲜花，没有绿草，大地呈现出一片萧条的景象。人也如此，如果你满面笑容，处处洋溢着温暖、祥和，身边自然会聚集着很多很多的朋友，好运气也愿意降临到你的身上；相反，如果你终日冷若冰霜，必然没有人敢接近你，得不到朋友的帮助是很难获得成功的，福气自然也会越来越淡薄。因此，人生在世，一定要胸有太极，充分地掌握自然规律，合理地利用自然规律，认真地遵循自然规律，才会真正收到预期的效果，才会真正获得最后的成功。

## 4. 为自己做一次深呼吸

太极中讲："虽有荣观，燕处超然。"这是非常难以做到的。因为人的心性的确是太容易被生活迷惑了。在高度紧张、竞争激烈的时代里，很多人都承受了巨大的压力。人们渴望回归自然，为自己做一个深呼吸。可是放弃现有的生活并非易事。看着山里的农户每日粗茶淡饭，布衣斗笠，自由自在的样子，再看看自己，经常忙于应酬，没有时间做自己想做的事情，陪自己想陪伴的人，不由得心生羡慕。

事实上，高官厚禄与富裕的生活并不是那么美好，否则很多奋斗一生的所谓成功者们为什么最终选择归隐田林？既然到头来还是选择了最原始的生活，我们又何必执着于功名利禄，偶尔过一过悠然自得的清闲日子不好么？

真正有智慧的高人，追求的是适合自己的生活和高尚的道德，对于物质生活，并不是太在意。即便是身处陋室，每天也可以感受白云出釉的自由，感受青草悠悠的香气，感受着身心的舒适和对大自然的感悟。

要做到"燕处超然"，需要一种淡泊宁静的本然生活。宁静的心绪有助于人性回归，回归到本来的祥和、谦虚，淡泊明志有助于人们寻找到最初的那颗心，摆脱人生的一切困扰，进而获得逍遥自在的心境。一个人如果被物欲、权欲牢牢把控，成为它们的奴隶，终日蝇营狗苟，这种生命状态是非常可悲的。这就是太极存在的目的，希望给世人一方净土，在纷扰的世界中为自己做一次深呼吸。

有人认为，练习太极就应该去那种溪水淙淙的清幽山涧之中。事实上，这种想法是错的。太极哲学从来就没有认为那种在万籁俱静之中的宁静就是

真正的宁静,真正的宁静是深处嘈杂的环境中依然能够保持心灵的平静。也就是说,在物欲横流的喧嚣城市中,如果能够保持一颗平静的心,这才是真正的洒脱。

昆仑山麓,山清水秀、草美树美,据传盛产开心果。世人如果能够得到这样的果子,就会立即喜形于色,不知烦恼为何物。于是就有一个人不辞辛苦,千里迢迢来到昆仑山,在悬崖峭壁上如愿以偿地找到了开心果。他迫不及待地吃了下去,却发现开心果不能使自己变得开心起来,心中的烦恼依旧没有任何消减。于是,年轻人顿感失落。

当天晚上,年轻人借住在一位老者家中。老者见年轻人郁郁寡欢,便问道:"是什么事情让你如此不开心?"

年轻人答道:"都传开心果可以让人开心,我不远千里来寻,不想吃下去之后却没有任何效果。"

老者闻听笑了起来,"年轻人,真正的开心果长在你的心里呀,只要你有心开心,无论有没有吃到开心果都会觉得开心的。"

世人被荣华富贵、功名利禄所束缚,所以动不动就觉得人生是苦海,开心的事太少,不开心的事太多,殊不知白云映着青山;溪水淙淙,涧石林立;芳草青青,鸟语伴着花香,这些都是人间胜景。人生从来不是苦海,只不过是一些人自己将自己置身于苦海之中罢了。

太极说,生命是既定的,我们不能改变生命的长度,却可以改变生命的态度。每天都是忙忙碌碌,与其一个烦恼接着一个烦恼,愁工作、愁财富、愁升职、愁子女前程……总而言之,真心想要烦恼,那各种烦恼就会层出不穷,没完没了。当然,换种方式,让心灵突破重压而出来呼吸一下,烦恼自会烟消云散。时间的漫长与短促只是人心的一种感觉,心宽时即使身处陋室也能怡然自得,而心窄之人,即使拥有再多也会觉得生活是一种煎熬。由此可见,解决烦恼,摆脱生活中的种种束缚需要依靠自己,学会"身在事中,心超事外"的太极态度。

爱因斯坦是世界公认的最伟大的物理学家，同时也是一位卓越的思想家，被誉为"世界千年十大思想家"之一，其地位仅次于马克思。然而除了科学家、思想家之外，爱因斯坦还是一个淡泊名利的圣人。他曾经这样说过："金钱会破坏人的恬淡的心境。"

1938年，爱因斯坦受聘于美国普林斯顿高级研究院教授。在谈论薪金时，爱因斯坦认真地说道："每年一千美金就够了。"听到爱因斯坦的要求，普林斯顿高级研究院院长弗莱克斯纳新连连摇头，当即回绝了，"这绝对不行，您的要求与您的身份实在是太不相称了，而且，如果给您开出这样低的薪水也会影响我院的形象。"爱因斯坦却不以为然，他认为薪水只要够生活所需就可以了，再多也没有任何意义。最后，双方经过协商，爱因斯坦勉强同意了弗莱克斯纳新开出的最低薪资——每年一万六千美元，是爱因斯坦提出的薪资要求的十六倍。

老子说："知其雄，守其雌；知其白，守其黑；知其荣，守其辱，如此才可以令天下景仰。"其实人生就是如此，只有守住纯良的心境，才能获得高尚的品格，之后所有的名誉、地位、财富自然而然就会接踵而来。万事不可强求，有些事情条件不成熟，时机不成熟，一旦强而为之，就是违背规则，往往结果会与主观愿望相反。

太极说，想要成功必先失败，想要拥有必先舍弃。这个道理告诉我们，方式必须遵守事物的基本规则，强求硬推必然会导致失败。《菜根谭》曰："波浪兼天，舟中不知惧；猖狂骂坐，席上不知警，而席外者咋舌。故君子身虽在事中，心要超事外也。"意思就是说，波浪滔滔，坐在船里的人不知道害怕，而在船外的人却感到很恐惧；席间有人猖狂谩骂，席间的人不知道警惕，而席外的人却感到震惊。所以有德行的君子即使身处事中，也要将心灵超然于事，这就是我们常说的"当局者迷，旁观者清"。

淡定坦然地面对问题，才是太极的生活智慧。在竞争激烈、物欲横流的现代都市生活中，太极的生活状态是一种非常难以达到的境界。庸人们每

天都在庸人自扰、杞人忧天、慌不择路、饥不择食。真正印证了所谓"百年三万六千日，不在愁中即在病中。"很多人说自己的脾气不好是因为遗传，其实完全是你自己的责任，却推到了父母的身上，脾气的好坏与后天的生活习性有着很大的关系。有繁杂的事物才是真实的人生，不管遇到什么问题，心平气和地应对，才能换来一片温馨的天地。

## 5. 立身中，保持中心

老子说，具有上乘之德的人并不知道自己有德，所以他才具有真正的德；具有下乘之德的人总是自以为没有失去德，正因为如此，他其实并没有德。具有上乘之德的人顺其自然，并不刻意表现自己的德；具有下乘之德的人则总想有所作为，并刻意表现自己的义；总之，在老子眼中道、德、礼、义均有上下高低之分。

在太极拳理中，不失原则就是德，具体表现为"立身中，保持中心"。办事总是需要有原则，当我们想要达到某种目的时，如果不是原则地去做，就是德，如果违背原则地去做，就是强迫，是违反规则的。很多情况下，生活中有太多太多可做可不做的事情。如果不择手段地谋求自己想要得到的东西，名不正言不顺就违背了太极哲学。太极告诫人们要坚守原则，顺其自然，如果一个人失去了原则，在欲望的驱使下，就会变得越来越贪婪、诡诈，进而使人失去自己淳朴的本性，失去自己原本的简单、快乐的平静生活。

如果将思维打开，就会发现太极中的这种观点与现代人的感受不谋而合。现代科技使得人们的生活变得越来越方便，同时也使得人们越来越失去自己的本能，肢体变得越来越退化，健康状况越来越糟糕。随着物质生活的丰富，人们的欲望越来越多，而生活却越来越不快乐。针对这种现象，太极开出了药方，认为只有保持原则，坚持公正，回到纯朴的状态才是解决之法。正如在幼儿的眼中，对就是对，错就是错。那个时期的人的意识比较懵懂，没有掌握太多的技巧和智慧，行事顺从自然，与天道结合紧密。所以孩子们的生活才是最快乐、最简单的生活。而随着年龄的增长，欲望越来越大，失去原则的时刻越来越多，人们越来越不能顺应本心，保持公正，因此就变得越来越不开心。所以，太极得出结论，无论是作为个人还是社会整体，都应该回到孩童时代，永远忠诚于自己的内心，坚守原则，不被过度的欲望束缚，偏离中心位置。

郦食其是汉高祖刘邦的重要谋士。话说当年郦食其前来投奔刘邦时，刘邦正在洗脚，闻听一个儒士前来投奔，原本并不是很在意，后来听他自称"高阳酒徒"，连脚都来不及擦干，一路小跑出来迎接。通过刘邦的表现，足见郦食其的才干。郦食其投奔刘邦之后，先是帮助刘邦智取陈留县，后来又在刘邦攻取函谷关时说服秦将投降，再一次立下大功。

后来秦王朝灭亡，楚汉相争，刘邦听从了韩信的计谋，试图从北面和东面对项羽进行包围。为了实施这一军事部署，刘邦派出韩信先攻赵、燕两国，然后再挥师东进攻占齐国。郦食其闻听之后，认为齐王的父亲因反叛项羽而被杀，因此虽然齐国与刘邦并未正式结盟，但其实在对付项羽一事上已经是盟友关系了，因此如果韩信不去攻打齐国，齐国一定不会站在项羽那边，可如果韩信去攻打齐国，出于自保，齐国非常有可能站在项羽那边。刘邦觉得郦食其的想法非常有道理。于是郦食其自告奋勇前往齐国说服齐王，临行时还与刘邦说笑道要挣个万户侯。

接着事态的发展果然如郦食其的分析，齐王最终选择站在刘邦这边。郦食其将这个好消息告诉刘邦，眼看着不世之功就要实现了，却没有想到祸事竟从天而降。刘邦将齐国投降的消息告知韩信，韩信立即命令军队就地扎营，不再前往齐国，准备即日返回。这时，韩信身边的一个谋士发表了不同意见，"将军奉命伐齐，先后灭了赵、燕两国，历经周折眼看就要成功了，却将这不世之功拱手让给了郦食其。郦食其不过一介书生，却凭借着三寸不烂之舌，不费一兵一卒拿下了齐国七十余城，难道将军还不如一介书生么，将军之前的付出又有什么意义呢？如今趁着齐国松懈了，不妨长驱直入一鼓

作气攻下齐国,如此一来这不世之功还是将军的。"

韩信听完觉得谋士说的也有一定道理,可就是有些阴险,如此便害了郦食其。那谋士闻听后冷笑了一声,说道:"他郦食其明知将军正在领兵伐齐,还自荐去说服齐国,这不是与将军抢功吗?"

韩信闻听,立即下令大军渡过平原河,陈兵齐国国城之下。

齐王原本已经准备投降刘邦,因此对韩信的大军防备非常松懈,忽然闻听大军兵临城下,顿时直呼"上当",于是找来郦食其,大骂郦食其行奸计,明着劝降背地里却想要吞并齐国。郦食其辩解,韩信定然是没有接到齐国要投降的消息,请求齐王让自己前去告知韩信这里的消息。怎奈齐王再也不愿信郦食其,径直将其丢进油锅。可怜郦食其一代才子,最后竟获得个被活活烹死的结局。

郦食其作为一介书生跟随刘邦,屡立奇功,特别是在攻齐时的表现,可谓是分析精准、智慧超群。偏偏这样一个绝顶聪明的人,躲过了无数大风大浪,最后竟然在阴沟里翻了船。韩信历经千辛万苦,好不容易来到了齐国,眼看着就要立下不世之功,偏偏在这个时候被告知郦食其不费一兵一卒已经劝降了齐国,韩信岂会甘心?郦食其聪明一世糊涂一时,竟然忽略了这一点,从而导致命毙齐国。说到底,郦食其还是被贪欲蒙蔽心智,失了分寸,终招致横祸。

现实生活中,这样的事情并不少见。看似一件简单的事情,背后都有千丝万缕的关联。君子身处世间,心中需有一个行事原则,有的事情可以放手去做,有的事情必须有所顾忌,而一旦遇到了违背原则与良心的事情,即使能够为自身带来巨大的功绩和财富也不能去做。很多时候,人们就是被眼前的利益迷惑而放弃了原则,从而招致了杀身之祸。

太极智慧告诫人们一定要有原则,当行则行,当止则止,不可逆道而行。人的一生面临的选择太多太多,盲目痴迷于眼前利益,丧失做人的原则,违背心中的道德,做出不公允的选择,最终会招致祸事。因此,我们要老老实实,本本分分,把握自己的真实感受,做一个有原则、有道德、正直公允的人，不过分贪慕那些不属于自己的东西，这样才能获得充实与快乐。

## 6. 身处动荡也要集中精神

太极哲学的整体倾向是保守的，老子提出的"致虚极，守静笃"就是一个重要的体现。"致"就是追求的意思；"守"就是持守。老子说，要追求虚，持守静，而且还要达到极点，做到笃定。无论是"静"，还是"虚"，归根结蒂就是道家哲学中的"无为"。

"静"代表着一种境界，与"静"相对的就是"动"。动是由内心"躁"引发的。躁动是一种不安，一种烦乱，在这种状态下，不要说成就大事，就连一点小事情也做不好。我们都有这样的体会，心情烦躁时，注意力很难集中，甚至连一页书、一道题都看不进去，更何况其他呢？因此，诸葛亮在对八岁儿子的《诫子书》中说道："夫君子之行，静以修身，俭以养德，非淡泊无以明志，非宁静无以致远，夫学须静也，才须学也，非学无以广才，非志无以成学。"

太极讲究静，"心静自然凉"是太极拳理追求的境界，身处动荡也要集中精神，是太极人应该具备的修养。在现实生活中，动不动就大动肝火者大有人在，这是因为人们"守静"的功夫普遍不够。唯有宁静，方能集中精神。

司马懿字仲达，是三国时期魏国的重臣，曾受魏文帝曹丕和魏明帝曹叡两代皇帝的托孤，后期掌控了魏国的朝政，成为西晋王朝的奠基者，后被追封为晋宣帝。

司马懿虽然后来成为魏国权势最高的大臣，但并非一开始就与曹魏集团进行合作的。司马懿年轻时就已闻名天下，当时曹操派人去请他来府中做事，他却借口身体有恙拒绝了。曹操不信，夜里派人前往探视。司马懿竟然早有预料，装得就和真的得病一样。然而躲得了初一躲不了十五，当曹操担任丞相时，再次派人去请司马懿出山。这一次，曹操并没有给司马懿留出余地，说出："若复盘桓，就收之。"意思就是说："如果再要推辞，就对他不客气了。"司马懿再也不敢推辞，乖乖效命于曹操。曹操死后，曹丕继位，对这位"大才子"依旧是多多倚重。特别是就曹丕称帝一事上，司马懿可谓立下了汗马功劳。而曹丕对司马懿的重视程度远超其父曹操。曹丕死后，司马懿更是成为四大辅政大臣之一。并且在魏明帝曹叡时期，司马懿以出色的军事才能，有效地阻止了诸葛亮挥师北伐。

公元234年，诸葛亮再一次出祁山北伐。魏明帝命令司马懿赴前线迎战。这一次，双方持续了很久，逐渐形成胶着之状。虽然表面上，双方势均力敌，可实际不然。因为蜀军千里奔袭，消耗巨大，而魏军则守着家门，因此，时间一长，蜀军明显处于下风。诸葛亮也看到了这一层，急着速战速决，怎奈司马懿偏偏坚守阵地，拒不出战。司马懿的计谋非常明显，以逸待劳，静候蜀军粮食耗尽。尽管蜀军多次骂战，魏军的军士们甚至都忍受不了了，可是司马懿仍能稳坐钓鱼台，其心智丝毫不被外界影响。最后诸葛亮终因日夜操劳，积劳成疾病倒了，还未来得及撤军就撒手人寰。这就是司马懿的守静之道，没费力气就赢得了胜利。

人们常说："远尘嚣，可令心远离红尘欲念，即心不见可欲而不乱。"然而这只是修行中的第一层，更高一层是即使身处动荡，也能保持心静如水，集中精力。这样的修养就是太极中提到的微妙玄通、深不可识的境界。

那么如何才能身处动荡也能集中精力呢？

一言以蔽之，即心静如水。一杯浑浊的水，放着不动，时间长了，浑浊的泥渣自然会沉淀下去，继而浑浊的水也变成了清澈的水。儒家的曾子在所著的《大学》中曾经说道："知止而后有定，定而后能静，静而后能虑，虑而后能得"，说的也是这个道理。心如止水，平静祥和，一切顺其自然，这才是太极的修炼宗旨，也是人生最好的结局。

现实生活中，遍地撒种不一定会遍地开花，想要获得成功，最好的方法就是集中精力，专心做一件事情。集中全部精力的效果是非常强大的，做起事情不仅效率高，而且还感觉非常轻松，与此同时，事情做得还非常完美。

圣人孔子带领学生去楚国采风，途经一片森林时遇到一位老者正在捕蝉。只见那老者拿着粘杆捕树上的蝉就如同在平地上捡东西。于是孔子上前对老者的捕蝉技巧赞扬一番后，问道："您捕蝉的技巧是什么？"

老者捋捋胡须，开始对孔子及学生们传授技巧，"捕蝉首先要练臂力，身体立在地上就像树木一样，手中的竹竿就像从自己的胳膊中长出来一样，而且注意力还要高度集中，无论周围多么喧哗，在我的眼中只有蝉，如此还能捕不到蝉？"

孔子听完，郑重地对学生说道："精力集中，神情专注，方能出神入化。老人家不仅是在向我们传授捕蝉的技巧，也是在告诉我们做人办事的重要道理。"

记得一位伟人曾经说过："如果一个人能够花费十年时间专注在一件事情上，那么他一定是这方面的专家级人物。"古往今来，成就大事的人，从来不曾将自己的精力同时分散在不同的几件事情上，而是专攻一件事情。正在干着这件事情，心里想的却是另外一件事情，到头来哪件事情也做不好。在这方面很多年轻人都有这种浮躁的现象，眼高手低，总是想着怎样一步登天。结果往往事与愿违。事实上，天堂与地狱都是由自己建造的。如果你集中精力，寻找到其中的乐趣，那么无论你身处何地，都会感觉快乐。如果你能视工作为一种乐趣，那么你的人生就是天堂。相反，如果你觉得工作是一种束缚，不愿集中全部精力去研究它，那么你的人生就是地狱。在地狱中，你永远也成不了神。

我们的人生有很多很多事情值得我们去做，同时也有很多很多的干扰出现。这个时候，保持心灵的清净，摒弃浮躁的心态，集中精力、心无旁骛地逐个击破，才是最有效的做事方式。所谓"干一行爱一行"，只有爱一行了才能乐在其中，并且取得成绩，如曹操善于权谋，李白寄情诗歌，王羲之专注于书法……他们哪一个不是后世瞻仰的楷模。当人们全身心地投入时，再复杂的事情也变得简单、有趣了，而成功就变得容易了。

## 7. 让身体和心灵一起保持平衡

太极拳讲究平衡，从身体平衡到心灵，再到阴阳平衡等。在物理学中，物体的平衡要考虑重心的位置，而在太极拳的理论中，维持身体的平衡依然要考虑重心。只有时刻保持身体的平衡，练习者才能达到"人不知我，我独知人"的境界。太极拳作为武术界的一个重要种类，不仅是锻炼身体、除暴安良、保护自己的一种技能，更体现了雄厚东方文化和人生哲理。练习太极拳并不是姿势越低越好，太极拳要求练习者做到"舍己从人""彼不动己不动"，需要在平衡与不平衡、稳定与不稳定的变化中逐渐领悟人生的真谛。

很多人问："为什么那么多人练习太极拳？慢慢蹭蹭的，好像根本给不了人一丝的激情与朝气。"太极拳的确平缓，给人一种安静祥和的境界。相对于似水般柔中带刚的太极拳招式，练习者的心灵平和才算真的入定。让身体和心灵一起保持平衡，是太极拳的基本要求。

人的行动往往以其内心为基础，受其指导，内心坦诚行为就不会使诈，内心坚定其本人就不会变节。美国首任总统华盛顿曾经说过："一切的和谐与平衡，健康与健美，成功与幸福，都是由乐观与向上的心理造成的。"是的，人的心灵决定着一切，不管在什么情况下，我们不仅要身体保持平衡，心灵更要保持平衡，不能让消极的心态左右自己，使自己生活在抱怨、愤怒、恐惧等阴影中。请记住只有心灵平衡了，身体的平衡才有意义。

在中国的历史上有一个著名的"外举不避仇，内举不避亲"的故事，讲的是春秋时期晋国大夫祁黄羊公平荐举人才的故事。

一次，晋国的国君问祁黄羊道："南阳地区缺少一个官员，你认为谁去比较合适呢？"祁黄羊说道："恐怕没有人比解狐更合适了。"晋国大王闻听后非常吃惊，"据我所知，解狐不是你的仇人吗，你怎么还举荐他呢？"祁黄羊笑了笑，说道："大王，你问的是谁适合南阳的官职，并没有问谁是我的仇人呀。解狐适不适合做这个官职是一回事，我与解狐之间的私仇又是另外一回事。我不能因私废公呀。"

晋国大王听了祁黄羊的话，对他燃起了钦佩之意，认为祁黄羊一心为国，不计个人恩怨，是个难得的公允之人。

没过多久，晋国的军队中又缺了一位官员。晋国大王又问祁黄羊道："军队中缺少一位军官，你认为谁适合呀？"祁黄羊干脆地答道："臣认为祁午最合适。"晋国大王闻听之后再一次感到惊讶，说道："祁午不是你的儿子么？"也许在他认为，像祁黄羊这种大公无私的人定然不会为自己的家人谋求官职的。谁知祁黄羊竟然平静地答道："大王问的是谁适合这个官职，并没有问谁是臣下的儿子。祁午的才能非常适合这个官职，我不能因为他是我的儿子就埋没他的才华，这样做同样有失公允呀。作为晋国的大夫，为国家举荐良才是我的职责，无论是我的仇人还是我的儿子，又或是毫无关系的陌生人，在我看来都一视同仁。我不能为了自己的名誉而失去原则。"

晋国大王听了祁黄羊的话不仅没有责备他，反而更加钦佩他了。

实践证明，祁黄羊的举荐非常准确。解狐和祁午果然不负众望，在各自的职位上做得非常出色，足见祁黄羊的确具备识才的慧眼。祁黄羊具有识才的慧眼，但如果他没有对世俗观念的超脱心灵，恐怕也不能做出"外举不避仇，内举不避亲"的举动来。

其实，人的心灵就像是一面镜子，世间的一切都通过人心反映出来。当一个人直面自己的内心时，才会看到真实的自我。随着年龄的增长，各种尘世的尘埃开始逐渐地侵蚀我们的心灵，对物质的追求，对美色的欲念，对地位名利的追求等。渐渐地，人们的言行开始偏离内心。这个时候，自省就是唯一的清除杂质的方式。一个经常反省自己的人，生活中的任何一件事情都可以成为他去除不良习惯的良药。其实，不仅是太极，儒家和佛家也都强调自省，并把它列为重要的功课，如宋代的瑞严和尚每天都会问问自己："今天你的头脑清醒么？"回答是"清醒"时，方才觉得踏实。这种自省的方法深受朱熹的喜爱。

　　太极中提到的身体和心灵一起保持平衡，其实也是一种自省的观点，要求人们通过自省实现对道的领悟。在太极哲学中，道虽然不可名，但是却能被心灵感应到。大道玄远深奥，同时又无处不在，没有深入的自省境界，是感受不到其中的真谛的。

　　人们的心灵本来是纯净的，可惜被物欲杂念所覆盖。很多人沉迷于电子游戏、网络游戏、淫词艳曲等，所以必须学会排除一切世俗的诱惑，用太极的智慧来洗涤心灵。洪应明在《菜根谭》中说："夜深人静独坐观心，始知妄穷而真独露，每于此中得大机趣；既觉真现而妄难逃，由于此中得大惭忸"，意思就是，夜深人静的时候独自思考自己，审察自己的内心世界，往往会发现自己的妄念全消而真心流露，进而体会到了毫无杂念的细微境界。这种感觉让人觉得心情顺畅，但又因此时才消除妄念而惭愧。这就是太极中要求身心同修，一起保持平衡的意义所在。一个人只有真正认识自己的内心之后，才能根除劣根，克制自身的缺点，从而渐渐实现身心同健康。

　　老子曰："爱国治民能无过乎？天门开阖，能无雌乎？明白四达，能无知乎？"这句话完全是对"无为"观念的不同角度的表述，为人处世也应该如此，持守"无为"之道，在接触事物时，做到平和宁静，通情达理，从而才能言行如心，不使用奸诈诡计，违背本心。

　　事实上，太极中的"身心同修，保持平衡"与道家学说中的"无为"同意。"无为"的道学思想告诫世人要顺应天道，顺应本心，这一点也是太极哲学对人世的期许，希望世人能够做到顺应本心，保持人性之初的那份纯真与善良，不要被世俗侵袭，迷失本心。

　　春秋时期的柳下惠，因为善良的本心，让一名在风雪中煎熬的妇女进入房间，又因女子衣着单薄，已经冻得不成样子，遂解开衣衫，让女子坐进怀中取暖。柳下惠的这种行为严重违反了封建礼教中的男女大防。然而事情传开之后，相对于柳下惠的失礼之举，世人更加钦佩其如"婴儿"般的心灵和品质。柳下惠可以修炼到"坐怀不乱"的境界，正印证了太极哲学中的身心同修的原理，做任何事情都要讲究表里如一，心灵的平衡才是身体平衡的根基。

● 第三章 ●
# 太极运行智慧
## 顺势而为，才能大有作为

## 1. 养虚灵，修智慧

太极自无极而生，修炼太极必须提及"无极"。因为"无极"是修炼太极首先需要进入的一种身心状态。道家和儒家学派都非常推崇"无极"的观点。在道家看来，无极为一种清净无念的身心状态，只有先进入"无极"的状态，才能静极生动、阴极生阳，从而导致无拘无束、飘飘然的太极心态。太极的母体就是无极。无极实质上就是一种入静，无一毫杂念的特殊身心状态。儒家与道家的说法如出一辙，认为"心中无一物"才能修习大智慧。

古代日本的武术道讲究"心无置所"，其实也就是一种不动心、不执着的智慧，这与"无极"的意思颇为相似。高手力求"无极"的思想境界。无极境界实际上就是练武的最高功夫境界。进入"无极"的状态时一切恢复事物的最初形象，人体也渐入佳状，心灵纯净无二，世间万物融合于一体，生命的个体与宇宙万物完全融合。

随着现代人生活节奏的加快，竞争日趋激烈，各种压力和心理问题接踵而来。太极哲学作为保健健身、涵养性情、启迪人性的良好方法，愈来愈得到人们的认可。太极强身健体的原理就是通过反复修炼，达到"无极"的境界，让原来亢奋的病灶细胞得到有效抑制，使原本紧张的神经得到放松。练习太极的第一步就是放松身心，接下来就是学会随时随地自然放松，这种放松不是身体上的安静，而是意念上的安静，心灵和意念进入一种毫无杂念的状态，精力高度集中在某一事物之上，轻轻松松地忘我地专注着。

那么什么是太极呢？

陈氏太极拳第八代传人陈鑫说："太极者，生于无极也。阴阳由微至著，循环无端，即其生生之机也。……打拳上场后，手足虽未运动，而端然恭正之中，其阴阳开合之机，消息盈虚之数，已俱寓于心腹之内，此时壹志凝神，专主于敬，而阴阳开合，消息盈虚，特未形耳。时无可名，亦名之曰太极。"也就是说，无极作为一种理想的高级入静境界，很多人都无法达到，但对于了解无极与太极的真正意义的人而言，追求无极也不是没有可能。当人们在无极的身心状态下，其阴阳开合自如，盈虚的真气和灵感即将成形之际，即为太极。因此，太极也可以称之为阴阳之混沌耳。无极、太极都是状态，按道家所言，无极相当于心体寂然不动，太极相当于感而遂通，其显著的特征都是心虚。心一虚，则精力集中，感觉异常敏锐，反应异常灵敏。这就是太极中的心脑虚灵之状。

太极中的养虚灵和道家老子说言的"致虚极，守静笃"，同为甚深的入静状态，是一种由于大脑处于虚灵状态下的自然状态。这时多余的大脑活动没有，耳目感官均由外界转向内在，身体机能高效、协调地运转，从而导致思维的大幅度跨越，身体机能反应灵敏，大脑活动进入最佳状态。因此可见，所谓的"虚灵"是指心脑空虚，是一种入静功夫。进入这种虚静、空灵的状态，就是人体展示出来的最佳状态。

一位书法家教学生们练字。一天，一位经常使用废报纸练字的学生向他抱怨道："学习书法这么长时间了，还是一点进步都没有。"书法家笑着对他说道："你用一张干净的白纸练习一下，可能会好一些。"

学生听完之后，拿出了一张干净的白纸，认认真真地写了起来。很快，他发现自己写出来的字真的和在废报纸上的字不一样，进步非常大。学生非常奇怪，"这是怎么回事呀？"

书法家说道："因为你在废报纸上练习时，心态很松弛，觉得自己是在练习，因此注意力很难集中。可是如果在干净的白纸上练习，你会因为珍惜白纸而调整心态，全身心地投入到写字上面。心无旁骛地书写，写出来的字自然会很棒。"

在提倡高效率的今天，人们越来越明白时间的重要性。事实上，时间的纵向轴并不能改变，能改变的就是提高时间的利用率。做任何事情，如果不能学会心无旁骛，那么时间的利用率就会很低，做事情的效率也会很低。成功者说："用力只能把事情做对，用心才能将事情做好。"故事中的那名学

生的确非常努力地在废报纸上练习，但是不够用心，因此他的字一直没有太大的进步。而当他用心地在干净的白纸上练习时，他的字实现了飞跃性的进步。这就是用力与用心的区别，也是为什么太极告诫人们要养虚灵的原因。

生活中，每个人都有自己的工作，大部分人也都在努力地付出，但是不同的人工作的效率却完全不同。那么，差别在哪里呢？很简单，就是心态的问题，与其整日空谈不能赢得上帝的恩宠，不如从现在开始用心走好每一步，养虚灵，才能修智慧，才能在命运的长河里勇往直前。

20世纪60年代的华尔街是一个创造神话的地方。那时候的人们通常将自己与某一组织联系在一起。然而真正创造神话的是那些热爱工作的人。

从迈克尔·布隆伯格被罗门公司录取的那一天，他就爱上了这份工作。罗门公司看重员工的实力，对于拥有博士学位的员工和中学辍学的员工一视同仁，这是迈克尔·布隆伯格爱上罗门的原因。

迈克尔·布隆伯格喜欢自己的工作，因此他能心无旁骛地投入工作当中。除了他的老板比利·所罗门，迈克尔·布隆伯格总是最早到公司，最晚离开的人。对此，迈克尔·布隆伯格并没有刻意为之，而是由衷地享受工作的过程。迈克尔·布隆伯格非常喜欢每天都工作缠身，他说："让自己无所不在并不是一件苦差事，我非常同情那些在工作中挣扎的人，他们并不快乐，业绩也很不好。"也许正是因为迈克尔·布隆伯格完全地融入了工作当中，从中感受到了工作的乐趣。因此，迈克尔·布隆伯格在他只有30岁的时候，就创造出了属于自己的神话，成为了华尔街大宗股票交易的超级明星，被《纽约时报》《华尔街日报》竞相采访。

就工作而言，迈克尔·布隆伯格其实是入境了，也就是太极中的入了虚灵。在他的眼中、心中除了工作再无其他杂事了，这样的境界岂会创造不出奇迹？事实上，无论一个人的想法是什么，只要他的心神能够达到虚灵的境界，那么他的付出一定会比别人多，自然收获也会随之而来，而且获得这些收获的过程也会变得简单，一切只不过是顺势而为罢了。

## 2. 太极竞争——虚与实

"虚实转化"是练好太极的关键。在练习太极的过程中，只有懂得了阴阳，掌握了虚与实，才算入门。太极大师王宗岳在《太极拳论》中这样说道："太极者，无极而生，阴阳之母也。"这里的阴阳即虚与实。

太极的招式中要宣分虚实，一处虚一处实，相辅相成，时刻转化。从初练太极的大虚大实，逐渐发展成令人难以察觉的小虚小实，乃至最后的内有虚实而不见虚实的境界，虚虚实实一直都是太极中必不可少的关键。

那么，太极中为什么要讲究虚实转化呢？太极中的虚实转化是根据对手的招式转化的，"彼虚我实，彼实我虚"，随着对手的屈伸转化着，时而刚强时而柔软。这里的虚与实均是动词，"虚"即柔软的防守，"实"即为强硬的进攻。虚实只是相对的，没有绝对的虚实，通常情况下，虚虚实实相互结合，相互转化，相互渗透，虚中有实，实中有虚。这一点从太极图中不难看出，阴与阳即相互分割，你中有我，我中有你，统一在一起。单纯的阴或阳都有些偏颇，也很难发挥出最好的作用。

太极中的虚实是一层功夫，也是一层体会。随着修炼的境界逐渐深入，练习者需要根据自己的亲身体验去用心感悟。知晓了"虚"与"实"之间的辩证关系，在做事情的时候就要充分掌握好"虚"与"实"的分寸，在需要"虚"的时候，巧妙地将"实"转化成"虚"，而在需要"实"的时候，再将"虚"转化成"实"。那么，现实生活中，如何巧妙地处理虚与实的关系呢？我们先看一个例子。

春秋时期卫国大夫宁武子是一位有大智慧的人。孔圣人曾经就这样评价他，"宁武子，邦有道则智，邦无道则愚。"意思就是说，宁武子这个人在国家政治清明的时候就表现得非常聪明，而在国家政局混乱时就表现得非常愚蠢。事实上，宁武子表现得非常聪明时，是希望通过自己的智慧给国家和人民做些事情，而表现得愚蠢时，只是不希望自己的聪明才智被居心不良的人利用，助纣为虐。人的智慧其实就是一把锋利的双刃剑，在忠肝义胆的侠客手中，它可以除暴安良，替天行道，而一旦落入歹徒手中，同样也会给天下正道带来灾难。

因此，孔子非常严厉地批评了他的徒弟冉求。冉求因为帮助季康子敛财而受到孔子的训斥。在孔子看来，季康子已经很富有了，而冉求还在运用自己的智慧帮助他敛财，当一个人的财富越来越多时，其他平民百姓的财富就会越来越少，这是季康子受批评的原因。孔子对其他的弟子说："冉求不再是我的徒弟了，你们可以敲着鼓去攻击他了。"在古代，敲鼓是两军对战时进攻的信号。孔子这样说表明了他对冉求这种"助纣为虐"的行径厌恶之深。

由此可见，一个人的聪明才智是否得以充分发挥，需要根据具体的大环境而定。国泰民安，政通人和时，个人的才智理应充分展示出来，做一番利国利民的大事业。然而，如果国家政局混乱，君主昏庸无道，那么施展个人才智帮助这样的统治者，就是助纣为虐，这就是"邦有道则智，邦无道则愚"的原因。

除了外因，从自身的处世来讲，"邦有道则智，邦无道则愚"也是一种重要的自保之道。清代著名书法家郑板桥最著名的醒世格言——难得糊涂，也颇具太极风骨。这种"糊涂"并不是真正意义上的糊涂，丢三落四，而是难得的大智慧，大智若愚的智慧。事实上，无论是郑板桥还是宁武子，他们都在运用太极中的虚实智慧，根据时代背景无声无息地转化着虚与实，将自身的聪明才智运用到最值得的地方上。

生活中，虚虚实实也是一种深奥的大智慧，为人处世都要把握一种分寸，做到随机应变，虚实结合，不可拘泥于一方，应当力争这样一种处世境界："与时俱进，不要墨守成规，一虚一实，以和为量，浮游于万物之上，又能深入驱使之。"意思就是人们应该通过一种悠然自得的方式，既超然于世又能灵活驱使俗世。

被称为"世界财富标记"的洛克菲勒家族曾经做了这样一件"糊涂事"。

第二次世界大战之后，为了协调处理各个国家的关系，战胜国决定在美国的纽约成立联合国总部。然而就在一切工作都已准备就绪之际，相关人员却发现根本没有专属于联合国的办公场地。联合国作为一个独立于各个国家之外的机构，其办公场地的规模不能太小，可是大场地需要付出很多资金，这就产生一个非常实际的问题——资金的来源在哪里？在联合国的工作人员一筹莫展之际，洛克菲勒家族宣布愿意花870万美元在纽约买下一块地皮，无偿赠送给联合国作为办公地点。在当时那个年代，二战刚刚结束，世界各国经济一片萧条的状态下，870万美元的的确确是一笔不小的数目。洛克菲勒家族竟然愿意花费这样一笔巨资，支持毫无关系的联合国建设，这让很多人都无法理解，甚至一些目光短浅的人嘲笑洛克菲勒家族道："这简直是一件傻瓜才做的事情。"

面对外界的一片质疑声，洛克菲勒家族却没有发表任何言论，只是默默地买下了那块荒地以及周边的大量土地。很快，令人惊讶的事情发生了，就在联合国大楼动工之后，周边的土地开始疯狂地涨价。这时，人们渐渐地开始明白洛克菲勒家族的奇怪举动。最后，洛克菲勒家族创造了一个神奇的"财富神话"，高出870万美元数十倍的回报收入洛克菲勒家族的囊中。那些曾经嘲笑洛克菲勒家族的人全都灰溜溜地躲了起来，觉得无法面对自己曾经的"聪明"思维。

用太极的智慧分析一下，洛克菲勒家族的行为堪称虚实结合的完美典型。洛克菲勒家族买入地皮无偿赠送给联合国是为"虚"，然而虚中有实，实中有虚，虚实完美结合，巧妙转化。洛克菲勒家族看似"虚"的行为下，暗藏着锋利的"实"，其真实的目标在于联合国大楼所带来的潜在商业价值。洛克菲勒家族的这种"虚实"智慧很快就赢得了丰厚的回报。最后洛克菲勒家族如愿以偿地创造了商界神话，当初的870万美元的付出换来了数十倍的利润回报。生活中，这种虚实结合的事例并不少见，很多看似"愚蠢"的人，经历了很多看似"吃亏"的事情之后，所取得的成功是那些所谓的"聪明人"

望尘莫及的。

## 3. 太极战略——顺与动

身处自然总能令人产生舒适之感，因为人的一切由自然而来。在人类的进化史中，人与自然的关系随着时代的变迁发生了很大的转变，从最初的敬畏、依赖自然，转而成为认识、利用自然。但是无论时代怎么变迁，人与自然的关系怎样转变，都改变不了"人类是自然界的产物"这一基本事实。因此，只有顺应自然、保护自然，大自然才会源源不断地赐福于人类。

在中国几千年的历史长河中，人们一直在强调顺应自然，与自然保持和谐的关系。但与此同时，人类又一次地将自己的主观思维强加于自然规律之上，对自然界横加干涉。

庄子在《庄子应帝王》中记载了这样一则寓言。

在海里生活着两个时间神，分别名为南帝与北帝，一起去拜访大帝浑沌。浑沌非常高兴，并热情地招待了他们。三人在一起畅谈天地，不亦乐乎。临行时，南帝与北帝感恩大帝的热情款待，决定回报大帝。他们思考，说道："世人都有七窍，因此可以眼观六路，耳听八方，还能品四海之美味佳肴，唯独浑沌兄没有七窍。我们何不一起为他打开七窍呢？"于是，南帝和北帝一起历经千辛万苦，终于为浑沌打通了七窍。然而，就在浑沌的七窍打开之时，他也因此而灭亡了。

大自然赋予浑沌无七窍自有其原因，南帝和北帝试图改变自然规律，强行打通了浑沌的七窍，从而使浑沌帝因此丧命。这个传说明了一个道理，那就是人为干涉自然规律，不仅无功还会带来不好的结果，甚至致使自然物体死亡。另一个寓言故事《拔苗助长》也充分说明了这一道理，"拔苗助长"的结果就是农作物的死亡。圣人们编纂了很多很多类似的故事，就是为了告诫那些试图强制干涉自然之道的人们，他们的行为不仅无益反而有害。

由此可见，世人一定要学会遵循自然规律，太极的创始人正是因为悟出了这一道理，才致力于太极哲学的研究。在太极哲学中，"顺"时时刻刻洋溢在各个修炼环节中。"四两拨千斤"是太极拳的重要技巧，其原理就是一个"顺"字，顺应外界，借力打力，不仅效果不错，而且还提高了自身的境界。然而，现在社会上很多人都不能领悟其道，他们致力于盲目的敛财行为中，完全忽略了人性的修炼，成了一只只没有太多内在修为的肤浅生命体。

"动"与"顺"合力形成了太极拳的两大重要特点。在太极中，顺中蕴含着动，动中也蕴含着顺。只有二者完美结合，才能打出一手漂亮的太极拳。老子认为，道是自古以来就存在的，如果能够把握这原本就存在的"道"，就能够用来驾驭当今的一切。在人类进化史中，看似新事物层出不穷，其实万变不离其宗，透过现象看本质，事物的本质还是相当稳定的。因此，顺道而行才能修成正果。但是，道又是一种超越性的智慧，是高度抽象的哲学概念，认识、体悟、顺应大道，需要超越性的思维。世间万物没有一成不变的事物，道也是如此。随着道的变化，原本浑沌的天地分成两级，阴阳日夜交替，又诞生了万物。由此可见，万物是动态的，太极也是动态的。"顺"是为了更好的"动"，"动"又是更深层的"顺"。

在古代的文化体系中，武术与军事可谓同本同源。因此，太极战略与《孙子兵法》有着很多共同之处。战争中讲究战略，所以产生了《孙子兵法》。《孙子兵法》是中国最具影响力的军事战略。然而，战争的根本还是人，在这一点上，军事战略与太极战略可谓脉络同构。

《孙子兵法》中的任何一项战略都是通过"顺"与"动"的巧妙结合实现的。前面提到"顺"有借力打力、以柔克刚之意，而这里要说的"动"则是在对方渐渐出于弱势的状态下，逆行而上，是一种主动进攻的状态。

成语"东山再起"的主人公是一位名为谢安的才俊。谢安出生于名门望族，因性格洒脱，不愿被红尘世俗所羁绊，故而长年隐居东山之中，所以得号东山。谢安在很小的时候，就因为才华卓越而闻名遐迩。有一次，他与

几位好友泛舟海上，不料天气忽然恶化，一时间海浪滔天。好友们都大惊失色，想要马上返航，只有谢安依旧神情自若。船夫看到谢安如此安闲，也觉得不那么紧张了。最后，小船得以顺利返航，大家平安回到岸上之后，谢安说道："面对如此恶劣的天气，我也很害怕，但是我知道如果我们所有的人都乱作一团，那么就不能平安回到岸上了。"通过这件事，谢安的名声更大了。

谢家原本就出身于名门望族，再加上他才思敏捷，因此，推荐他做官的人很多。但是谢安不愿委身仕途，每次都礼貌性地回绝掉。然而天有不测风云，随着哥哥谢万的兵败，被贬为庶人，谢家的威望从此一落千丈。为了挽救谢家，谢安被迫入仕。在波诡云翳的官场，谢安左右逢源，应对自如。因此，短短数年时间里，谢安步步高升，从一名小小的司马升至宰相的位置。

在这段历史中，谢安原本是一名寄情山水的洒脱之人，不愿被功名利禄所累，这就是太极智慧中的"顺"。然而当家族地位受到威胁时，谢安挺身而出，独立撑起门户，视为"动"。一动一顺，充分体现了谢安的太极战略。在喧闹的尘世中抱有一颗波澜不惊的心，这是真正的虚静，又能在家族受到威胁时，主动承担起兴家的责任，在官海中一马当先，不失为"动"。谢安既能在没有音乐的山野中舒适愉快地生活，不用有沁人心脾的茶香，照样也能芳香满室，又能在风云多变的沉浮中，翻手为云覆手为雨，力挽狂澜，保持家族鼎盛。他拥有一颗纯洁之心，同时也拥有一颗灵动之心，他能摆脱人生的一切困恼，看轻种种荣辱，在纯净空灵的意境中，洗涤心灵，解决尘世的问题，因而获得了真正的可爱和自由。

在高度紧张和竞争激烈的时代，每一个人都承受着生命之重。很多人渴望回归自然，颐养心神。在他们看来，粗茶淡饭、悠然自得的生活是最好的，但却没有勇气放下一切。于是他们矛盾、痛苦，每天都在挣扎中度过。殊不知，如果心灵真的清净了，又何须在意身处何地。人生处处是桃园，但即便真的身处桃园，如果心灵不曾清净，依旧会是满脑烦恼。因此，我们需要做的只是保持一颗愉快、纯净的灵心，坦然面对生活中的各种问题，按部就班地解决它们，这就是太极的战略思想，一种豁达的处事哲学而已。

## 4. 太极资源——行与势

招式是太极拳看得见的外在肢体动作，如"野马分鬃""白鹤亮翅""丹田合开"等。而招势是太极拳的内在动力，是看不见的内力运动，武学界人们习惯称之为"气"。人体的内在能量是一种无形的气，在身体中自由地流动、聚散，从四肢流向丹田，这是合，再从丹田流向四肢，这是开。所以太极拳实际上只有两势——开势和合势。在阴阳学说中，阴阳又是一对能量的矛盾体，能量强大视为阳，能量弱小视为阴。对应太极拳的两势，则蓄势为合属阳，发势为开属阴。因此，太极拳的两势又称"阴势"与"阳势"。

初学太极拳，当以练习"式"为主，熟练掌握太极拳谱中的招式，从身法、手法到步法，只有在不断练习和纠正中，才能逐渐形成"势"，行云流水，收发自如。放眼自然界中的能量运动的基本模式，同样也是这两种"势"。如火为阳，水为阴；夏为阳，冬为阴；日为阳，月为阴，阴阳衔接循环，便组成了这世间的一切能量。太极参悟自然界的能量规律，形成太极阴阳开合的内涵，每一个招式都对应着一对蓄势与发势。如呼吸，吸气时为蓄势，周身气势呈现收势，腹壁内陷；呼气时为发势，周身气势膨胀，是能量发行的过程。

面对着自然界的能量原理，太极巧妙地告诉我们一个道理——蓄势待发。千百年前，老子结合自然之道，总结出"想要收敛它，必须先要扩张它，想要削弱它，必须先要增强它"。这是一种一直存在于自然界中，却很少有人能够发现的智慧。从太极图中可以看到，阴阳共同构成了一个整体，你中有我，我中有你，既相互分别，又相互包括。老子面对这样的自然之道有着充分的认识，所以才提出了"将欲反之，必固正之"的处世手段。

在古代典籍的分类中，很多人将太极列入阴谋之列。之所以这样，主要是因为太极思想里存在不少看上去像阴谋诡计之类的观点。许多军事家、政治家乃至商人都从中得到了启发，于是总结出了一系列"阴谋诡计"。将"欲

取先予"的思想纷纷运用到了战场、商场之中，创造出了声东击西、以退为进、置之死地而后生等一系列的争斗手段。当然，这些看似高明的手段其实一直都明明白白地摆在世人的面前，解读自然，就是解读社会。

初始，郑武公娶了申国国君的女儿为妻，历史上称之为"武姜"。武姜生了两个孩子，郑庄公和段。武姜在生产郑庄公时难产，受到了很大的惊吓，因此而厌恶郑庄公。后来她顺利生下段，对其非常宠爱，曾经多次向丈夫郑武公进言，劝其立段为太子。但是，郑武公并没有理睬她，依然将皇位传给了郑庄公。虽然郑庄公做了国君，但是武姜依然非常讨厌他，一如既往地疼爱自己的小儿子段。郑庄公即位不久，武姜就请求他将制这个地方赐予段。郑庄公没有答应。于是武姜又请求将京邑作为段的封地。

段受封京邑后，大臣们纷纷向郑庄公进言，认为段的封地过大，城池、城墙的高度过高，不符合法度，违背了先王的规定。郑庄公无奈地说道："多行不义必自毙，由他去吧。"事实上，郑庄公表面上对弟弟和母亲的行为很无奈，其实心里早已做好了打算。

而太叔段仗着母亲的疼爱，原本非常有机会继承王位，只是由于父亲的执着才错失了王位，现在尽管哥哥已经继承了王位，但是他依然不甘心，他想凭借着母亲的支持与郑庄公分庭抗衡，侍机推翻哥哥的政权。对此，郑庄公心知肚明。果不其然，太叔段在得到京邑封地之后，依然不满足，私自将西部和北部的城邑一并管辖了起来。这时，大臣们再也忍不下去了，纷纷向郑庄公进言，其中公子吕说道："一个国家不能容纳两个君主，国君您到底是怎么打算的？如果你想将国家交给太叔段，那么请允许我前去侍奉他；如果不是这样，那么请您尽快除掉他。"

郑庄公淡定地说道："何必如此气愤呢。他会自食恶果的。"

很快太叔段在自己的管辖地上大兴土木，兴建高高的城墙，聚敛百姓，打造兵器，并准备好了战车，准备随时进攻郑国的国都，并且武姜会做他的内应，侍机为其打开城门。太叔段和武姜的一举一动都在郑庄公的算计之中，他同样已经做好了准备时刻等候着太叔段的不义之举。当太叔段举兵谋反之时，郑庄公说道："可以了。"于是命令公子吕率领二百辆战车进攻京邑。百姓们不耻太叔段的不义之举，纷纷背叛了他。太叔段兵败后，狼狈逃到鄢地。郑庄公就派兵攻打鄢地。太叔段又逃到了共国。

纵观整个事态的发展，郑庄公对于太叔段的反叛之举一直采用了"欲擒故纵"的手段。在郑庄公的内心世界里，其实早已决定收拾这个不知天高地厚的弟弟，只是在弟弟没有做出不义之举之前，他无法向天下人交代，无法向自己的母亲交代。而等到时机成熟了，太叔段的不义之举昭然若揭时，天下百姓都在心里讨伐太叔段时，他举兵平叛，人心所向、顺理成章。

这就是"多行不义必自毙"的历史典故。也许很多人听到这句话时，认为对于那些意图图谋不轨的人来说，应该任其行不义的事情而不去干涉，最终他们会自取灭亡的。其实，这样的看法是错误的，因为在这个历史典故中，太叔段之所以能够自毙，是因为郑庄公一直以来的精心准备，最终在一个最合适的机会给予其致命一击，才使得太叔段彻底失败。如果郑庄公真的放任其行不义而不采取任何措施，那么最终自毙的就不是太叔段了。因此，"多行不义必自毙"不是消极地等待，静坐着等候对手自毙，而是一种"蓄势待发"的计谋。

现实生活也是如此，为人处世不能放任情绪肆意流露。太极的智慧就是在告诫人们，要保持柔软、守雌，懂得蓄势待发。自然界中的很多现象都证明了太极的智慧。如水是世界上最柔软的，但却能水滴石穿；草也很软，却能在狂风暴雨后，许多高大的树木折断之后，依然保持安然无恙。在人类社会中，军事力量是最强势的，思想和信念却是无形的。然而，历经数千年的人世沧桑之后，很多军事强国和军事集团早已不复存在，而思想却能穿越数千年，至今依然经久不衰。这一点从多少中外盛极一时的王朝和帝国的灭亡而优秀文化传承下来得到了印证。

## 5. 圈子与个人，通则合，合则通

太极拳本是开合一道，有合必有开，有阴必有阳，刚柔并济，能屈能伸，顺应自然，千变万化。

曾国藩在入仕之初锋芒毕露，不知不觉中得罪了很多人，也招来了很多人的妒忌。因此，朝廷上很多人说他的坏话，设计暗算他。时间久了，咸丰皇帝也渐渐地开始不信任他。

1857年，曾国藩的父亲去世，朝廷给了他三个月的假期，为父亲丁忧。原定三个月期满后，曾国藩再回到江西带兵作战。眼看三个月假期即将结束，曾国藩上书试探咸丰皇帝，说自己回到家中，日益忧心江西军务，对于自己在这个关键时刻不能为朝廷尽心而感到惶恐。咸丰皇帝其实非常清楚曾国藩的用心。对于咸丰皇帝而言，曾国藩不过是朝廷的一枚棋子，如今局势好转，自然也不会真正授予他实权。因此，咸丰帝生了弃子之心，"江西军务见有起色，即楚南亦就肃清，汝可暂居礼庐，仍应候旨。"假戏真唱，咸丰皇帝的意思是让曾国藩安心丁忧，朝廷暂时不考虑让他重新接管江西的军务。曾国藩看清皇帝的旨意后，欲哭无泪。

就这样，曾国藩一度忧心忡忡，彻夜难眠。曾国藩的好朋友欧阳兆熊借机提醒他过去的做事风格有失偏颇，采用铁血政策，锋芒毕露，得罪了太多的人，以致到了关键时刻，没有一个人站出来替他在皇帝面前说好话。面对好友的提醒，曾国藩认真地反思自己。

经过深刻反思，曾国藩意识到靠自己的力量根本没有办法成就一番事业，只有去适应官场这个圈子，融入到集团中，才能做自己想要做的事情。因此，曾国藩一改从前刚正不阿的态度，尽可能地融入到集团中去。对此，曾国藩是这样说的，"吾往年在官，与官场中落落不合，几至到处荆榛。几次改弦易辙，稍觉相安。"

后来曾国藩重新掌握兵权，攻克了南京。此时，曾氏兄弟的权势可谓如日中天，盛极一时。然而树大招风，随着权势的鼎盛，各种猜忌也如影随形。聪明的曾国藩不等朝廷找出借口来削弱他，自己先下手主动裁军。此时的曾国藩早已明白了"明哲保身"的道理。裁军时的曾国藩就任两江总督。任职期间，曾国藩拼命地筹钱，不到两年时间，曾国藩筹措到了五百五十万两白银。待到战事一结束，曾国藩宣布裁军，而整个裁军的过程中未要朝廷一两银子。

曾国藩的一生，曾经因为锋芒毕露而与当时的官场圈子格格不入，因此起起落落，难以实现心中的志向。痛定思痛之后的曾国藩深谙太极智慧，通则合，合则通，从不独享美名，因此进退自如。身居高位尚且如此，更何况普普通通的我们呢？

在日常生活中，每个人都要学会两条重要的变通技能：模仿和底线。模仿是为了让自己融入圈子，而底线则是保持自我的最低标准。在我们的生活中，总会出现两种相对的生活态度，如"动与静""刚与柔""善与恶"等，它们是两个相反的极端，但同时它们又是统一的。为人、处世时都不可以走极端，固守着一个绝对对或是绝对错的原则，要懂得根据周围的大环境灵活地变通，变通自己的处世方法、行事风格，方能立于不败之地。

太极思想的本质就是相对的两种辩证思想的灵活结合，讲究变通，根据实际的情况灵活地变通，只有变通才能将能量充分地发挥出来。这一点完全合乎"道法自然"的修行法则。

安静的清晨因为一声声清脆的鸟鸣声而显得倍加宁静，平静的江面因为一只渐渐远航的船只而显得尤为平静，这就是自然界中动静结合的妙处，同时也恰恰是为人处世的原则。正如浮动的云彩，让人感受到了天地间的静，巧妙地变通，与周围的圈子融合到一体，才能更加彰显一个人的个性和与众不同。正如前面提到的曾国藩，经历磨难之后，最终与当时的清王朝融合为一体，然而不同的是，世人提起清朝末期的政局，皆痛恨它的腐朽；而人们提起曾国藩时，更多的是赞扬和钦佩。那么，作为清王朝的一员，曾国藩为

什么能够在一片骂声中独善其身，留下美名呢？根源在于曾国藩拥有通变的智慧。作为清王朝的一员，不能融入圈子自然必将一事无成，因此尽管他痛恨官场的贪腐，依然融合到了圈子之中。但是融入圈子的曾国藩有自己的底线，在一展平生抱负之际，也巧妙地保护了自己。

　　再好的策略，不懂得变通也只能是纸上谈兵。纵观古今典籍，没有一条策略是万能的，能够一成不变地适用于任何场合。随着时代的变迁，过去极好的策略可能成了进步的重要障碍，因此，"变"成了亘古不变的法则。因为"变"，有着千百年历史的封建王朝被推翻了，民国到来了，人们变得更加自主。又因为"变"，很多国有企业成了民营企业，经济被搞活了，人们的生活富裕了起来。很多人害怕"变"，觉得不安稳、操心，想要一成不变的安稳生活，想要远离喧嚣竞争的生活。事实上，人生最安稳的生活就是多变的生活，顺应时代的要求，不断地改变自己，让自己成为圈子里的一员，不落后才会有安稳的生活。

　　也许是在竞争激烈的现代生活中受了伤，一些人开始尝试运用太极智慧寻找内心的平衡。他们看到了太极拳的行云流水和顺其自然，觉得一成不变的日子可能要到来了。然而太极拳没有在变化么？一招一式都在变呀。一个人在广场上练习时，按照拳谱的招式练习，相信没有人一直长久地练习一个招式。当然在与人对抗中，连拳谱的招式也会随之改变，根据对手的招式拆招，相信在对抗中没有一个人会傻傻地按照拳谱的招式出招，都会本能地变通。由此可见，人生没有绝对的一成不变，唯有变通才能生存。

　　事实上，人们之所以会有很多的烦恼，只是因为把自己看得太重了。过分执着自我感觉的人，过高地估计自己的能力，失去自知之明，从而造成内心自我意识的膨胀，习惯性地把别人看得一无是处，因此当别人取得成绩时，其嫉妒之心油然而生。所以，他们不能很好地融入圈子，他们的个性太过鲜明，在排斥别人的同时，也受到了他人的排斥，最终影响了自己的生活、学习、工作。一个心有太极的人，总会把自己的才华藏起来，绝对不会四处炫耀，因为他们明白招来他人的嫉妒不但不利于团结，还会给自身招致灾难。

## 6. 加法与减法，看轻才能看清

太极提倡处世宠辱不惊。为什么应该做到宠辱不惊呢？因为宠与辱都是外界的一种迷惑之像，无论是得到宠爱还是遭受羞辱，都只是他人对待自己的态度而已，自身并没有什么真正的变化。对于一个独立的生命，最重要的不是别人对自己的看法，而是自己的内心。美国人本主义心理学家马斯洛有过一个非常著名的"需求层次理论"。在这个理论中，人的需求分为最初级的"生理需求"到最高级的"自我实现"的需求，共五种需求。在这种需求中，只有最后一种"自我实现"的需求是真正源自心灵深处的精神需求。

自我实现的需求不是自己想要拥有多少财富，或是自己获得了怎样的权力，实现了怎样的心愿，这不叫自我实现，这只是满足了自尊心。自我实现指的是当一个人的潜能得到最大限度的发挥时，内心深处感受到的生命的满足感，这种感觉被马斯洛称为"高峰体验"。处于"高峰体验"的人具有最高程度的自我认可，接近了最真实的自己，他们不关注财富、权势、地位，真正寻找到了生命的真谛，达到了宠辱不惊的境界。《菜根谭》中说："宠辱不惊，闲看庭前花开花落；去留无意，漫随天外云卷云舒。"这句话，可以说深得太极思想的精髓。

其实，世人之所以会产生那么多嗜好和烦恼，都是因为内心将事物看得太重。所以太极智慧告诫我们："不复知有我，安知物为贵。"意思就是说，假如不知道有自己的存在，又如何知道哪些事物贵重呢？这个说法是对太极智慧的领悟，堪称至理名言。

清朝时的年羹尧早期入仕，凭借着自己的聪明才智一路升迁。康熙重用他，希望他能够平定青海之乱。最后年羹尧大获全胜，稳稳地取得了康熙的信赖。等到了雍正年间，年羹尧的仕途更是如日中天，不仅有一个贵为皇贵妃的妹妹，一手把控着雍正皇帝的后宫，在军功上更是堪称"有功于国"。

刚刚继位不久的雍正皇帝甚至将其视为"恩人"。

不幸的是,年羹尧被眼前的一切冲昏了头脑。他变得交横跋扈,甚至连皇帝都不放在眼里。一次,年羹尧从西北回到北京,在京的王公大臣纷纷到郊外去迎接他,然而骄纵的年羹尧面对群臣的跪拜竟然连马都没有下,径直呼啸而过。不仅如此,年羹尧还收受贿赂,任意罢免、处罚官员,严重扰乱了国家的秩序。然而对此,年羹尧竟然毫无反省,直到雍正皇帝的囚车出现在眼前,年羹尧方才如梦初醒。

年羹尧的结局很惨,不仅自己的性命没有保住,还连累子孙一同丧命。造成这一悲惨结局的原因有很多,最重要的原因无疑是年羹尧的骄纵。过分地炫耀自己的实力,目中无人,以致那些年为国家建立的丰功伟业也随之烟消云散。

人贵在有自知之明。俗话说:"盖世之功,当不得一个矜字;弥天罪过,当不得一个悔字。"一个人即便是立下了巨大的功劳,如果他自恃有功于国,不把别人放在眼中,他的功劳也很快会烟消云散的;相反,一个人即使犯下了滔天大错,但是只要他真心悔改,那么他的过错也会很快被宽恕。由此可见,世人一定要学会控制自己的情绪,看轻自己才能准确地看清楚事态的发展。试想,如果功勋卓著的年羹尧在功成名就之后,能够把握好自己,合理地给自己做好加减法,不那么看重自己,那么灾祸应该不会降临在他的头上。

著名作家沈从文是一位没有高学历的文学天才。在那个风云变幻的年代,沈从文从乡下来到十里洋场的上海,以其灵活飘逸的笔风震惊文坛。1928年,时任中国公学校长的胡适先生聘请沈从文做讲师。在此之前,沈从文凭借着自己的优秀作品赢得了很多读者的青睐,但是真正作为讲师出现在世人面前还是第一次。沈从文为了能够讲好课,做了非常充足的准备工作。然而面对台下黑压压的一片,他还是紧张了。之前的所有准备工作都白做了,原本二十分钟的课,沈从文仅有十分钟就草草地讲完了。余下的十分钟时间，沈从文不知道该说些什么了。他傻傻地站在讲台上，看着台下的学生，心慌意乱，豆大的汗珠从额头渗出。这样尴尬的局面，不仅沈从文从来没有遇到过，就连场下的同学们也从来没有遇到过。那一天，沈从文并没有东南西北地一通乱扯来消磨掉余下的十分钟时间，而是拿起粉笔认认真真地在黑板上写下："今天是我第一次上课，人很多，我害怕了。"

如此坦诚的沈从文给同学们留下了深刻的印象，大家并没有因此而看轻他，而是看清了他。胡适先生在得知沈从文的第一节课之后，并没有批评他，而是对他说："先生的第一节课成功了。"

是的，沈从文的第一节课的确成功了。尽管当时的沈从文已经在文学界有了一定的地位，但是他并没有因此而看重自己，他将自己看得很轻很轻。因此，当他害怕时，才能如实地表达出自己的情绪，没有任何的遮掩，完全不拘泥于身份，直率地告诉台下的学生们："我害怕了"。沈从文将自己看清，同时也将自己摆放在了一个非常好的位置上。

生活中，当我们身陷烦恼中时，有没有认真地想过烦恼从何而来呢？有的人说："我没有钱，不能给家人富裕的生活。"有的人说："我痛苦呀，曾经没有好好学习，现在找不到工作。"还有人说："我付出了很多很多，所得到的回报太少了，社会对我太不公平了。"每个人都有自己的烦恼，家家都有难念的经，不同的人，不同的烦恼，但所有的烦恼全部来自一个共同的根源——把自己看得太重了。

如果我们能够将自己看得轻一些，就不会那么计较颜面、得失、荣辱，我们也就没有那么多的嫉妒、争强好胜、无奈、失望等，自然而然也就不会有那么多的烦恼了。生命只有一次，把自己看得太重了，人就会以自我为中心，处处想要按照自己的意愿。然而，世界上有太多太多的人了，事物的发展从来不会按照某一个人的意愿发展。与其自找烦恼，何不放开心胸，把自己看轻一些，少一些烦恼呢？以洗涤出来的心境，真正看清楚哪些才是真正重要、应该追求的东西，从而放开双手，勇敢地、自由自在地追求美好的生活。

## 7. 动与静，互相转化互相依存

太极图中，阴阳互相分别，同时又相互包含，阴阳交替相连，相互转化，相互依存。在生活中也是如此，世间没有绝对的静也没有绝对的动，所谓静，是因为人们明白了什么是动。同理，正是因为人们明白了什么是静，从而才产生了动。动与静，相互转化，相互依存。

一个宁静的教室里，如果真的是没有一点声响，也许身处其中的你也感觉不到寂静，然而恰恰是隔壁水房里时不时响起的"嘀嗒"声，让你彻彻底底地感受到了寂静。是的，没有对比就不会显现出另一个极端。自然界是如此，生活也是如此。

静代表着一种境界，而动是由内心的"躁"引发的。躁动是一种不安，是一种烦乱。诸葛亮说："非淡泊无以明志，非宁静无以致远。"这两句话所蕴含的道理极为深刻。静是生命的原生态。一个人的生命从寂静中来，最后又回归寂静，这是任何人都无法改变的自然规律。个人的生命是这样，人类的历史也是这样，历史上的很多繁华之地，如今大都已经不复存在了。一个王朝，从有到无，从弱小到强大，最终仍然会回归衰亡。天道循环，世间万物终归于静。然而在这个循环的过程中，没有动也是无法循环的。

世间万物变来变去，但总会有一个不变的规则贯穿其中。龚自珍说："落红不是无情物，化作春泥更护花。"美丽的花瓣，虽然从枝头落下，但是它们并不是真的想要离开，只是因为落下之后，化作春泥，能够滋润更多的花朵。花朵从泥土中孕育出来，经过一番生长、绽放之后，飘然落下，又回归到了春泥里去。在这个过程中，动与静时时刻刻都结合着，动中有静，静中有动，相互依存。

贾诩，三国时期魏国的重要谋士。在他的一生中，动静结合的太极思想可谓运用自如，正因如此，贾诩可以说是难得的豁达之士，在那个动荡的年代，辗转诸侯之间，得享高寿。

早年间，贾诩是董卓女婿的部下。后来董卓被杀之后，贾诩对众人说："如果你们现在纷纷撇下军队逃回家中，那将必死无疑，不抱团，只需一个亭长就能杀死你们，但是如果你们能够奋起反抗，说不定还能够成功。"事情果然如贾诩预料的一样，众将领商量之后，举兵攻下长安，获得了胜利。然而最后失败在于将领之间相互猜忌，导致集团内部自相残杀。

于是，贾诩又投靠了段煨。段煨生性多疑，虽然表面上对其很礼遇，实际上却总是担心他夺了自己的兵权，因此处处提防着他。贾诩思虑再三之后，决定离开段煨，转投张绣。对于贾诩的这一举动，众人有些不理解，"段煨对你这么好，你为何还要走呀？"贾诩说："段煨多疑，总是猜忌我，时间长了恐怕我会遭遇不测。若我转投张绣，段煨一定会很开心，因为他希望我能够连接更强大的外援，因此定能善待我的家人。而张绣那里又没有什么谋士，我若去了他定然也会真心欢迎的。"果然，段煨和张绣对于贾诩的举动都非常高兴。

没过多久，曹操进攻张绣和刘表。恰好袁绍要抄曹操的后路，获悉这个消息后，曹操连忙撤兵。张绣欲追，贾诩劝他不要追，追必败。张绣不听，派兵去追击曹操，果然大败。对于铩羽而归的张绣，贾诩却劝其继续追击，这次必胜。张绣疑惑地看着贾诩，最终听从贾诩的意见，又一次追击曹军。这一次，张绣果然大获全胜。

张绣非常不解，于是问贾诩："第一次你不让追，说追必败，为什么第二次你又让追击了，而且还真的打赢了？"贾诩笑了笑，说："做任何决定都需要根据具体的环境。不同的态势自然会有不同的结果。第一次，曹操撤军，为了防止追兵，必然精心布阵，此时追击必然会失败。然而经历一次失败之后，曹操必然放松警惕，全速撤军，此时追击则是出其不意，攻其不备。"

官渡之战后，袁绍曾经派人招降张绣。张绣很有意向。贾诩却当面拒绝了袁绍的来使，搞得张绣很是为难。事后，贾诩说道："要投降也要投降曹操，不能投降袁绍。"张绣不解道："论兵力，袁绍的兵力远胜于曹操，为何

要舍弃兵力强的袁绍呢？"贾诩说道："正是因为袁绍的实力强，我们这点兵他根本看不上眼，降了也不会受重视。相反如果降了实力弱的曹操，必然会受到重视。"张绣听从贾诩的意见，归降了曹操，果然受到了曹操的重视。

贾诩的策略总是能够立于不败之地，可谓算无遗策，归根结蒂在于贾诩懂得审时度势，这一点从贾诩分别两次建议张绣或追击或不追击曹操就可以看出。贾诩第一次劝阻张绣不追击曹操是根据形势，第二次劝谏张绣追击曹操也同样是根据形势。形势在变，贾诩的策略也随之在变，这就是太极中的"动"，随着形势而动。然而贾诩也有"静"的智慧。因为贾诩严格遵守事态的发展之规律，他的每一个计策都顺应天道，转投张绣，贾诩遵守了"物以稀为贵"的自然之道，降曹操的策略同样也是这个道理。贾诩既能透过现象看到问题的本质，又能根据形势的变化灵活变动，他拥有着近乎完美的太极智慧。因此，在动荡不安的年代里，贾诩虽然辗转于各个诸侯之间，最终却得以平安。

太极大师有言："遵循大道，灵活而动，既能像水流一样顺应地势静静流淌，又能巧妙地绕过各个障碍。"大道是弯弯曲曲的，是动也是静，动在于它懂得具体情况具体分析，静在于自始至终一直遵守的自然之道。没有动就没有静，无论是自然界的四季循环还是人类的生老病死、历史的变迁，任何事物都是动静结合而生。社会上没有任何事情是绝对性的，任何事物都是辩证体，有好的一面，也有坏的一面。

太极告诫我们，面对任何事情都不要单纯地判断其本质，事物有好的一面也有坏的一面，应以宽广的胸怀辩证地看待问题，扬长避短，灵活多变地运用对自己有利的一面，规避对自己有害的一面。正如贾诩一样，虽然袁绍的实力强，最终获胜的机会大，然而对于实力弱的张绣而言，这一优势恰恰不利于自己。雪中送炭永远比锦上添花更让人感恩。权衡利弊之后，为了能够得到重视，最终张绣选择了曹操，并如愿以偿地得到了曹操的重视。现实生活也是如此，没有绝对的有害，也没有绝对的有利，利弊需要根据具体的情形具体分析，灵活变通。

● 第四章 ●

# 太极修心智慧

## 用一颗沉静心看花开云起

## 1. 天人合一，道法自然，自然即道

自古以来，太极就富有一定的玄色。很多人不理解太极智慧，搞不清楚太极智慧的本质。根本原因就在于，在太极的思想体系中，"道"是居于核心地位的一个概念，而"道"之所以如此重要，就在于"道"是具有超越性的，因此它才能涵盖这世间的一切，才能成为天地万物的根本法则。

太极所阐述的整个哲学体系全部都建立在"道"的基础之上。老子不惜笔墨，围绕着"道"大书特书。如此强调"道"，运用各种事物详细阐述"道"，似乎"道"包罗了天地万物。的确如此，"道"包罗万物，无所不在，看不见，摸不到，想要把握它、运用它实属不易。清朝的咸丰皇帝二十岁继位，在位十一年便含恨而终。他的早逝可以说是违背自然之道的结果。

事实上清王朝自从乾隆年间就已经开始走下坡路了，不过是之前的几代帝王呕心沥血积攒了丰厚的家底，才一时间不致捉襟见肘。直至咸丰年间，清王朝的家底已然被耗干，国家呈现出江河日下、千疮百孔之势。随着人类的进步，封建的清王朝明显跟不上时代发展的脚步，被历史淘汰是必然的。然而，作为君主的咸丰皇帝不堪这样的局势，试图凭借一人之力改变自然规律，这一逆天之举最终的收获可想而知。心灰意冷的咸丰皇帝意识到国家的灭亡已成定局，非人力所能阻止，于是他开始自暴自弃，日日歌舞升平，沉迷于酒色之中，最后还吸食鸦片，终于将自己年轻的生命折腾没了。

可以说咸丰皇帝是任性的。清王朝的灭亡是必然的。作为一名君主，如果咸丰皇帝是智慧的，他应该顺应天道，破旧立新，及时改变那些不合乎时代的制度，尽快地跟上时代的步伐，励精图治才是他应该做的事情，而不是因为无力逆天而自暴自弃，从这点上讲，咸丰皇帝不是一名智者，不是一名合格的君主。他心灰意冷，过度糟蹋自己的身体健康，早早逝去也是意料之中的结果。

其实，说"道"难，是因为"道"强调感知，把握"道"的条件是非常苛刻的，它需要人们一方面体察万物，同时在实践中总结客观规律，一方面还要潜心修行，在思考中突破固有思维。

一望无际的荒野中，一群饿狼正在围攻一头水牛。狼群盯上这群水牛已经很久了。终于在一个湖泊旁边，水牛静静饮水之际，狼群发起了进攻。水牛四处逃窜。身体强健、灵活机动的水牛，左转右转很快就逃脱了。只有这头有些老迈的水牛落入了狼群的包围圈里。看着一只只凶恶的饿狼，这只可怜的水牛发出了凄凉的悲鸣声。它的眼神里充满了恐惧与绝望，它已经意识到了自己凄惨的结局，它多么希望此时此刻自己依然深处水牛群中，然而它没有太多的时间考虑了，狼群进攻了。

狼是一种非常残忍的动物，它不会一口将猎物咬死，然后再慢慢食用，而是任由猎物活着，一点点地被它吞噬。这个可怜的水牛最先感受到的是撕心裂肺的疼痛，之后它在这种疼痛中看着自己的身体一点点地被饿狼掏空，直到生命的最后一刻。

看着水牛由最初的奋力反抗到最后的一动不动任由饿狼撕咬，也许你会觉得太过残忍，忍不住想要拯救可怜的水牛，因此就有了人类一次又一次地用枪口对准恶狼。的确，作为自然界的主宰者，人类拥有着其他物种不具有的智慧，除掉狼群对于人类而言简直是小菜一碟。随着狼群的逐渐灭亡，惨死在其口下的水牛的确越来越少。然而令人感到不解的是，水牛的数量并未随着狼群的灭亡而增加，反而水牛大批死去，死去的水牛得不到及时的消解，瘟疫四起。水牛群濒临灭亡，这时人们才意识到狼群的重要性。因为狼群的存在，水牛时时刻刻保持着警惕，经常奔跑，身体素质非常强壮，老弱病残的水牛在一次次的狼群猎食中被无情地淘汰掉。狼群作为生物链中必不可少的环节，维持了自然界的平衡。这就是"道"，赤裸裸的自然之道，唯有及时的优胜劣汰才能保持水牛群的稳定发展。

道法自然,自然之道是不能被违背的,一旦人为干涉,违反了"道",终将会受到大自然的疯狂报复。千百年来,人类为了发展,一次又一次地侵犯大自然:为了得到更多的陆地,人类去填海;为了得到更多的海生物,人类甚至连海生物的幼崽都不放过;为了能够得到更多的矿物质,人类过度开发矿山;为了获得更多的耕地,人类破坏了大量的原始森林……

结果如何呢?

伦敦的雾霾,带走了无数人的生命,国家倾其全力花了五十年的时间终于还伦敦一方净空;数不胜数的地震、山体滑坡、泥石流,夺走了无数人类的生命;渔民驾着船到深海区打渔,一连数月了无收获;当初费力砍伐掉树木,如今又开始重新种植……想想这一切,不禁让人陷入沉思。

自然界的一切都是"道",植物由萌芽到结果;四季循环更替,大地时而春暖花开,时而寒风彻骨;动物们在田野间奔驰,为了生存,它们需要四处寻找食物,为了生存,它们要时刻警惕天敌的出现,等到老了,也可能无疾而终,但更多时候是成为天敌口中的美食,这些都是"道"。想要把握住"道",必须了解它,认识它,然后顺应"道"的发展规律,借力打力。

也许有人说,"我就是能够逆道而行,我能够让只在秋季结果的植物在冬季里也能结果。"根据植物开花结果所需的温度、湿度,人为地调整周围的环境,为植物营造四季如春的生长环境,让其在这种环境下一直生长,如今的植物大棚就是这样运作的。然而,也许你自己都没有意识到:这不是逆道而行,而是顺道而行。正是因为人类把握住了植物生长的规律,从而充分利用其"道",创造出了适合其生长的环境,才有了植物在冬日里开花结果的现象。

由此可见,不管我们想要做什么事情,首先必须充分了解其"道",顺其"道"而行,方能求仁得仁。太极认为"道"是自古以来就存在的,如果能够把握住这原本就存在的"道",就能够用来驾驭今天的一切。事实上,天下根本就没有什么新鲜事,在人类历史的进程中,看似新鲜的事情,透过现象看本质,不过是变了一个外在样子而已。这就是人类一直"以史为鉴"的原因。人类一直研究历史的根本原因就是为了"天人合一,顺应自然,执古之道，御今之有"。

## 2. 其大无外，其小无内

很多人说："世界怎么了，我一名堂堂的大学毕业生，每月的工资竟然不如一名普通的操作工人，那么读书到底还有什么用？"身处洪流之中，迷茫的人总是那么多，尽管每天按时上下班却早已找不着人生的方向了。

那么，我们究竟应该怎样看待世界呢？

话说周昭王时期，有一位名叫尹喜的才子，自小酷爱读书，众人都说他是神童，能预知未来。因此，周昭王就封他做了官。一天，尹喜夜观天象，发现天空中竟然呈现出"紫气东来"之象。果然，没过多久老子骑着一头青牛，西出函谷关。在那里遇到了尹喜。贵客来临，尹喜甚为高兴，将老子奉为座上宾，二人一起探讨了很多问题。尹喜非常钦佩老子的才学。老子也很喜欢尹喜，于是将随身携带的《五千言》赠予尹喜，又继续骑牛云游去了。而尹喜也辞掉了官职，潜心研究道家学问，并在《五千言》的基础上作了《八筹》。

《八筹》是中国最初的古典哲学思想，其中就人的心理与思维进行了深入的探讨，里面记载了一段非常有名的话："是道也，其来无今，其往无古，其高无盖，其低无载，其大无外，其小无内，其外无物，其内无人，其近无我，其远无彼。不可析，不可合，不可喻，不可思。惟其浑沦，所以为道。"

这句话告诉我们，无限大和无限小其实是一回事。大到无穷，无边无界；小到无穷，同样也没有尽头。事实上，随着科技的发展，人类已经慢慢证实了这句话。在人类没有走进太空时，认为地球就是整个宇宙，慢慢地人们才发现原来地球只是太阳系中的一个行星，每天围绕着太阳转，于是人们觉得太阳系才是宇宙，可渐渐地人们又发现原来太阳系不过是银河系中的一部分……此时人们才发现恐怕宇宙大得根本没有办法找到边界。接着人们又发现原来分子并不是组成物质的最小单位，比分子还小的物质有原子、原子

核、电子、质子、中子……这时，人们又发现原来小也是没有极限的。

原本的翰林大学士苏轼被罢官了。原来的朋友都疏远他，只有一个不怕受连累的马梦德帮助苏轼一家申请了一块荒地。荒地位于东坡。自此苏轼每天都会来到东坡耕地，过着闲云野鹤般的生活。

苏轼一边写诗，一边耕作，心情大好的他开始进入了灵魂深处的创作阶段。他越来越不明白为什么自己以前要陷入黑暗的官场中斗来斗去，这样的生活才是他真正想要的生活呀。就这样，苏轼变成了苏东坡。与从前不同了，从前的苏轼希望建立功名，名扬天下，而今他只想做自己，普普通通的世间一粟，感受着生命的酸甜苦辣。

苏轼的生命开始了另一种状态，从前的苏轼会介意他人对自己的看法，而现在他成了现实的自己，他开始包容生命。尝遍了酸、甜、苦、辣之后，苏轼发现"淡"才是生命的真谛，不以物喜，不以己悲。他不再执着于建功立业，渐渐地开始放下了。

苏东坡最终明白，曾经的争名夺利不过是一场虚空的梦，于是他写下了"多情应笑我，早生华发。"苏东坡重新回归自然，自此无论贫穷还是富有，他都不曾改变过心志，用一种豁达的生活态度，品味着淡淡的人生。

是的，苏东坡的人生自耕种东坡之后，也无风雨也无晴了。这样的心态是太极哲学提倡的，做一个淡然的人，放慢生活的速度，让自己的内心世界丰富起来，也坚强起来。无论外面怎样风云变化，内心的精神世界不可随之动摇。也许我们还无法达到彻底摆脱物质诱惑的境界，但应该保持一份平常心，内心的欲望是没有边界的，不要任由其吞噬自己的全部乐趣。

你渴望得到的东西，或许别人已经得到了，尽管他已经得到了，但是他依然没有满足，他依然渴望得到另一件东西。因此，你和他此时此刻是没有任何区别的，没有必要羡慕、嫉妒他人。一个人在物欲横流的社会想要获得解脱的确很难，我们不是圣人，圣人只有那寥寥数个，但是我们可以做一个开心、愉快的人，知足常乐，少些欲望和执着。

正所谓，"天外有天，人外有人"，世界上的任何领域都是无穷无尽的，没有最好，永远学无止境。很久以前，我们的医务人员想要了解人的身体结构，因此需要解剖人体，把人的肚子剖开，这样才能清楚地看到人体的肝、肺、肠子、心脏等各个器官。之后，随着人们对分子技术、基因技术的深入研究，医务人员再也不用解剖人体了，利用这些高科技，他们能够在不动刀子的前提下，清晰地看到人体器官的全貌。

我们眼中的世界，是一个只有三维的空间，而据爱因斯坦的解释，宇宙实际上存在着 11 个维度的空间。那些我们看不到的其他维度只是无限小了，它们属于微观世界。

纵观人类的战争发展史，从最初的肉搏到今天高科技武器的发展，战争的模式始终没有变化，变的是对抗的方式。今天，如果一个战争的参与方是手持大刀参加战争的，不用一秒钟，他们就会百分之百地战败。由此可见，掌握科技就等于掌握了战争的主动权。

过去的商业是店商时代，今天的商业是电商时代。随着互联网的进入，淘宝、京东、苏宁等商业平台应运而生，点对面的销售模式几乎彻底取代了点对点的销售模式。商人的财富成几何倍数增长，造就了一个又一个商业神话。再也没有过去庞大的商业帝国了，动辄数十万的员工，每日唧唧复唧唧的辛勤工作。这样的商业帝国所创造出来的商业利润，在不久的未来也许等价于一个只是几十个人的商业团队所创造出来的利润。

在现在这种高速发展的时代里，越来越多的例子证明，知识在日新月异地发展着，过去你所学习到的知识早已经过时了，只有不断地向前看，才能跟上时代发展的脚步。过去的种种，数十年的寒窗苦读，数十年的埋头苦干，积攒的知识和经验，有可能在分分秒秒中就被一个没有生命的程序完全取代了。

## 3. 宇宙大人体，人体小宇宙

太极大师有言："天人合一是人体与自然和谐共存的绝佳境界。"这里的"自然"指的是宇宙万物。宇宙就是万物，而万物皆来自"无"，空空如也。人体是宇宙的一部分，与宇宙的关系非常微妙。人体、言行、灵性、思维、感觉全部来自宇宙，与宇宙共生；而宇宙间的一切，自然现象、知识、微观世界、宏观世界又与人体的心灵共存。对于一个人而言，心灵感觉到的就是全部宇宙，因此人体即宇宙，宇宙即人体。但同时人体又非宇宙，宇宙又非人体，只有当人体与宇宙合为一体时，两者相通相化，相生共业。

人们用眼睛观察宇宙，用心灵来感悟宇宙。然而，眼睛看到的并不一定是真相，心灵感应到的一定是宇宙之道。宇宙在变化，人体能够感觉到。人们随着太阳光的消失、出现，日出而作，日入而息。而当你心情不好时，整个宇宙也随之淡了颜色。由此可见，宇宙之律动，人体皆能感应；人心之律动，皆反馈于宇宙。

也许你会问："宇宙到底是怎么来的？"

事实上，宇宙来自灵性。人类有了灵性，于是察觉到了宇宙，但是人类的灵性是有限的，而宇宙是无限的。宇宙包罗万象。灵性开启宇宙，照亮了宇宙的某一角落。因为灵性，人类跨越时间和空间，跨越微观和宏观；因为灵性，人类使微观世界与遥远的外太空进行了轮换。今天，人类的灵性依然在不断地照亮着宇宙中那些不为人知的黑暗角落。宇宙大人体，人体小宇宙，人类的灵性才是天人合一的唯一法门。

随着现代科学日新月异的发展，人类的足迹延伸到遥远的外太空。月球上早已留下了人类的足迹。为了能够更好地观察宇宙，各种人造卫星围绕着地球转动，将地球上的各个角落观察得清清楚楚。对于宇宙能量的开发已经到了原子核能的时代。然而今天，人类对于宇宙的了解依然是少得可怜。宇宙中有太多太多未知的领域等待着人类去发现。

要探索宇宙的未知领域，不能不提到"人体小宇宙"这个话题。太极哲学认为："人体就是一个小宇宙，暗藏着宇宙各个时空的信息。"也就是说，人体所蕴含的能量远远超过所展示出来的能力。由此可见，在任何时候我们都要相信自己有能力解决问题。

陈平，西汉的开国功臣之一，曾经在汉惠帝和汉文帝时受封丞相。早年间，陈平是一个颇具才华的人，少年时就饱读诗书，后来在项羽手下未受重用。

公元前206年，刘邦率军攻入咸阳。迫于项羽的权势，刘邦虽然攻破了咸阳，却不敢称王，为了掩饰自己的野心，刘邦被迫亲自前往项羽帐中谢罪。这次刘邦与项羽的宴会就是历史上著名的"鸿门宴"。在宴会上，陈平第一次见到刘邦，他敏感地感觉到刘邦是一个可以成就大事的人物，而项羽则是一介匹夫，不足与之谋。于是，陈平在心中暗暗生了叛楚归汉之意。

没过多久，刘邦被项羽困在了咸阳，难以脱身。在此危急时刻，张良决定铤而走险，他悄悄找到陈平，寻求解决之法。没有想到，张良和陈平一见如故，大有惺惺相惜之意。陈平非常爽快地答应帮助刘邦脱险。项羽原本一鲁莽勇夫，有勇无谋，所有的计策全部来自他的亚父范增。陈平深知想要救出刘邦就必须调开这个范增，于是陈平给项羽提出了一个建议：给楚怀王加尊号，遣送回郴州养老，如此一来，项羽就可以无所顾忌地发号施令了。陈平深知，遣送楚怀王是一件非常重要的事情，需要一个项羽信得过的得力助手，此人非范增不可。果不其然，项羽将这个重要的任务交给了范增。范增也同意了，但是临行之前一再强调千万不可将刘邦放回汉中，汉中乃刘邦的根据地，放其回汉中，无意于放虎归山。项羽不住地点头应允，范增这才安心离去。

范增走后，陈平又向项羽进言："现在天下初定，国家还没有从战乱中恢复元气，国库非常紧张，而各路君侯齐聚咸阳，开销太大，不如让各路诸侯各回封地以节省开支。"项羽思虑再三，决定采纳陈平的建议，但是刘邦不能回汉中，必须留在咸阳。项羽不肯放刘邦，原也在陈平和张良的意料之

中。接着刘邦上书项羽，提出回沛县省亲。项羽左右为难，终究没有和刘邦撕破脸，不让人家回家省亲似乎有些说不过去，放他走又有些顾虑。正在项羽为难之际，张良进谏说，"与其让刘邦回沛县不如让他回汉中。沛县是刘邦的老家，一旦回到沛县恐怕刘邦就会在沛县扎根，但如果放他回到汉中，再将其家人作为人质留在咸阳，刘邦定然不敢乱来。"陈平也借机进谏说："如今刘邦已经受封为汉王，如果不放他回到自己的封地，天下的人都会觉得大王言而无信，不如就采纳张良的计谋，放刘邦回汉中，扣其家人在咸阳做人质。这样一来，既能保住大王的信誉，又能约束刘邦，一举两得。"项羽遂同意了放刘邦回汉中。

就这样，刘邦在陈平的帮助下顺利脱险，回到了汉中。没过多久，项羽的一个部下投靠了刘邦，项羽因此迁怒陈平。陈平惶恐不安，认为再这样下去自己恐怕要遭毒手。于是，陈平来到黄河边，准备渡河。当船行驶到河中间时，陈平发现两名船夫心怀鬼胎，似乎要谋害自己。于是，陈平当机立断脱下了衣服，将衣服重重摔在船上，让船夫清楚地明白自己并没有携带贵重之物。两名船夫见陈平身上没有财宝，遂打消了谋害之意，安安稳稳地将陈平送到目的地。

在陈平成为刘邦阵营的重要谋士的过程中，可以说是一波三折，困难重重，甚至到了最后关头竟然出现了船夫欲谋财害命的变故。面对这些困难，如果陈平没有足够的智慧，恐怕根本无法化险为夷。面对这心生歹意的船夫，陈平面临的局面几乎是一场死局。然而，人的智慧就是这么伟大，在这种危急时刻，陈平运用自己的智慧，机智地打消了歹人的企图。由此可见，世界上根本就没有什么解不开的死局，只要人类能够充分运用自己的智慧，调动潜能量，所有的问题都能迎刃而解。

正如人们常说的，"宇宙大人体，人体小宇宙"，人体就是宇宙，能量无穷，从五千年前，人们过着逐火而生的游牧生活，到黄帝的一个部下无意间捕获了一匹以草为食的野马，人类开始了主宰自然界的征程。如今的人类，不仅成为地球上的主宰者，还将目光延伸到了几亿光年的太空中。越来越多的未知领域被人类的灵性点亮。同宇宙一样，人类的能量也是巨大的。作为人类的一份子，相信自己的能力吧。

## 4. 企业亦宇宙，企业亦太极

"无为"是老子思想的核心，也是太极哲学的核心。"无为"指不妄为、不乱来。对于企业管理而言，"无为"就是指管理者要顺应社会的发展规律，顺应时代的发展，尽情地展示自我。因此，一个好的企业就是太极，就是宇宙。

老子说："无为而无不为"，意思是说：无为并不是什么都不做，消极地任由事态肆意发展。而是不妄为、不乱为、顺应客观规律，这样就没有什么事情做不成的。万物都有自身的发展规律，我们只能顺应规律，才能有所收获。在现代的企业管理中，老子的"无为"思想得到了充分的认证。那些顺应时代发展的企业越来越红火，而那些违背时代发展规律的企业最终都淹没在了时代进步的潮流中了。

老子提出"无为"思想，是在告诫人们要顺道而行，但是老子并不反对人们为了某些目标而努力奋斗。因此，即使在现代社会中，老子的"无为"思想仍然具有很大的价值。时代需要"无为"，企业发展需要"无为"。"无为"是对人类与自然万物共存的深刻理解，包含着对企业发展的有益启示。

道家学说曰："大道无形，生育天地；大道无情，运行日月；大道无名，长养万物"，这里的"道"能生育世间万物。太极哲学同样可运用于企业。有些人认为，企业讲究的是商业竞争，是非常激烈的战场，怎么能用太极哲学来解读呢？其实不然，首先企业之间的经济活动不能简简单单地理解为竞争，应理解为竞赛。"竞争"与"竞赛"只有一字之别，但却相距甚远。"争"字非常容易引导世人走上极端之路，甚至会失去应有的理智和人性，如商场如战场、尔虞我诈、阴险无耻、不择手段等，这些血淋淋的企业之间的经济活动对社会和企业自身没有任何好处。但如果将其当成是企业之间的竞赛，

目的是为了互相学习,共同进步,那么商场上自然会呈现出一片和谐、繁荣之态。

随着市场竞争愈演愈烈,很多不良企业为了获利而不择手段,视经济发展规则为无物,以次充好、以假乱真、偷工减料,的确将成本暂时降低了很多,一时间获利颇丰。然而好景不长,他们就如昙花一现般短暂,很快就被市场无情地淘汰了。因此,企业亦太极,需要"无为"思想做指引。

对企业而言,其发展生产的根本目的是为社会服务,造福人类。想要在社会上长久地生存下去,就必须忠诚于这一终极目标,而不是想着怎样才能赚更多的钱,甚至一些企业为了牟利,不惜彻底违背企业的终极目标。这样本末倒置的逆天行为只会加速企业的灭亡。

王健林说:"慈善不是做秀,慈善是全人类共同的美好精神家园,也是中华民族几千年的传统,慈善事业应该是一种真诚的帮助,帮助别人的同时自己也能获得满足感。"

万达集团自1988年成立,至今已经29年了。在这期间,万达累计捐款金额达40亿元,这在全国的民营企业中无人能比。然而更加令人钦佩的是万达的义工组织。目前,万达的员工人人都是义工,他们在与万达签订劳务合同的同时,必须无条件接受做义工的这个要求,每年至少做一次义工。用王健林的话讲:"我不要求员工捐钱,捐钱的事情由企业出面,只要求员工多一些行动,每年至少做一次公益。"

那么,为什么一位民营企业家这么重视慈善事业呢?

企业的宗旨就是"服务于社会,造福于人类"。只有顺应这个宗旨的企业才能在市场竞争中胜出,进而获得利润。这就是企业的太极智慧。试想如果一个企业不关心社会发展,无视消费者的疾苦,那么这样一个没有心的企业又怎么能够"服务于社会,造福于人类"?不能做到"服务于社会,造福于人类",让这样的企业存在又有什么意义呢?企业能够存活在于社会是否需要它,人类是否需要它。当一个企业与社会、人类无半点有利的联系时,它的存在也不会太长久了。

因此，企业亦太极，想要生存下去，就必须尊重和顺应客观规律。俗话说："君子爱财，取之有道"，这个道，就是"太极"。企业用"太极智慧"来指导企业行为，从企业的文化到产品，从宣传到销售渠道的拓展，从员工的培养到管理，太极无时无刻不贯穿着企业的发展。在企业发展中，管理者首先制定了有利于公司发展的规则。这些规则体现"服务于社会，造福于人类"的企业发展宗旨。在人员管理问题上，采取"无为"思想，根据员工的特长，给他们最佳的工作岗位，激发员工的积极性。当员工遇到困难时，管理者及时伸出援助之手，让员工深刻地感受到企业也是一个温暖的大家庭，顺应了情感之道，自然也能够收获员工全心全意的工作态度，从而增强企业在市场中的竞争力。

一个好的企业就像宇宙一样，其发展空间无边无垠，大到超乎人们的想象。

佛经上说："无量有四：一慈二悲三喜四舍"，意在教化人们应站在他人的角度思考、体会，奉献于他人。在这个过程中，自身所获得的回报会自然而来，无需你巧取豪夺、不择手段。企业提倡"无为"，就顺应了自然之道，造福人类，与天地万物和谐共存。这样的企业，胸怀太极，顺应天道，能够与宇宙共存。

## 5. 意念贯穿，动如抽丝，势断意不断，藕断丝相连

众所周知，练习太极拳的过程中要始终保持着中、正、平、圆、轻、灵、柔、活的姿态。想要达到这些要求，需要反复练习，具体的练习方法就是："轻摇之以松其肩，柔随之以活其身，徐行之以稳其步，镇头领气以卫其力，自始至终以意念贯穿。动如抽丝，势断意不断，藕断丝相连，行似流水，轻若浮云，又如三尺罗衣挂在无影树上，随风飘荡，柔顺自然。阴阳转动如昼夜交替，以外形带动内转，然后由内动去带动外动，如四季运行，自

然而然。"

一名道行高深的练家子打出来的拳架,宛似游龙戏水,上下起伏,左右翻腾,四面示势,八方转动,缠绵绞转,一环扣一环,循环无端,一圈滚一圈,无处不圆。太极练习中最为典型的推手锻炼,用来检验拳势动作是否准确。在推手的过程中,敌进我退,敌退我进,时刻保持着太极阴阳图的形式,时而在上,时而在下,上下转换自然,相得益彰。

推手练习的过程中,反复运用的八种手法,分别为:"掤、捋、挤、按、采、挒、肘、靠",八种手法配合八种身法和八种腿法,无时无刻不在破坏对方的身体平衡。然而在破坏对方身体平衡的过程中,稳固自己的重心是重中之重,即要做到时时与对手黏连在一起,如影随形,给对手一种"想甩又甩不掉"的感觉。这种推手境界非常高,需要练习者每日坚持练习,风雨无阻,必见成效。

以慢生柔,柔极生刚,方才达到刚柔相济的目的。太极拳看似一举一动形如抽丝,拖拖拉拉,绵延不断。然而,我们并不能据此就说"太极拳必须连贯着,不能停顿"。事实上,外表上的连绵并不是太极拳的至高境界。太极拳的最高境界是:"势断意不断,藕断丝相连"。

那么,何为"势断意不断"呢?

意思非常简单,太极拳的招式可以间断,而意却在持续,这才是真正的太极功夫。比如,拳师的动作结束之后,表面上看起来身体已经回归平静,但其实身体内的意念仍然在继续。而这短暂的平静其实才是整个练功阶段最高难度的环节。此时此刻,拳师正在与宇宙亲密接触,将自己与世间万物结合在一处,达到"宇宙大人体,人体小宇宙"的境界。太极中,看似"静"实则波涛汹涌,狂动不止;看似是"动",实则心静如水,波澜不惊,总是给人一种看似近在咫尺却怎么也抓不住,我知别人,别人却不知我的感觉。

汉朝开国皇帝刘邦实乃一介布衣,文不能写字,武不能安邦。然而就是这样一个人,最后竟然击败了实力雄厚、武艺超群的楚霸王项羽,成了汉朝的开国皇帝。刘邦开创了大汉王朝,其中的原因有很多,他自己也曾经认真总结、思考过这个问题。

在一次大败项羽的庆功宴上，酒足饭饱之后，刘邦问大家："各位兄弟手足们，今天畅所欲言，我一介布衣之身打败项羽，得了天下，是何原因？"这时，高起说道："皇帝你为人傲慢，待人也不如项羽真诚。但是你有功必赏，这一点比项羽强很多。例如你派人攻打一座城池，一旦胜利便会将这座城池赐封给有功者。而项羽不同，他很有才华，一旦别人的才华超过他时，他就会产生嫉妒情绪，有功者不仅不会得到赏赐，反而会招来灾祸，因此，没有人真心效忠于项羽。只有一个范增忠心他，他还不信任人家。"

刘邦听完之后，拍手称快，"的确如此，我最大的优点就是不妒贤。我非常清楚自己的能力，实在算不上有才能。运筹帷幄之内，决战千里之外，我不如张良；镇守国家，安抚百姓，为军队提供充足的粮草，我不如萧何；统帅百万大军，逢战必胜，我不如韩信。他们三人的才能远在我之上，堪称旷世奇才，但是我能够让他们甘心效忠于我，令他们的才华充分发挥，这就是我为什么得天下的原因。"

可以说，刘邦对自己的认识非常准确，对自己能够赢得天下的原因分析得也非常准确。刘邦之所以能够得天下，是因为他不嫉妒贤才，给贤才们足够大的舞台，让他们尽情地展示自己的才华。而他们的才华全部都用在帮助刘邦争夺天下上面。项羽则不同，虽然他的能力远超刘邦，但是他妒忌贤才，不给贤才施展抱负的空间，因而他的力量只来自自身，而刘邦的实力来自众人。以一对多，结果可想而知，项羽的败局其实早已注定。

以太极的智慧来分析刘邦得天下的原因，在于刘邦非常懂得"意念贯穿，动如抽丝，势断意不断，藕断丝相连"。当别人强时，他就弱，当别人弱时，他就强，他与他手下的部下之间的关系就像太极图一样，你中有我，我中有你，时时刻刻粘腻在一处。

借古喻今，今天的我们也应该如此，既不能一直强硬，也不能一直柔软，要刚柔并济，相得益彰。事实上，很多问题并不是有多难，换一个角度，换一种思维，也许问题就迎刃而解了。

　　隔壁家的王姐又和丈夫老丁吵架了。吵架的原因很简单，卫生间的马桶堵了，王姐让老丁搞定这个麻烦，而老丁不愿意做。于是二人便吵了起来。老丁觉得王姐整日里待在家里，他整日在外忙着工作，回到家里还要做家务。王姐觉得老丁不体谅自己，其实她每天也要做很多事情。

　　眼看二人的关系即将破裂，王姐想起了前段时间一直研究的太极哲学。于是，王姐灵机一动，决定尝试一下"以柔克刚"的战略。

　　只听王姐说道："我知道你在外面忙了一天，回到家里已经精疲力竭了。这样吧，你先休息一下，一会休息好了再帮我一起做做家务，可以吗？因为有些家务活技术含量着实只有你有能力搞定它们。"王姐以退为进，先给了老王休息的时间，同时又高抬了老王。别说，王姐这招还非常有效。没过多长时间，老王就主动和王姐一起做家务了，而且二人的心情还很不错。

　　太极智慧无处不在，即使是生活中的一件小事情，如果能够稍加思考，转变一下处理方式，也有事半功倍的效果。说到底，每个人都要客观地看待自己和他人，有句俗话说得好呀，"每个人对他人都是哲学家，对自己却是诗人"，冷眼旁观能够看明白的事情，当自己深陷其中时却无比糊涂。最终的目的就在那里，一动不动地，只要最终能够顺利到达目的地，中间采用的方式是灵活多变的，不要钻牛角尖，换个角度，也许会柳暗花明。

## 6. 阴阳转换如昼夜交替

　　阴阳转换如昼夜交替，在太极哲学中，阴阳对立却又统一，阴阳转化是必然之道。万物均分阴阳，阴阳无常，此长彼消，时而阴盛阳衰，时而阳盛阴衰，如昼夜交替一样，这就是太极阴阳相对论。阴阳对立，贵在平衡。长时间的阴盛阳衰之后，必然阳盛阴衰，阴极而转阳，阳极而转阴，此为阴阳转化之理也，体现阴阳之交替。这一点与老子提出的"物极必反"是一个道理。

学生子贡问孔子:"子张和子夏哪个更贤明一些?"孔子思索一下,说道:"子张常常超越周礼的要求,而子夏常常达不到周礼的要求。"子贡听完之后,问道:"这么说,子张更贤明一些了,因为他能够超越周礼的要求。"孔子摇了摇头,说道:"子张和子夏是一样的。"子贡有些不明白。孔子接着说道:"水满则溢,过犹不及,超过和达不到其实是一样的。"

阴阳转换,阴极而转阳,阳极而转阴。事情发展到鼎盛阶段之后,自然就开始走下坡路了。

年轻的商鞅因为秦孝公的招贤令而入秦。入秦之后,商鞅凭借着自己的聪明才智很快得到了秦孝公的重用。他先后两次说服秦孝公变法图强。"废井田,开阡陌,实行郡县制,奖励耕织和战斗,实行连坐之法",商君的变法果然带来了大秦的迅速壮大,秦民的生活得到了极大的改变,国家变得越来越富强,社会秩序越来越好,作奸犯科的事件得到了有效控制。

随着国家的富强,商君受到了秦人的爱戴,奉为"法神"。然而这样大规模的变法必然会触及一些人的切身利益。许多达官贵族纷纷抵制新法,对商君也是恨之入骨。一次,秦国的太子触犯了法律。官员们甚感为难,不知道该怎么办。商鞅说:"秦国的法律上自天子,下至走卒必须一视同仁。如果因人而异,法律就失去了意义。"因此,商君将太子的两位师傅公子虔和公子贾依法治罪,一个脸上刺字,一个被割去了鼻子。至此,商君虽然维护了法律的公允,却也得罪了未来的权力中心。

后来秦太子继位,公子虔执政,伺机报复商君,污蔑他谋反。商鞅有口难辩,连夜逃离了驻地。到了函谷关之后因为仓皇出逃忘带验证身份的证件而无法住店。被迫无奈,商鞅只好重返封地,组织兵马造反。造反失败之后,依照商鞅亲手制定的秦法,商君被判处车裂之刑。

商君的新法为秦国一统奠定了坚实的基础,却也因为太过苛刻而带来了很多负面影响,就连商君本人也深受其害,惨死在自己亲手制定的酷法之

下,落得个五马分尸的凄惨结局。包括后来的国人不堪秦法严苛,举兵造反致使秦二世亡国,究其根源也在于这部新法。由此可见,物极必反,过犹不及,凡事都要有限度呀。

生活中很多人,穷其一生都在忙忙碌碌地追求着一些重要的东西。为了达成所愿,他们一刻不闲,将所有的时间和精力全部花费在一件事情上,忽略了路边的风景和家人,到最后才发现不仅没有能够达成所愿,反而错失了很多有意义的事物。太极中常说:"宇宙大人体,人体小宇宙",天下万物都有自己的规律,人也是如此。身体有一个承受极限,当一个人所做的事情超越了身体的承受极限,那么事情一定会向相反的方向发展。因此,不管我们所要做的事情多么重要,都要适度而行。适度是一种艺术,就像是一幅丹青,如果通篇都是颜色,没有一寸留白,这样的画绝对不是佳作。

晴晴是一个非常懂事的小女孩,自小就非常体谅父母的辛苦。父母为了晴晴能有美好的未来,经常叮嘱她要努力学习,不可以贪玩。晴晴对父母的叮咛听了进去,从来都是认认真真地学习。特别是到了高三,高考在即,晴晴几乎将自己的全部时间都花费在了学习上,目的只有一个——考上好的大学,不让父母失望。

由于晴晴很努力,之前的成绩虽然算不上班级里最好的,倒也名列前茅。可是,最近一段时间不知道是怎么回事,晴晴的成绩竟然一落千丈。班主任老师连忙提醒她要加油。于是,晴晴越发努力了,就连晚上睡觉的时间也被尽可能地利用上了。

夜间两点了,晴晴的房间依然亮着灯。为了能够尽快追上其他同学,读书到夜里两三点,对于晴晴而言已经是常事了。可是,尽管晴晴拼尽全力地学习,成绩依然没有一点提高。随着高考的日子越来越近,晴晴急着直哭。最后,班主任老师侧面了解了一下情况,发现晴晴心里的弦绷得太紧了。再这样下去,恐怕到不了高考,晴晴就会崩溃的。于是,老师为晴晴制定了科学合理的学习计划,叮嘱晴晴要放松,要适度,要明白过犹不及,并且和晴晴的父母进行了沟通。父母在家里也尽可能地安抚晴晴。

果然，晴晴尝试着放松心情之后，成绩再次回归到了从前的水平。

类似这样的例子在我们的生活中随处可见，物极必反、过犹不及的道理每个人都懂。生活中，那些一直努力奋斗的人固然可敬，但万事有度、物极必反，奋斗之余也要适时停下脚步，看一看周围美好的事物。

人生本来就是一门复杂的大学问。有时候特别渴望得到某件东西，为了这件东西付出了很多很多，然而却发现东西却离自己越来越远。就像事例中的晴晴，她特别想要提高成绩，为了能够提高成绩她牺牲了一切娱乐时间，甚至连正常的休息时间也牺牲掉了。然而，凡事有度，晴晴的极端行为令身体承受不住了，超低的学习效率，超长的学习时间，不仅没有让晴晴的学习成绩得到提高，反而大幅下降。由此可见，做任何事情都要遵守客观规律，顺其自然。

《吕氏春秋·博志》篇说："全则必缺，极则必反，盈则必亏。"难道说物极一定必反么，就没有特例么？

答案是"没有"。

任何事物都有一个极限值，一旦事物发展到了极点，一定会向反方向发展的。这就是事物存在的有限性。老子曾经说过："无论是抽象的道理还是具体的事物，只要他们能够被指认出来，就不会永远存在的。"在现实生活中，世间万物都有极限，人类的生命有终点，无论一个人生前事业是多么辉煌、功勋卓著，在他们离开世界的那一天，一切都回归零。任何事情都有一个发展的过程，有巅峰，有低谷，走到了巅峰自然会朝着低谷走去，同理，走到了低谷自然也会绝地反弹。

## 7. 松静定慧空

佛家需要日日禅修。每日坚持禅修其实并不是一件太困难的事情，最难的是难以保持内心的清净。在佛家哲学中，"松静定"是保持心灵纯净、悟

出真智慧的首要前提条件，太极哲学的观点也是如此。太极告诫人们唯有时刻保持松静定，才能拥有清净无为的心灵，才能开启真正的大智慧。

松——指放松，是太极修行的最初与最终的那个环节。放松是静的前提，只有身心处于放松的状态下，人的意识才会处于平静之中，才能渐入佳境。

静——人只有在平静的状态下，意识才是最灵通的，能轻易获悉天地万法。然而在现在这种物欲横流的时代，想要维持内心的平静谈何容易。很多时候，成年人也会像孩子一样出现坐不住的情况，不能专心一件事，思绪总是乱飞。这是因为人的欲望太多了，想要事业辉煌，想要财富广进，想要身体健康，想要儿女成器，想要……想要的东西太多太多了，以致无论现在的生活多么幸福，却始终无法满足。心不静，就容易急躁，急躁到了一定程度之后，不仅做事情的效率低下，连身心也会受到负面的影响。对此，很多人都曾经有过深刻的体验。于是，越来越多的人想方设法地寻求心灵的平静之法。有的练习太极拳，有的日日听经、打坐，有的寄情山水之间，在自然风景中获得内心的平静。无论哪种方法，如果不能修炼内心，放下沉重的欲望，始终无法进入清净的状态。

对于现代人而言，也许是生活压力太大的缘故，越来越多的人出现了各种各样的心理问题。这些心理问题如果迟迟得不到良性疏解，时间久了就会演变成心理疾病。带着沉重的心理包袱前进，可以说是自身和家人的不幸。

霆锋是一个非常要强的年轻人，从小学习成绩优良，虽然自己上的大学不是全国顶级学府，却也是名副其实的重点大学。原本以为考上了名牌大学，人生的道路从此就顺畅了，何曾想毕业之后才是生活真正的开始。

霆锋在大学时钻研的是历史学科，毕业后找工作时才发现这个学科的就业面真窄呀。相对而言，理科生的就业面就广阔多了。霆锋的女友是电气专业的，还没有毕业就已经为一家大型企业预订了。看着女友顺利找到工作，霆锋更加着急了。最终，迫于无奈霆锋应聘了一家家电企业的销售岗位。虽然企业发展前景不错，但是销售岗位的竞争压力大呀。为了生存，霆锋也顾不了那么多了。

入职之后，霆锋每天要奔走数十家商场和门店推销产品。其中很多人非常无礼，见到推销人员进来，还没等霆锋说完话就往外撵人。霆锋的自尊心受到了很大的伤害，越来越不愿意走进陌生的地方。公司里的一些老销售员对他说："不要太在意别人的一些行为，我们只要做好自己该做的事情就行了，人家往外撵你你就出来，别想太多。"可是霆锋做不到，他既想要业绩，又想受到他人的尊重，可现实是他的业绩不好，还经常四处碰壁。因此，霆锋陷入了深深的痛苦之中。

生活不易，想要出人头地更是要付出多于常人百倍的辛苦。事例中的霆锋初入职场，遇到一些困难在所难免。但是他既然接受了这样一份高难度的工作，就应该调节好心态，无论别人对自己的工作持什么样的态度，自身的心态要始终如一。生活中，我们或多或少都会遇到一些困难。在这些困难面前，如何能够保持心灵的平静是现代人必修的功课。太极智慧告诫我们说："知足常乐"。

定——松静入定，做到了松和静，定是自然而然的结果。

一些有经验的销售人员经常说："如果一个顾客来购物，那么销售成功的可能性会非常大，如果是一群顾客一起来购物，那么销售的难度大大增加。"为什么销售人员会有这样的结论呢？原因是很多人一起买东西的时候，可供参考的意见太多了，购物者自己的意识左右摇摆不定，不知道该买哪个好了。这就是典型的不定，意识不明确，无法果断地做出决定。试想如果人们能够放松身心，让心灵处于平静的状态，这种不定的情况就不会出现了。因为身心放松，所以能够保持理性，因为心灵平静，所以少了很多顾虑，自然能够清净入定，断开头脑的干涉，进入清明觉知的状态。

修炼太极时，松静定都是在助修炼者排空杂念，因此空才是太极修炼的最终目的。因为心空，所以美好的智慧才会从中诞生。老子说："见素抱朴，少私寡欲。""素"指没有经过染色的白色的丝，"朴"指没有经过雕琢的木头。"素"和"朴"都是指事物没有经过任何修饰，保持最原始的样子。"少私寡欲"

也是同样的道理，人们本来是没有那么多的欲望和私心的，就像自然界中的动物一样，只求吃饱。然而，如果人类没有这么多的欲望，文明可能也无从谈起了。随着人类的进步，伴随产生的就是过度的欲望和私心。想要的东西太多，永远不知道满足，可能其收获的东西会越来越多，但同时失去的东西也会越来越多，如愉快。

太极主张世人松静定，但是没有一个圣人可以完全脱离世俗，他们像平常人一样吃饭、喝水、穿衣、生儿育女。唯一不同的是，圣人会用心感悟生活，以一颗平常心面对生活。他们懂得满足，他们只拿所需要的那部分。钱财足够生活之后，他们不会为五斗米而折腰，屈身事权贵，他们更重视生活的品质。

欲望是没有极限的，人们穷其一生都在追求也得不到满足。在欲望的驱使下，很多原本有着大好前程的有识之士不惜铤而走险，走上了邪路。是贪欲毁了他们。太极智慧就是要告诫世人与自己的贪婪作斗争，这是世间最大的智慧。因为战胜了自己，就等于战胜了一切，能够战胜一切的智慧自然是最大的智慧。追求高薪、高官、财富原本没有什么错，如果适度，还是一种积极进取的生活方式和人生态度，但如果不能控制心魔，就会让自己陷入万劫不复的深渊之中。

所以，一个人不管是从政还是经商，学会松静定就等于拥有了战胜一切的智慧。我们不奢求成为一名超凡脱俗、不食人间烟火、无欲无求的圣人，我们也没有必要一定得隐居山林，远离喧嚣的城市，但是我们照样要拥有一颗松静定的心灵，时刻克制着内心的贪欲。

# 第五章
## 太极立身智慧
### 与众人行又不失真性情

# 1. 天性和本色是你独享的资本

太极智慧认为，世界上的每一个人都是独一无二的，没有哪两个人是完全相同的。每个人都有自己独特的本色和天性，而这些特有的天性和本色，其实就是你独享的资本。每一位成功者都坚持了自己的本色和天性，并把它们发挥得淋漓尽致。

一个人想要获得真正的幸福和成功，他就必须喜欢自己。从某种意义上讲，喜欢自己的程度决定着一个人的幸福指数。一旦一个人真的喜欢自己、认可自己了，那么他就是最幸福的人。同理，也只有那些真正喜欢自己的人才懂得为自己树立良好的目标，维护自己良好的形象，从而获得真正意义上的成功。爱默生曾经说过："每个人在他的教育过程当中，一定会在某个时期发现，羡慕就是物质，模仿就是自杀。无论好坏，他都必须保持自己的本色。虽然广阔的宇宙之间全是美好的东西，但除非他耕耘那一块属于自己的土地，否则他绝不会有好收成。他所有的能力是自然界的一种新能力，除他之外没有人知道他能做些什么，他知道些什么，而这些都必须靠他自己去尝试求取。"

由此可见，利用好自己独享的资本——天性和本色，将自身的才华充分发挥出来，才能更好地实现自我价值，从而自信满满地应对生活中的各种困难。

艾文·伯林，美国著名的流行歌曲作曲家，年少时曾经在街头卖唱，在咖啡厅里唱歌。那个时候一个名叫奥特雷的音乐家在音乐界风头正旺。因此，伯林的主要表演节目就是模仿奥特雷。伯林非常有才华，将奥特雷的表演技巧模仿得惟妙惟肖。

一次非常偶然的机会，奥特雷注意到了这个模仿自己的年轻人，他非常欣赏伯林的才华，但同时也为伯林感到惋惜。于是，奥特雷让人通知伯林，问他愿不愿意成为自己的助手。得到奥特雷的赏识，伯林顿时觉得自己是最幸运的人了。于是，伯林欣然接受了这个职位。

让伯林没有想到的是，在与奥特雷初次见面时，奥特雷竟然出人意料地对他说道："我非常欣赏你的才华，因此给你提供了这个岗位，但是我需要提醒你，如果你接受了，你可能会成为一个二流的奥特雷；但如果你能坚持做自己，我相信总有一天你会成为一个一流的伯林。"伯林听完奥特雷的话，明白了奥特雷的用意。于是，伯林欣然接受了奥特雷的忠告。在接下来的创作生涯中，伯林再也没有模仿任何一位当红的音乐家，而是坚持自己的创作风格。终于，很多年之后，伯林成了美国最具影响力的作曲家之一。

这个故事告诉我们，无论我们身处何种境地，都要勇敢地坚持做自己，保持自己的本色和天性，不要盲目模仿别人。因为即便你模仿得再成功，最多也只能是一个模仿者。每个人都是这个世界上最特别、最独一无二的宝贝，每个人都有自己独享的成功资本。盲目模仿他人，就等于放弃了自身的资本，模仿得再好也不会胜过原装。因此，想要获得真正意义上的成功，我们就必须学会展示自己的本色和天性，营造属于自己的一方天地。

事实上，人们追求成功的过程就是一个做真实自我的过程。没有人从一出生就清楚自己的本色和天性，发掘出自己的本色就等于找到了成功的入口；在奋斗的过程中，保持自身的本色，尝试着把自己好的一面展示出来，就是在开辟成功。每个人都是上帝的宠儿，这句话说得非常准确。上帝从来没有放弃过任何一个孩子，即便是那些身有残疾的孩子，上帝赋予了每一个人独享的资本，那么，如何将这些资本充分利用则是人们应该思考的重要问题。

肖潇是一个有些胆小的孩子，和同龄孩子一起玩耍时，总是显得没有足够的信心。为了拓展肖潇的人际关系，肖潇妈妈总是让肖潇带一些玩具上学。有了玩具，同学们都愿意和肖潇一起玩耍。很快，妈妈就发现了问题，肖潇的玩具总是被其他孩子霸占着，而她自己却玩不上。看着肖潇急得满头

大汗,肖潇妈妈有些不高兴了,她走上前去将玩具从一个小朋友手里要了回来递给了肖潇,并告诉她道:"肖潇,这个玩具是你的,你有权利玩,也有权利不给别人玩,按照你的意愿勇敢做自己。"

看着妈妈坚定的眼神,肖潇的内心发生了一些变化。从那以后,肖潇开始尝试着保持自己的本色,不仅是将自己的玩具按自己的意愿分配,在其他事情上,也开始表现出自己的风格,如一次老师给每一位学生一张光头图,让孩子们按照自己的想法美化这个光头。在老师的引导下,大多数孩子给光头画上了各种形状的头发。只有肖潇在光头上画了一个四方形状的东西。老师们看着肖潇画的图案,百思不得其解。最后,还是肖潇一语道破天机,"我是觉得光着头有些冷,给他画了一个帽子。"

对于肖潇这次的特立独行,妈妈并没有责备孩子,反而和肖潇一起将帽子画得漂亮一些。

从那以后,肖潇的脸上每天都会绽放出幸福的笑容,这种笑容来自心底深处,笑得非常真实,具有独特的感染力,仿佛在告诉全世界这样一个信息:我真的很幸福。是的,在肖潇成长的过程中,她非常幸运地找到了幸福的密码——勇敢做自己。

现实生活中,保持本色,才能拥有幸福。就像肖潇一样,保持了自己的本色,才会更加喜欢自己,才能重新找回失去的信心与快乐。所有人都希望能够拥有幸福的生活。为了能够过上幸福的生活,一些人开始执着于获得丰厚的收入,建立和谐的家庭,锻炼健康的身体,打拼出一番令人羡慕的辉煌事业等,这些所谓的幸福生活的基础,其实都只是幸福生活的外在表现而已。为了这些所谓的"幸福生活"而牺牲真实的本性和天性真的是非常不划算的。人们真正的修炼对象是自己的心,一颗勇敢做自己的真心才是获得幸福的根源所在。

每个人都有自己的性格和特征。我们应该学着感悟太极智慧,放下心底深处的重重束缚,勇敢地、洒脱地活出自己。如果一个人,每天都唯唯诺诺,不敢把真实的自己展现出来,那么他就会慢慢失去自我,失去上天赋予他的独享资本，变得越来越自卑，越来越迷茫。只有那些将自己的本色和天性淋漓尽致地展现出来的人，才会在越来越喜欢自己的过程中，找到宝贵的幸福感和成就感，这样的人生才是最美丽、最幸福的人生。

## 2. 瞭望世界从认识自己开始

太极智慧认为，一个人的能力和智慧不是来自对外界的人和事的研究、分析和运用能力，而是来自对自己的认识。能够了解外界的人和事，说明这个人的确具有一定的智慧，却不一定是聪明人。但那些真正认识自己的人才是真正的聪明人，他们无畏困难，懂得选择自己想要的生活，他们才是真正的强者。

人对于自己的认知可以通过自己的描述呈现出来。有的人在描述自己的时候，语气十分肯定，对自己的评价非常高；有的人在描述自己的时候，则充满了不确定性，好像根本也搞不懂自己是怎么回事一样；有的人则通篇否定自己，一幅自我讨厌的样子。其实，这三类自我评估都有些偏颇。太极智慧告诫我们，对自己要有全面、客观的认识，既不能自视过低也不能自视过高，要既能看到自己的优点又能看到自己的缺点。任何一个人，不论是伟大的成功者还是落魄的失意人，在他们的身上总是优缺点共存，没有完美的人，也没有完全不美的人。造物主在制造人类的时候，赋予人类的不仅是发达的头脑，还有发达的自我认识能力。只有那些真正认识自己的人，才能瞭望整个世界。

赵概是宋朝时期的官员，他为人光明磊落，堪称官场中难得一见的清流。早年间，赵概与著名诗人欧阳修共同在朝为官。因为赵概性格敦厚稳重，有些不善言辞，欧阳修非常看不上他。时间久了，二人便生了嫌隙。后来，欧阳修的外甥女与人发生了奸情。一些人趁机打压欧阳修，对欧阳修的道德品质提出了质疑。一时间，满朝官员没有一个人为欧阳修说话，只有赵

概为欧阳修鸣不平。然而,只凭赵概一个人的力量肯定不够,在众口铄金的情况下,皇帝也开始怀疑欧阳修的言行。最终,欧阳修被罢免,贬值滁州。

之后,赵概先后调任苏州,接着又因母亲离世回家丁忧一段时间。守丧期满后,赵概升入翰林学士。这期间,赵概再次上诉,建议皇帝让欧阳修官复原职。尽管赵概的意见依然没有被皇帝采纳,但是世人却对赵概不计较私人恩怨的行为表示钦佩。欧阳修也意识到赵概是一个真君子,于是一改之前对赵概的看法,与之成为莫逆之交。

赵概是一个君子,他的德行高尚,得益于平日里严于律己的习惯。为了能够做到严于律己,赵概准备了两个瓶子,如果做了不好的事情,就会往其中的一个瓶子里放上黑豆,如果做了好事,就会将一粒黄豆放入另一个瓶子里。最初,赵概也不能很好地控制自己,瓶子里的黑豆总是比黄豆多。但是随着赵概长期的坚持,时时刻刻地克制自己,终于瓶子里的黄豆数量超过了黑豆。

正如赵概一样,只有充分认识自己,经常检讨自己的行为,反思己过,才能使自己的道德更加高尚。如果对自己的言行没有明智的认识,不知道哪里需要改进,哪里需要保持,这样的人是不会有任何进步的。

《菜根谭》中说:"听静夜之钟声,唤醒梦中之梦;观澄潭之月影,窥见身外之身。"意思就是说,当夜深人静之时细听远处传来的钟声,可以把人们从梦境中唤醒;在心情平静之时审视清澈潭水中的月影,就可以窥见真实的自己。这句话实际上是在告诉人们,只有静下心来好好反思自己的人,才能真正认识自己。在圣人看来,反思是认识自己的最佳手段。

故事中的赵概表面上是了解欧阳修,认为欧阳修的人品没有问题,其外甥女的品行不端与他并没有直接的关联,其实是认识自己的过程。在这个过程中,赵概认真地审视自己有没有"因私废公"的不良行为。正是因为赵概的严于律己,所以他才能修剪掉自身的不良行为和思想,让自己成为一个品行高尚的人。

所谓"知人者智,自知者明",从古希腊的苏格拉底时代开始,人们就已经不再满足"提问"的状态,而是转入"认识"阶段。人们开始提出"认识自己"的命题。尽管每个人的身上都潜藏着这种自我认知的能力,但是能够充分运用和发挥出来的人少之又少。大多数的人都是在迷迷糊糊中稀里糊涂地度过仅有的一次生命经历。事实上,为了能够让世人尽快清醒过来,太极智慧中早已为我们指明了三道法门:

1. 完善自己

太极智慧认为,在我们的身体中存在着一个灵魂,它借助我们的身体来世间走一遭。而这个灵魂就是"我",帮助这个灵魂圆满完成这一世的修行就是"我"的终极使命。找到自己的灵魂,不断完善自己的灵魂,就是我们来到这个世界的目的。当我们找到真正的自己时,我们的生命就会充满力量,不再迷茫。人的一生,就是在各个时期不断完善、升华灵魂的过程。

然而,现实中的自己与理想中的自己总是有一定的差距。当人们感知到这个差距时,就会出现各种不良情绪,这说明,人们对自己的认知有些高了,这样的人过于看重自己的缺陷和不足,容易导致心理扭曲,走上邪路,不仅让自己痛苦万分,同时也会伤害到其他人。

面对这样的自己,我们需要在自我认识的过程中激励自己,比如,多看看自己的优势,尽可能地喜欢和欣赏自己;思考问题时抱着积极乐观的态度,凡事往好处想;勇敢地改变自己,尝试一下接受新的生活方式等。正如日本管理大师稻盛和夫所言:"人生就是精神实现的过程,就是让你的灵魂经过你一生的修炼,比你刚来到世间时得到一些提升。所以,正确地认识和欣赏自己,才是完成整个历练的全过程。"

2. 完善自己与他人的关系

一个人的人生是否精彩,与你遇到的人有着直接的关系。在你的世界里,他人是非常重要的组成部分。那么如何完善自己与他人的良好关系呢?在他人眼中的自己有时准确,有时不准确,我们不能因为他人不确定是否正确的一句话而大动干戈,这是对自己认识不够和不够自信的表现。

自己对自己的认识与他人对自己的认识经常会出现很大的区别,这个时候,人们需要做的是自我反省,搞清楚哪种自我认识是对的。同理,当你

对他人存在很多负面的认识时,也要经常反思自己是不是存在认识偏颇的情况,不要将关注点全停留在对他人的评价上,而忽略了自身的修炼。

3. 完善自己与世界的关系

记得一部电影中有这样一句台词:"当一切事情都长期一帆风顺的时候,是最危险的时候。"实际上,无论是一帆风顺还是困难重重,都是世界赋予我们的财富,我们应该心怀感恩之心来瞭望世界,与世界融合在一起。

太极智慧告诉我们,每个人的身上都蕴藏着宝藏,想要找到这些宝藏,就必须打通以上三道法门。这三道法门共属于"自我认识"的体统,只有打通这三道法门,人们才能站在一个正确的立场上,审视自己,审视他人,审视世界。

## 3. 学会"装傻"就不再是"傻瓜"

人们都向往聪明的智商,于是处处炫耀着自己的聪明才智:

"我家的孩子太聪明了,都没有告诉他怎么摆弄电视,现在人家摆弄得比我都熟练了。"

"我家的也是,电脑无师自通,我看这孩子有点电脑天才的意思。"

"是的,是的,我家的也是,那天在公园里,孩子自己突发奇想地跳了一段舞,跳得特别好。我觉得我家孩子有可能是一个跳舞天才。"

……

孩子是父母眼中的宝,然而在这些父母眼中,他们的孩子竟然都是天才,这难免让人觉得奇怪:"什么时候开始,世界上竟然出现了这么多天才儿童?"

事实上,孩子们的智慧基本没有太大的区别,无非是智力开发的早与晚的问题,从小教育孩子做人、做事的道理和原则才是幼儿时期家庭教育的关键所在。对于成年人而言也是如此,智商的高低远远排列在道德操守的后面,做人首先应该看重的是道德水平的修养。

俗语说:"聪明反被聪明误",这句话是总结了无数令人惋惜的事例而得到的。其实那些自认为很聪明的人,只是稍具一些小聪明,称不上有大智慧,而恰恰是那些经常说自己傻的人,才是拥有大智慧的人物。庄子说:"知其愚者,非大愚也,非大惑也。"就是说,知道自己愚笨的人,并不愚笨,知道自己迷惑的人,其实并不迷惑。在太极智慧中,傻是一种大智慧的体现,正如俗语说的"大智若愚"。

说自己傻,其实是一种收敛的智慧。傻人没有那么多的烦恼,而那些所谓的聪明人事事精于算计,处处斤斤计较,从不吃亏,反倒是烦恼重重。相对幸福、开心、心情舒畅而言,精心算计得来的一点点回报显得多么的得不偿失。从长远看来,那些精心算计得到的回报也未必是真正的福利,说不定反倒是灾祸。古往今来,"聪明反被聪明误"的例子数不胜数。

苏东坡在其《洗儿》诗篇中这样写道:"人皆养子望聪明,我被聪明误一生,惟愿孩儿愚且鲁,无灾无难到公卿。"苏东坡对自己"聪明反被聪明误"的一生追悔莫及,因此希望自己的孩儿能够愚昧一些,从而躲避灾难。由此可见,为人处世千万不要太过聪明,学会装傻才能减少很多痛苦。历史上那些学会装傻的人,最终都能如愿以偿地达到预期的目标,朴实安然地度过余生。

战国时期,秦国大将王翦就是一个非常懂得"装傻"的将军。一次,秦王命王翦统帅全国的军队出征。王翦借着这个机会向秦王提出了一个要求:请秦王赐他良田和房屋。秦王笑着说道:"将军放心吧,一旦取胜定然厚赏。"王翦说道:"出征打仗危险重重,我只想在临行时斗胆请大王赐予我田地和房屋留给我的子孙。"秦王听完,答应了王翦的请求。

随后王翦到了潼关,再一次派人回去提醒秦王赐封田地。其他人对他的行为非常不理解,纷纷劝说他大可不必如此挂怀。王翦屏退左右之后,悄悄地对心腹说道:"其实我并不是很在意那些田地,只是大王生性多疑,将全国的军队交于我协管必然会心中不安,对我百般猜测。如此一来,我的处境其实非常危险。为了打消大王的猜测之心,我故意向大王请赏,这样反而能

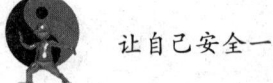

让自己安全一些。"

事实正如王翦所料,秦王见王翦如此关心自己的赏赐,不像是有大智慧的野心家,于是渐渐放松了对他的猜忌之心。王翦的"装傻"其实才是真正聪明的表现。

老子说:"众人皆有余,而我独若遗。我愚人之心也哉!俗人昭昭,我独昏昏;俗人察察,我独闷闷。"意思就是说,众人都觉得有余的东西,我却觉得缺失。我有一颗愚蠢之心。世人都清楚明了,而唯独我昏昏沉沉、糊里糊涂的;世人都精于算计,唯独我傻傻地不说话。在老子看来,愚并不是真的智商低下,而是一种聪明,一种大智慧。现在很多人总是觉得自己不够聪明,因此将这种"无知"的智慧遗弃殆尽,丝毫不愿"愚"与自己沾边。殊不知,愚昧、糊涂、傻才是真正的处世之道,拥有大智慧的体现。

1. 装傻可以让人际关系更融洽

古往今来,表现得机智聪明的人总是容易招致他人的嫉妒,相反那些看似"无知"的人,通常更加容易受到众人的喜爱。对此,太极智慧说:"绝圣弃智",意思就是说抛弃聪明和才智。道家思想提倡的"无知"并不是让人们真正成为傻子,而是让人们学会敞开心胸,不要斤斤计较,多一份真诚和舍得的智慧。

2. 装傻可以让人心情舒畅,烦恼少

太极思想提倡"返璞归真",希望世人在合适的时候做一名闭目塞听的婴儿,这样一来便会少了很多烦恼,心情也会好很多。

太过聪明的人是很难做到返璞归真的,他们事事洞悉,事事精心算计,做起事来束手束脚、顾虑重重。即便最终他们如愿以偿地获得了一些回报,他们也不会觉得快乐。相反那些懂得装傻的人则不同,他们不会顾虑太多,直率地顺应本心,对得与失不斤斤计较,这样的傻人无论面对怎样的结局总能保持心情舒畅,不庸人自扰。

3. 装傻可以趋利避害

人人心里都有一面镜子,处处算计他人,处处展示出高乎他人的智慧,必然会招致他人的不满和报复,最终为自己招来灾祸。历史上的智者文种、李斯、商鞅等,他们哪一个不是堪有绝世之才的聪明人,然而却因为不懂得"装傻",最终招来灾祸,付出了惨重的代价。

不仅是太极和道家提倡"无知"思想,佛家也同样追求这种思想境界。慧能法师说:"菩提本无树,明镜亦非台。本来无一物,何处惹尘埃。"在慧能禅师看来,如果心中有尘埃,那么无论你怎样擦拭也不能擦干净,如果心中没有尘埃,那么又何必擦拭呢?这种思想与道家提出的婴儿状态是一样的,真是因为无知,所以心如止水,没有任何烦恼。我们虽然做不到像婴儿那般无知,但是我们可以学会装傻来化解外界对我们造成的伤害。

在人的一生中,会遇到各种各样的诱惑和困难,也会有很多羁绊和无可奈何。人们总是在追求幸福、追求成功、追求财富等的征途中,想要获得的东西不一样,所经受的磨难也不一样,有些东西并非对我们真的有用途,之所以苦苦追求不过是满足自身的虚荣心而已。然而,随着年龄的增长、阅历的增加,我们再回首往事时,就会发现有些东西根本没有必要追求。人的一生,草木一秋,我们根本就没有过多的时间耗费在无用的东西上面。回归生命的本源,解脱自己,回复婴儿的状态,才是幸福生活的源泉。

## 4. 坚守自我的同时也能顺遂众人

太极主张既不避世,也不入世,而是要游世。游世的具体表现就是:"顺遂众人而又不失自我"。不偏不倚,伸张有度,懂得顺应环境的变化而变化。游世的思想主要包含两个方面:顺遂众人和坚守自我,其中顺遂众人就是顺应他人,顺应社会,尽可能地减少与他人发生摩擦和冲突。然而顺遂众人,绝不等于没有原则地迁就、迎合他人,而是在坚守自我的同时与他人、社会和谐相处。

《庄子》中记载着这样一则故事——

子舆、子来、子犁是非常要好的朋友,不仅如此,他们还有着共同的志向和信念,可以一起探讨人生和理想。

一天,子舆生病了,朋友们前去探望,不想子舆竟然病到了直不起腰的地步。然而子舆对自己的病却能安然视之,似乎完全没有受到疾病的侵扰。他说:"如果我的左臂变成了一只公鸡,那么就叫它按时打鸣;如果我的右臂变成了弹弓,那么就拿它来打野鸟;如果我的臀部变成了轮子,脑袋变成了马,身子变成了一辆车,那么我就乘坐这这辆马车四处云游。生命原本就有始有终,我又何必为改变不了的事情耿耿于怀呢?"

没过多久,子来也病倒了,他张着大嘴就是喘不上气来,眼看就要死掉了,他的妻儿围在他的身旁,伤心地哭泣着。可是,子来却说:"自然让我身体得到生长,在我年轻的时候让我努力奋斗,在我老的时候得以安度晚年,最后自然地走向死亡。天地就像是一个大熔炉,生老病死乃是造物者制定的规则,我等应该顺应自然,不要庸人自扰。"

这个故事中,子舆和子来在生命即将逝去的时刻所表现出来的顺应自然的态度,看起来完全顺从了大自然的安排,没有自我的概念,其实是他们在坚守自我的同时,顺应了自然之道。他们懂得坚守真正的自我:积极地奋斗、无畏生死,他们活出了真正的自己,同时他们又顺应了天道,默默地遵守生老病死的天道循环,没有因为病痛而烦恼,迷失自己的本心。

现实生活中,很多人表面上看起来顺应社会,其实在他们的内心深处凝结着顽固和执拗。他们不能顺应社会的变化而变化,又或是为了顺应众人而放弃了自我。这样的人,很难与社会很好地融合到一处。每个人都是一个独立的个体,有自己的思考和不同的世界观,在做事情时,总会遇到自己的想法与众人的观点相矛盾的时刻。如果你的选择只有两种,一是坚持自己的想法,二是放弃自己的想法,那么你就犯下了一个致命的错误:在坚守自我与顺应众人之间不能很好地保持平衡。

美国总统林肯刚刚上任不久,曾经与六名议员一起商讨一项法案。包括林肯在内的七名成员就这项法案发生了激烈的争执。除了林肯之外的其余六个人都不同意通过这项法案。

林肯认认真真地听取了他们的反对意见和顾虑。最后，他依然觉得自己的意见是正确的。到了最后的决策阶段，他们还是鲜明地分成了两个阵营。为了能够确保这项利国利民的法案顺利立法，林肯力排众议，坚定地坚持了自己的观点。虽然最后只有林肯一人同意通过这项法案，这项法案还是最终通过了。

在这个过程中，林肯并没有被其他人员的强势攻击击退，而是选择了坚持自我，在坚持自我的同时，林肯也顺从了其他人。最后，林肯是这样说的："我非常理解你们的顾虑，对于你们的顾虑也表示认可，我会认真考虑你们提出的这些顾虑和困难，做出最好的解决方案来应对它们，但是这不能成为阻止这项法案立法的原因。因此，尽管只有我一个人支持这项法案，我依然要宣布通过这项法案。"

就这样，林肯既达到了坚持自我的目的，又委婉地顺从了其他人的观点。很多年之后，实践证明了林肯当初的想法是正确的。那条因为林肯的坚持才幸免于流产的法案，为美国的发展带来了积极的影响。

在这个故事中，林肯表面上看起来有些独断专行，执意坚持自己的观点和想法，丝毫不考虑别人的意见，但实际上，林肯在这个过程中处理得非常得当，既坚持了他认为正确的事情，又恰到好处地认同了其他人提出的顾虑和建议。林肯没有一意孤行，而是在对其他意见充分考虑之后，权衡利弊做出了他认为正确的决定。在这个过程中，林肯独自面对来自其他六个人的压力与反对，依然能够勇敢、果断地坚持己见，这种勇气和执着非常值得我们学习。

林肯的这种处事方式符合太极的处世哲学，给了后世很多积极的启发。下面简单总结一下太极关于"坚持自我"与"顺遂众人"二者维持平衡的相关观点：

1. "顺遂众人"

太极智慧告诫我们，在生活中要学会能屈能伸，要懂得识时务，要学会根据环境的变化转变自己，不要做一个固执己见的偏人。

每个人看世界的角度不同，所得出的结论自然不会相同，因此多听听他人的意见可以拓宽自己对人对事的眼界。如果在听取他人意见的过程中，发现别人说的是正确的，自己的观点是错误的，那么就要及时改正，采纳正确的建议。即使别人的观点有些不正确，也要认真听取，站在对方的角度去感悟对方的观点，从中采纳有价值的意见。

2. "坚持自我"

太极智慧告诫我们，为人处世时要讲究策略，要外圆内方，在顺遂众人的同时也要勇敢地坚持自我，做到既与他人和谐相处，又能保留自己的本色。

回归现实生活中，我们经常会遇到别人不理解自己的情况，在这种情况下，想要坚持自我，就要勇敢地面对来自他人的阻力。这种情况下，我们想要融合到众人中间去，就必须改变自己的态度和做事的方式，舍弃一些不是很重要的东西，尽量让自己少一些棱棱角角。然而，在原则问题上，我们必须坚持自己的观点，不能因为顺遂众人而迷失自我。

世界就是如此，无论时代怎样变迁，科技如何发达，世界始终是辩证的，既要求我们要顺遂众人，融入社会，与他人和谐相处，又要求我们要时刻保持着自己的本色，不随波逐流，迷失自我。然而世界又是统一的，坚守和顺遂相辅相成，共生共存，这就是我们从太极智慧中领悟到的处事智慧。

## 5. 直视个人劣势，发扬内在优势

所谓"金无足赤，人无完人"，每个人都有自己的优势和劣势，这与其先天的遗传基因和后天的生长环境有着直接的关系。一般情况下，一个人的优势对其后天的成功有着积极的推动作用，而劣势对其获得成功起到阻碍作用。因此，一个人的优势越多，劣势越少，就越容易获得成功。

太极哲学认为，了解自身的优点和缺点，是合理开启成功人生的一步。不了解自身的缺点和优点就很难找到适合自己的人生坐标。那么，我们应该怎样正确了解自身的优、劣势呢？

1. 在日常生活中认真总结自己的优势和劣势

一般情况下，世界上最了解自己的人就是我们自己。我们在每天的生活中与自己形影不离，从生活的点滴中，从过往的种种经历中，我们一点点地挖掘、发现自身的优势和劣势。这个时候，我们最需要做的就是经常性地总结。

2. 通过他人对自己的评价，认识自身的优势和劣势

在这个环节中，我们身边的亲人、朋友、师长，他们对我们也有自己的认识，我们不妨了解一下他们对我们的评价，从而全面、彻底地认识自己。

3. 经常进行自省

自省是自己与自己的对话，是灵魂深处的剖析和对话。俗话说："批评别人易，反省自身难"，尽管自省是认识自我的最佳方式，但是很多人都不愿意通过这种方式审视自身的优点和不足，人们总是习惯性地去审视别人。

通过这三种方式，对自身有了一个系统的认识和了解，但这还远远不够，想要获得成功，我们还需要在认识和了解自身的基础之上，学会合理地运用自身的优势和劣势。有的时候，一些劣势并不一定会导致失败，一些优势也不一定会促进成功，关键在于我们对优势和劣势的运用技巧。

那么，我们应该如何运用好自身的优势和劣势呢？

首先，我们需要清楚地知道一点：优势和劣势是可以相互转化的。在特定的环境下，一些优势可能会转化成劣势，而一些劣势可能会变成优势，如篮球运动员小丁的个子非常高，在投篮的过程中，个子高成了小丁的重要优势，而在运球的过程中，个子高则成了一个劣势。因为个子高，身体的重心也就高，无论小丁怎样压低身子，球和地面的距离也比别人大，这就大大增

加了对手抢球成功的几率。因此，想要运用好自身的优势和劣势，一定要紧密地结合周围的环境，因地制宜，合理规避。

其次，扬长避短，巧妙地模糊劣势

如果外界情况可以选择的话，我们要选择自己擅长的事物，避免让自己陷入被动。在这个过程中，我们需要做的是准确评估外界事物和自身的能力。但如果外界条件不由我们选择，我们就只能接受现实，尽可能地将自己的劣势模糊化，避免它成为他人的攻击目标。

有这样一则童话故事——

一位伟大的国王在维护国家权益的战争中不幸失去了一只眼睛，成了独眼皇帝。这个无法弥补的残疾成了国王心中永远的伤口，他不愿意让人触碰到这个伤口。因此，身边的人从来不敢提及这个话题。

一次，国王想要画一幅画像。于是，他找来了几名画技绝佳的画师，对他们说："你们几个分别为我画像，既要把我的威严画出来，又要画得真实。"

第一个画师知道国王不愿意让世人看到他的瞎眼，于是就画了一幅两眼正常的国王。两只眼睛炯炯有神，透着无限的威严。没想到，国王看到这幅画后，顿时雷霆大怒，尤其是看到那双炯炯有神的眼睛，他觉得画师是在讽刺他眼瞎，于是便下令将画师的双眼全挖掉。

有了第一个画师的教训，第二位画师不敢再作假了。他按照国王真实的模样一板一眼地画了起来。由于画师的画技很好，这幅画画得十分逼真，将国王的缺陷全部暴露了出来。国王看完之后更加生气了。这一次，他没有挖掉画师的双眼，而是直接摘掉了画师的头颅。

轮到第三位画师画像了，这位画师看着国王，然后决定画一幅国王狩猎图。按照画师的要求，国王手持猎枪，威武地睁一只眼，闭一只眼，举枪瞄准猎物。这幅画不仅完美地遮盖住了国王的缺陷，还真实地再现了国王的雄姿。国王非常满意这幅画，于是重重地赏赐了第三位画师。

这个小故事告诉我们，所谓的优点和缺点只是相对的，没有恒久不变的优点和缺点。判定一个人的优势和劣势必须要有特定的参照物。正是因为这个关键因素的不确定性,所以一个人的优势和劣势是可以灵活转化的。

现实生活中,我们要勇敢地直面自身的优势和劣势,根据特定的参照背景,发扬自身的优势,合理规避自身的劣势。对于一些硬伤式的劣势,我们要勇于改正,不要讳疾忌医,盲目遮掩,更不要因为这些劣势而感到自卑。

话说宋太祖赵匡胤在位期间曾经肆意欺负当时的南唐国主。最初,赵匡胤图谋江南,制造了几千艘战舰。对此,南唐国主早早就获得了情报,却因为性格懦弱迟迟不敢下令破坏战舰,以致丧失了最佳战机。后来,赵匡胤南下,南唐灭亡,李后主成了亡国之君。宋太宗继位后,李后主的王后小周后经常被宋太宗召进宫中,一连数日都不能回来,一回来就将自己关在屋子里哭泣。还是因为懦弱,李后主明知妻子受辱依然选择默默忍受,实在忍不下去的时候,他就作诗,通过诗歌来抒发自己的郁闷之情。

作为国君,作为夫君,李后主是失败的,他向自身的劣势屈服了,最终选择了逃避,通过诗歌来麻痹自己。世界上没有绝对的懦夫,只要他能够鼓起勇气,勇敢付诸行动,他就可以变身成强者。然而,李后主却没有鼓起勇气,他选择了屈辱地活着,选择了逃避。事与愿违,李后主终究还是没能平安终老,最终落得个饮鸩而死的凄惨结局。

由此可见,向自己的劣势低头是件非常愚蠢的事情。只要你还想获得成功,想要活出最好的自己,就必须有直面劣势的勇气和决心。只要我们自己不给自己带上枷锁,世界上就没有能够锁得住我们的枷锁。

## 6. 胜己者,天下莫能与之争雄

在历代帝王中,刘秀是最特别的一位。刘秀创建了东汉王朝,一般情况下,开国之君都是一些强势的君主,靠杀伐决断夺取天下,而刘秀则不然,

他是靠委曲求全获得的天下。西汉末年,王莽篡位,改国号为"新",后因施政不当引发社会动荡,百姓揭竿而起,绿林军攻进长安,王莽被杀,新朝宣告灭亡。

刘秀和兄长刘演也参加了反对王莽的起义军,并且迅速成为义军的高级将领。然而,被义军兄弟拥立为帝的刘玄忌讳刘演在义军中的威望,唯恐他夺了自己的位置,遂设计杀害了刘演。刘演死后,刘玄还欲杀害刘秀。然而,刘秀与哥哥刘演的性格截然不同,他处处委曲求全,使得刘玄找不到杀害刘秀的借口。

哥哥刘演死后,刘秀意识到了刘玄的阴谋,于是立即向刘玄请罪,说哥哥的死完全是其咎由自取,而自己对哥哥之死毫无半点怨言,只希望刘玄能够相信他,让他有全心全意效忠刘玄的机会。刘秀此举赢得了刘玄对他的信任。随后,刘秀率军远赴河北作战,攻克了邯郸,自此刘秀有了自己的根据地。

攻克邯郸之后,刘秀缴获了大量当地官员与王朗的书信,信中不乏辱骂自己的内容。部下劝刘秀借机看清楚众人的用心。可是刘秀却选择当众焚毁书信。就这样,原本人心不安的局面得到了控制,那些曾经和王朗有联系的官员们彻底对刘秀臣服了。随着刘秀的实力越来越大,前来投降他的军队越来越多。一些投降的将领们担心刘秀终有一天会杀掉他们。刘秀为了能够让他们安心,便让他们各自回到营地,自己单枪匹马地去看望他们。这样一来,那些将领们再也不怀疑刘秀的诚意了。

远在京都的刘玄见刘秀的实力越来越大,又开始担心起来,便命人召刘秀回到洛阳。这一次,刘秀婉言回绝了。很快,刘玄与赤眉军大战,刘玄身死,与此同时刘秀称帝,建立了东汉王朝。

回首刘秀称帝的整个过程,无论是对弑兄的仇人刘玄,还是对敌人王朗的部下,又或是曾经的敌人,刘秀采用的策略都是委曲求全之法。试问,面对这杀死一母同胞的仇人,谁会不恨?可是,如果当时的刘秀表现出了恨意,那么刘玄定然会斩草除根。为了日后的大业,刘秀只好强迫自己压抑内心的仇恨，委身侍敌。在这个过程中，刘秀面对的最大敌人不是佛口蛇心的刘演，而是他自己。他必须要战胜自己，才能有机会脱离险境。同理，面对那些昔日的敌人，那些曾经辱骂过自己的人，刘秀需要做的还是战胜自己。在刘秀称帝的征程中，他一次又一次地委曲求全，一次又一次地战胜了自己。一个可以战胜自己的人，还有什么敌手是击败不了的呢？

太极认为，这个世界上，情愿将所有错误都推在他人身上的人太多了，而愿意承认自身错误的人太少了。因此，世人一直认为是外界的某些人和事阻碍了自己成功，殊不知，真正阻碍自己的人恰恰是自己。

老子认为："胜己者，天下莫能与之争雄"，意思就是说，能够战胜自己的人，天下已经没有人敢与之争雄了。人的一生，痛苦的枷锁很多，究其根源全部来自自己。

有这样一个寓言故事——

有一只秃鹰猛烈地撕啄着一个农夫的双脚。这时一位路人经过，见农夫的双脚已经被秃鹰啄咬得血淋淋的，不禁问道："你为什么要乖乖地忍受秃鹰的撕咬呢？"农夫强忍着剧痛，断断续续地说道："这只秃鹰袭击我的时候，我也曾经尝试着赶走它，但是它实在太强壮了，我打不过它，为了不让它继续攻击我的脸，我宁可牺牲双脚。"就在农夫与路人说话的这会工夫，秃鹰已经从农夫的脚上撕下了好几块皮肉了。农夫痛苦地呻吟着。

路人实在看不下去了，说道："我去帮你借把猎枪来，一枪打死这只秃鹰。"农夫痛苦地点了点头。然而，就在路人转身离去的那一刻，秃鹰忽然一飞冲天，接着像一根标枪一样从高空冲下。只见秃鹰尖尖的长喙深深刺入了农夫的咽喉里。农夫终于结束了痛苦，倒地而亡。

在这个寓言故事中，秃鹰只是一个比喻，象征着那些生活中的困难和痛苦。现实中总是有很多人，他们心甘情愿地陷入痛苦中，久久无法自拔，就像寓言故事中的农夫一样乖乖地忍受着秃鹰的撕咬。这种现象简直让人无法理解，这是对人类智商的侮辱。在困难面前选择放弃，任由自己陷入痛苦之

中的根源在于自身，是自己选择了放弃，是自己心甘情愿做一名失败者。

当年的刘秀、唐太宗，包括神话故事中的唐僧，他们全部都是在战胜自己的过程中，一步步登上了人生的顶峰。在太极哲学中，人们奋斗的过程其实就是不断挑战自己的过程，与困难斗争、与敌人斗争，这一切都只是与自己斗争的表现。与困难斗争时，你需要克服内心的恐惧、惰性，坚持不懈地战胜困难，在这个过程中，你的对手自始至终只有你自己。

人本身就是欲望动物，在造物主创造人类时，不仅赐予了人类巨大的潜能量，同时也赐予了与之相对应的贪婪、邪恶、懦弱、懒惰等心魔。因此，人的一生，需要不断地克制自己的欲望，克服那些来自黑暗的心魔，尤其是统治者，更应该严于律己。在得道之人看来，一个人只要心存贪念，那么他的性格就会有缺陷，他的才智就会被蒙蔽，他纯净质朴的心灵就会被玷污。这时，他的敌人就会趁机而入，促使他陷入万劫不复的深渊中。

道学的这种观点与太极哲学不谋而合。随着科技的发展，人们的生活越来越方便，物质生活越来越富足，与此同时，人们越来越失去自己，欲望越来越多，而生活越来越不快乐。针对这种情况，太极哲学告诫我们，人不能由着自己的性子任意妄为，人需要自觉地克制心魔，顺应自然，与天道相合，做一个不被欲望驱使、不向心魔低头的铮铮铁汉。要知道，无论是普普通通的凡人，还是统帅一方的英雄，一旦他们战胜了自己，那么放眼这个世界就再也找不到能够打败他们的敌手了。

## 第六章
# 太极为人智慧
## 学会"外圆内方"

# 1. 福祸相依，顺承生活中的不如意之事

"其政闷闷，其民淳淳；其政察察，其民缺缺。祸兮，福之所倚；福兮，祸之所伏。"

这段话中，老子先是谈到了一个社会现象——一个政治浑沌的国家，它的臣民们却淳朴忠诚；一个政治细密的国家，它的臣民却容易狡黠抱怨。由此，老子总结出了一个经典结论——祸兮，福之所倚；福兮，祸之所伏。道家学说中"福祸相依"的理论得到了无数事实的印证。很显然，"福祸相依"是一种大智慧。老子的这一观点带有典型的辩证色彩，两个对立的事物之间既相互关联，又相互对立。"福"与"祸"也是如此，它们相对相成，得到福的同时，也埋下了祸的种子，经历灾祸的同时，也埋下了福的种子。对此，太极哲学与道家思想完全相同。

太极哲学告诉世人，福与祸相互依存，相互转化。不仅如此，太极哲学还总结出福和祸均有大小之分，并且转化时成正比例。"爬得越高，跌得越重"说的就是这个道理。福气越好，与之相生的霉气越重；同理，遭受的祸事越大，与之相生的福气自然就越大，二者之间成正比例关系转化。

一个少年自幼家贫，却非常好学。为了能够上学，少年每天要翻过好几个山头去镇上的一所学校读书，这是少年家乡唯一一所学校。

这一天，少年的父亲和母亲变卖了家里养了一年的老母猪，为少年凑足了这个学期的学费。少年怀揣着沉甸甸的学费，早早起床，翻山越岭去上学。不巧的是，少年走着走着就遇到了一个拦路抢劫的歹人。少年揣着父母辛苦凑齐的学费拼命地逃跑。那名歹人在后面拼命地追赶。终究少年的年纪尚小，体力再好也及不上年轻力壮的歹人。眼看着歹人就要抓到少年了，少年一个急转弯钻进了一个黑洞洞的山洞。歹人看到少年钻进山洞，稍稍犹豫一下，也跟着追了进去。山洞里漆黑一片，少年手里拿着的火把，散发出昏暗的光，脚下的路凹凸不平，时不时地还有几块石头，在这种情况下，少年根本就跑不快。一个不留神，少年被一块石头绊倒，重重地摔在了地上。歹人趁机一把抓住少年。自然，一顿毒打是在所难免了，少年身上的钱财被歹人抢走，就连那散发着微弱光芒的火把也被歹人一同抢走了。

没有了火把的照明，山洞里一片漆黑。少年忍着身上的疼痛爬起来，摸索着前进。因为看不见，少年一会撞到石壁，一会又被石头绊倒，没过多会儿就摔得鼻青脸肿。不过也恰恰是因为没有了火把照明，在一片漆黑中，少年敏感地看到了一缕微乎其微的亮光。少年顺着这微弱的亮光前行，最终顺利爬出了山洞。

而歹人因为抢下了少年的火把，轻而易举地看清了脚下的路，因此歹人没有四处碰壁，没被石头绊倒。可是火把散发出的光将洞口处透过来的那一丝丝微弱的光线覆盖，歹人在山洞里走来走去，绕来绕去，就是找不到出口。最后，歹人被困死在山洞里了。

正所谓"福兮，祸之所倚；祸兮，福之所伏。"在这个故事中，少年虽然经历了一场从天而降的灾祸，在山洞里被歹人打劫，连手中照明用的火把都被歹人抢走，以致他因为看不见四周的环境到处碰壁，最后摔得鼻青脸肿，但也恰恰是因为他没有了火把照明，才能在一片漆黑中敏锐地捕捉到那一丝丝光线，从而顺利爬出山洞。而那名歹人虽然有了火把照明，却因为火把的光盖住了洞口处透过来的光线，从而没能找到出口，命丧山洞之中。少年遭遇祸事，却在祸事中迎来了福气，顺利逃生；歹人虽然比较幸运地抢到了火把，然而却也因此埋下了灾祸的种子。由此可见，福祸相依、否极泰来真是人间正道。

在世人眼中，福和祸是对立的两个概念，大家都追求福而厌恶祸。而事实是福与祸同生同源，相互转化。正如司马迁在《太史公自传》中写道："昔西伯拘，而演《周易》；孔子厄，而作《春秋》；屈原逐，而著《离骚》；左丘失明，厥有《国语》；孙子膑脚，而论兵法；不韦迁蜀，传世《吕览》；韩非囚秦，《说难》《孤愤》；《诗》三百，大抵圣贤发愤之所为作也。"司马迁总结了前圣贤们的"福祸相依"的经历，他的总结充分论证了"福祸相依"这个规律。这些圣人们无不是在遭受祸事之后，励精图治，才写出了震古烁今的不朽之作。

老子具有一双慧眼，能够从事物的表象总结出背后的自然规律。"月有阴晴圆缺，人有旦夕祸福。"祸福同属一脉，相生相依，没有人能够一味地享有好运气，也没有人会一直倒霉下去。生活中的顺境不一定是好事情，而逆境也并非是坏事情，比如，西施、貂蝉、杨贵妃等，她们拥有着其他女孩子无比羡慕的美貌，然而正是这无与伦比的美貌，让她们沦为政权的牺牲品，被权贵们当成礼物送来送去，不仅没有享受到世间最真挚的感情，反而纷纷早早地香消玉殒。可见，福祸相依，所谓的福气，其实也未必不是灾祸。

因此，太极智慧告诫我们，要坦然面对生活中的不如意。不要过分在意一时的得失，而失去了生活了乐趣。人生一世，最重要的就是开心地生活，其他的一切都是过眼烟云。经常听到一些人抱怨道："天天累死累活的也赚不了几个钱，看看人家老李，轻轻松松就能赚大钱。"的确，生活离不开金钱，但是金钱也并不能成为让人开心快乐的资本。很多人一生辛苦劳作，却没有赚太多的钱，这并不是一件坏事情。也许正是因为他每天都需要辛苦劳作，所以身体一直处于活动的状态下，故而他的健康状况会很好。在人们的心里，相对于健康的身体，相信金钱的地位需要下降。而那些吃吃喝喝就能轻轻松松赚大钱的事情也并不一定是什么好事情，也许正是因为这些人有钱，所以便终日享受，结果年纪不大，富贵病一身，早早就坐在了轮椅上，口歪眼斜的，失去了做人最起码的尊严。

因为祸福相依，人生无常，没有任何事情是绝对的，所以我们一定要坦然面对生活中的不如意，顺应生活中的不如意，用一颗乐观的心去感悟幸福，解决问题，突破一道道难关。相信逆境中蕴含着巨大的福报，即使我们此刻深陷重重困境，终有一天也会否极泰来。其实生活得幸不幸福，不在于身边的环境是福还是祸，而在于我们的内心，是否能够坦然面对福祸，顺其自然地接受生活的不如意。

## 2. 圆转如意，做人应"外圆内方"

按照老子的辩证思想观念，好与坏相生相依，可以转化；正直和虚伪相生相依，相互转化；善良与邪恶相生相依，相互转化……世间一切相对的事物全部都相生相依，相互转化。因此，老子又提出了"方而不割，廉而不刿，直而不肆，光而不耀"，基于道家思想的基础，太极哲学总结出了"外圆内方"的处世修身哲学。

"外圆内方"的处世哲学不难理解，意思就是处世时要圆转、圆融，对别人要宽容，对自己要严格，这是一种非常值得推崇的为人处世之道。众所周知，每个人的出身和成长环境都不一样，所受的教育背景也不一样，因此看待事物的观点和出发点也不一样。同时每个人的智商和情商也有区别，对事物的理解能力不同，因此有的人一眼就能看清楚的事物，一些人却怎么也想不明白。所以，我们不能用同一标准来要求别人。要知道，每个人的处世原则适用的对象只有他自己，他可以因此而约束或激励自己，但不能用自己的处世标准去苛责他人。

圣贤孔子每天都自我反省，看看自己有没有做不仁义的事情，这个习惯，孔子坚持了一生，但是却从来没有这样衡量过别人。他可以用自己的智慧、学识去教化世人，引导弟子，却从来不会用自己的处世原则来苛求他人。这就是孔子与俗人的重要区别。反过来再看看我们身边的人，有很多人大摇大摆地站在道德的制高点去要求他人，而对自己却一而再地降低底线，他们将"宽以待人，严以律己"的处世格言反过来执行，这样的自以为是的愚蠢行为，结果只会暴露自身的苛刻、狭隘、愚蠢，导致身边的人对其厌恶不已。

卓茂是西汉时期的官员，他为人处世时，外圆内方，充分体现了"方而不割，廉而不刿"的大智慧。

在卓茂刚刚出仕时,在当时的丞相孔光的府上任史官。一次,卓茂骑着马出去办事。没想到,一位陌生人指着卓茂骑的马,说道:"这是我丢失的马。"卓茂听完问道:"请问你的马丢了多长时间了?"陌生男子说道:"一个月前丢失的。"而卓茂的这匹马已经骑了很多年了,但是卓茂并没有解释什么,默默地把马给了陌生男子,并说道:"如果有一天你找到了你丢失的那匹马,请将这匹马送到丞相府给我。"

过了一段日子,那位陌生男子丢失的马自己回到了家里。陌生男子这才意识到错怪了卓茂,于是牵着马来到丞相府前,向卓茂谢罪。卓茂并没有为难他,只是微笑着牵过自己的马,说道:"这匹马已经跟了我好几年了,这段日子不见它还有些想念。"

后来,卓茂被调任河南境地任县令。上任后,卓茂废除了那些不合理的旧制度,制定了一些有利于民生的新制度。新制度一经实施,地方的官差们再也不能像过去那样收受贿赂了,于是便在背地里辱骂卓茂。一些不明真相的老百姓也跟着起哄。时间一长,卓茂的上司或多或少地听到一些风言风语,于是派来了监督官,和卓茂一同治理地方。对此,卓茂并没有计较,一如既往地做着实事。几年后,卓茂治理的县城风气焕然一新,百姓安居乐业,经济繁荣昌盛,家家夜不闭户,人人路不拾遗。这时那些曾经错怪卓茂的百姓懊悔不已,可是卓茂却一点也不怪罪他们。

卓茂待人就是这样宽厚,但是对待自己却截然不同。卓茂严于律己的作风闻名朝野。为了坚守做人做事的原则,卓茂甘愿冒着被杀头的危险,拒绝叛贼王莽的封赏。卓茂与当时的孔休、蔡勋、刘宣、龚胜、鲍宣六人,因宁死不侍叛臣王莽而名满天下。

后来,刘秀创立东汉之后,为表彰卓茂的气节,重重封赏了卓茂,并在卓茂逝世后,亲自前来送葬,可见对其敬重之心。

从卓茂的为人处世方式中不难看出,卓茂在对待他人时非常宽厚,而在要求自己时则非常严格。卓茂的这种"外圆内方"的处世原则,不仅避免了伤害别人,同时也让自己免受伤害。因为一个尖酸刻薄的人必然会有意无意地伤害到其他人。而这些被他伤害过的人大部分会因此成为他的敌人或是不满者，他们即使心胸宽广不设计报复这个尖酸刻薄之人，至少也会在他危急之时做"袖手旁观"之态。因此，一个处世不懂得"外圆内方"的人，在伤害他人的同时也在间接伤害着自己。故而，"外圆内方"的处世哲学，是一种利人利己的大智慧。

除此之外，"外方内圆"的智慧还能促进个人获取成功。众所周知，一个刻薄、狭隘、自私、邪恶的人是很难不得罪人的，身边的人了解他的为人之后，都不愿意靠近他。没有良好的人际关系，在做事情的时候就没有人愿意帮助他，甚至一些人还会因为以前的事情记恨于他，伺机设计报复他。试想，孔子凭借一己之力，在那个交通不发达的时代里拥有学生高达三千人，如果孔子是一个非常刻薄的人，总是站在道德制高点上要求自己的学生，那么恐怕不会有一个人愿意拜他为师。没有那三千名学生，孔子根本不可能周游列国，其思想也无法传播后世。由此可见，良好的人际关系对一个人的成功起着多么重要的作用呀。正如励志大师卡耐基所言："一个人的成功只有15%是依靠专业技术，而85%却要依靠人际关系、有效说话等软科学本领。"

## 3. 推己及人，帮助别人就是帮助自己

子曰："夫仁者，己欲立而立人，己欲达而达人。"这句话的意思是说：仁爱的人，自己决定对人建立仁爱之心，别人才会对你仁爱，自己决定对人豁达（宽容），别人才会对你豁达（宽容）。儒家"仁"的学说与太极中的包容、宽和非常相似，都讲究仁爱泛众，推己及人。

出于推己及人的考虑，中国的太极拳还发明了一种既不伤人也不伤己的练功方法——太极推手。以武较技，伤人伤己在所难免，但是太极却用其平和、圆融的智慧将这一难题解决了，这与推己及人的考虑不无关系。当然，要想做到"推己及人"，首先要有利他主义的意识，在别人遇到困难的时候，能够及时提供帮助，帮助对方渡过难关。那么，在自己遇到困难的时候，对

方也会伸出援手。这就是我们常说的，助人即助己。

在一位歌星的自传中有这样一段故事：

这位歌星在出名之前很不得志，没有唱片公司愿意为他出唱片，也没有商家愿意请他商演。他的事业可以说是一塌糊涂，也没有什么收入，不得不靠父母和朋友救济。

有一天，他漫无目的地在街上闲逛，在经过一个十字路口的时候，一位老人叫住了他，对他说道："年轻人，可以麻烦你扶我过马路吗？"歌星看了看眼前这位老人，他的腰弯得厉害，站也站不稳，还不停咳嗽。这位歌星当时心烦意乱，对什么事情都没有兴趣，真想转身离开。可是他又觉得老人实在太可怜，最后还是搀着老人的胳膊，把他送过了马路。

"你现在觉得好些了吗？年轻人。"到了马路对面，老人微笑着问道。

"是的，我觉得好多了……"在帮助了老人之后，他的心情确实好多了。

这时，老人突然挺直了腰，一改刚才羸弱的样子，看上去非常硬朗。歌星有些惊讶："老人家，您？原来……"

老人还是面带微笑，说道："我刚才看你愁眉不展，就想帮帮你。如果能帮助比自己处境更加糟糕的人，对一个失意的人来说，会让他的心情有所改善。所以，我就扮成了刚才的样子。年轻人，不要太忧虑，一切都会过去的，上帝不会放弃你的。"说完这些话，老人转身离开了，歌星对老人的话想了很久。

人类的社会属性决定了我们不可能独自生活，我们必定会处于各种各样的社会关系中。我们也必定会遇到各种各样的困境，遇到自己无法解决的难题，这个时候就需要别人的帮助。获得了帮助，我们心存感激，也想着有朝一日可以回馈对方。施以援手的人也会内心愉悦，他日遇到困难了，也会有人来帮他。所以说，善意莫吝啬，助人即助己，今天你帮助别人飞黄腾达，明日也自有人会为你的辉煌添砖加瓦。

"红顶商人"胡雪岩初识王有龄的时候才二十多岁,当时他还不是名满天下的富商,王有龄也还没有入仕。

王有龄祖籍福建,他的父亲曾在浙江为官。王有龄和胡雪岩在茶馆里相识,两个人也只能算是认识,并没有什么交情。王有龄的父亲原本想通过关系帮助儿子进入官场,但是还没等找好关系,就因病去世,王有龄也没了生活来源,过起了穷困潦倒的生活。这个时候,许多人都开始躲着王有龄,但是胡雪岩却主动请王有龄吃饭,还时常拿出银两救济王有龄。

后来,王有龄通过关系补了一个浙江盐运使的官,但是没钱进京打点关系。此时,胡雪岩还在钱庄做出店。在得知王有龄有机会进入仕途之后,他就把收回来的一笔贷款交给了王有龄,并告诉王有龄:"这是你做官的本钱。"王有龄也明白这笔钱是如何来的,说道:"你是钱庄的伙计,被老板知道会吃官司,此事万万不可。"但是胡雪岩坚持让他收下。

相持了一会儿之后,王有龄问道:"你为什么对我这么好?"胡雪岩微笑着说道:"朋友有难,不拉一把我睡不着觉。"

见胡雪岩如此说,王有龄也不再推辞。对于胡雪岩的慷慨相助,王有龄感激不尽。就这样,王有龄带着这五百两银子进京,准备上下打点一下。到了天津,王有龄遇到了自己的另一个朋友——吏部侍郎何桂清。何桂清也很欣赏王有龄,也很有朋友义气,在官场上极力推荐王有龄。在何桂清的推荐下,王有龄拜在了浙江巡抚门下,后来当了粮台总办。

进入仕途之后,王有龄没有忘记胡雪岩在自己苦难时期的鼎力相助。滴水之恩,涌泉相报,何况是在他最苦难的时候,胡雪岩冒着坐牢的危险给予的帮助。王有龄很快就找到了胡雪岩,给他提供了大量资金,资助他开钱庄,没过多久,胡雪岩就成为了杭州的首富。后来,王有龄的官越做越大,胡雪岩的生意也越做越大,除了钱庄之外,胡雪岩的生意还涉及丝绸、药店、茶叶等,几年之后,胡雪岩就成为了整个清王朝的首富,说他富可敌国也不为过。

从胡雪岩和王有龄的关系不难看出,在王有龄落难的时候,胡雪岩慷

慨相助。所以，王有龄在得势之后没有忘记胡雪岩，为他的生意提供了极大的帮助。有时候，你不经意间帮了别人一把，或许就会成为你日后成功的基石。

帮助别人是一种双赢的行为，从人的社会属性来看，提供帮助的人和被帮助的人都是受益者。一方面，给对方提供援助，可以帮对方脱离困境；另一方面，提供帮助的人内心也会感到愉悦，他会觉得自己很善良，从而形成良好的价值观。

作家龙应台曾说过："只有当人人为我、我为人人的精神在社会中传扬，这才是一个温暖的社会，否则我们都会在黑暗中苟活。"我们也常说：与人方便，与己方便。很多时候，我们的举手之劳，会带来远超我们想象的机会和收获。

推己及人，用自己的心意去感受对方的内心，设身处地地为对方着想。当对方感受到了你的心意，自然也会回馈于你。当你给予了别人帮助，别人也才会用同样的方式对待你，人与人只有善善相待，人们之间的关系才能更加和谐。而太极讲究圆满，这里的圆满不仅是让自己圆满，而是让众人圆满。在同体心的影响之下，人们会将对方的心意当作自己的心意，在帮助对方的时候就会觉得在帮助自己一样，让自己感到温暖欣慰。

所以，日常当中，我们应当感悟太极的宽和、包容以及圆满，在同体心的影响下互相帮助，将爱的精神延伸到各处，让社会更加和谐美好。

## 4. 人贵有自知之明

在我们的生活中经常会遇到两种人：一种人是不管自己懂不懂，有没有相应的资源，一味夸大自己的实力，好像世界上就没有他搞不定的事情、打不通的人脉关系；另一种人则是一味看轻自己，整个人时时刻刻处于严重的自卑状态，做任何事情都不够自信。这两种人的反应是典型缺乏自知之明的表现，不能将自己摆在合适的位置上，更可悲的是，他们自己对此竟懵然不知。

海明威曾说:"炫耀广博见识或渊博学问的人,是既没有见识也没有学问的人。"在他们小得可怜的世界里,如井底之蛙一般天真地认为自己所见到那一方井口大小般的天空就是全部世界,自认为自己的见识和学识很丰厚,四处炫耀,殊不知,自己正如跳梁小丑一般。

为了避免世人做出如此愚人的举动来,也为了世人能够准确地认识自己,进而不断完善自己,太极告诫我们说:"人贵有自知之明。"有自知之明的人,不会看高自己,他们能够看到自己身上的不足,也能够看到别人身上的优点。因此,他们能够保持谦虚的心态,虚心接受别人的批评和建议。只有不断改正自身缺点的人才能获得进步。相反,那些没有自知之明的人,眼睛高于头顶,往往看不到自己的果实,也不愿意承认他人比自己强,当然更不愿意接受他人的批评和建议。这类人最终的结果就是故步自封,在自己为自己编织的美梦中退化成一个没有能力的人。

最要紧的是,一个没有自知之明的人往往会将自己带入险境。因为看不到他人的优势,因为听不进他人的劝告,自大自负,没有与他人合作的精神,故而得不到别人的尊重和认可。"失道寡助",一个没有人帮的"强人",即使他的能力再强大,终究也会被历史淹没。

项羽之所以能被称为"西楚霸王",那是因为项羽的确有过人的才能。可以说,项羽是一个军事天才。他出身贵族,自幼习武。巨鹿之战中,项羽怒杀主帅宋义,带领军队渡河进军,破釜沉舟,仅留三天粮食,故而全军上下士气大振,以死相拼。项羽本人更是以一当十,大破秦军。巨鹿之战后,全军上下无不对项羽口服心服,凡是参加了巨鹿之战的将士,无一例外,全部都心甘情愿地归于项羽麾下。

项羽的确具有超人的能力,但同时他也非常自负,听不进下属的意见。项羽从心底深处轻视刘邦。他坚信自己是最强的,如果他的下属展示出比他强的能力,就会招来他的妒忌之心。久而久之,项羽人为地将自己圈了起来,将领们的才华得不到施展,对他越来越失望,终致乌江自刎的悲惨

结局。

就是这样一位有气魄、有胆识、义薄云天的大英雄最终却惨死在乌江之边。项羽的惨死归根结蒂在于他不够自知,太过自负,他错误地低估了刘邦的能力,容不下有能力的将领。正是这种"自负"将项羽带入了万劫不复的深渊之中,在历史的天空中留下"至今思项羽,不肯过江东"的惋惜。

一个人没有自知之明,就如同世人失去双眼一样,看不到自己与他人的差距,从而导致自己深陷险境而浑然不知。同理,一个国家如果没有自知之明也是如此。

明清年间,中国的国力非常强大,那时候中国号称"天朝大国",外邦小国纷纷前来朝拜。到了清朝,清政府自恃自己是天朝大国,物产丰富,便觉得无需再与外界沟通,于是便实施了"闭关锁国"的外交策略。至此,泱泱中华开始过起了闭目塞听的桃园生活。然而,人类文明进步的脚步从来没有停止,脱离了群体的中国很快便落后于其他国家。但是自负的统治者却浑然不知,依然关着门做着天朝上邦的美梦。直至清末年间,外邦列强的大炮轰开了国门,也轰醒了中华民族。这个时候,东方这只一直沉睡的狮子才睁开眼睛看了看外界。世界翻天覆地的变化让中华民族大吃一惊,"一百多年的闭关锁国,不料那些曾经的外邦小国竟然进步得这么快。而曾经的天朝上邦竟然成了世界上最落后的国家。"落后就要挨打,很快西方列强的鞭子就狠狠地抽在了中华民族的身上。每一鞭都给这个有着五千年历史文明的天朝大国留下了至今都无法抹灭的伤痛。

事实上,近代史上中华民族险遭西方列强瓜分的危机,究其根源,源自清初那道"闭关锁国"的诏书。也许在诏书颁布之时,我们的国家的确是名副其实的天朝上邦,但这也致使掌权者过度自负起来,最后竟然妄想着脱离人类群体,关上门过桃园般的生活,以致最后将这个民族拖入险境。历史的教训是惨痛的,这个惨痛的教训让国人再一次重新审视自己,这一次,我们非常有自知之明，我们清楚地看到自身的不足和其他国家的强大，于是顽强不屈的中华民族开始奋起直追，谦虚地学习其他国家的长处。幸运的是，我们万众一心，前仆后继，终于让中华民族重新屹立在了世界之林。

由此可见，无论是一个人还是一个国家，只要它没有自知之明，闭目塞听就会招致灾祸的降临。其实每个人都或多或少地有那么一点自负心理，没有关系，只要我们能够注意把握好它，将自负心理控制在合理的范围内，就不会出现什么不好的后果。但是如果我们不能很好地把控它，任其无限膨胀，最终演化成自大、狂妄，那么灾祸就会降临。例如一个企业的领导者，如果他经常轻视自己的职工，凭借着自己有限的经验毫无自知之明地随意发号施令，那么这个企业必然不会长久。因为如果一个领导者都没有谦虚学习和精诚团结的精神，那么他很难得到下属们的尊敬，更不用说带领出一支团结、向上、有活力的强大团队了。

因此，太极智慧告诫我们，为人处世时具有真才实学固然重要，但重要的是要有自知之明，难能可贵的是在拥有一定学识之后，依然能够保持空杯的心态，看得见自身的不足之处，虚心学习他人的长处。孔子说："三人行必有我师焉"，圣人尚且时刻保持谦虚的心态，更何况我们呢？

人生就像一只瓶子，只有不断将里面的水倒掉才能容纳更多的水。同样，只有在储备足够丰富的知识之后，你才会发现在知识的海洋里自己是多么的渺小。这个世界有太多的知识等待着我们去学习、开拓，容不得我们做井底之蛙。

## 5. 得失之间，有失才能有得

太极智慧告诫我们，得与失是相对的两个事物，二者之间共生共存，相互转化，有失才有得，有得就会有失。生活中，鱼和熊掌永远不能兼得。然而很多人却妄想着得到所有想要的东西，同时又不愿意失去。生活处处都是选择题，我们只能选择一些对我们而言相对重要的，但与此同时必然要放弃

一些东西。

过度贪婪必然会让一个人走向地狱，换句话说：有得必有失，不能明白这个道理便是产生祸害的根源。

清代著名才子郑板桥是一个拥有大智慧的人，总结了为官数十载的心得之后，写下了"吃亏是福"的醒世名言。然而世人的目光太过短浅，对一己之得失过度在意，贪婪无度，反将清明的郑板桥视为怪胎。

其实，郑板桥的智慧远远超过那些俗人。他的言行符合天地之道。早在郑板桥初为秀才之时，他便将家中奴仆的卖身契付之一炬。对此，郑板桥的解释是："是为人处，即是为己处"，其中便暗含着"贪得是祸，吃亏是福"的思想后来郑板桥做县令后，看到那些读书人之所以读书，竟然是为了中举、中进士，一朝金榜题名，便可成为人上人，攫取财富，呼奴吓婢，广置大房、良田。于是乎，郑板桥说道："刚开始便走错了路，结局怎么会好呢？"

贪欲太胜总不是好事情，无论你巧取豪夺多少东西，始终也无法满足内心的贪欲，最终只能让自己越陷越深，失了底线，失了方向，快乐越来越少，烦恼越来越多，伤及心肺之后，还会付出健康。至此再回首，看看自己走过的路，费过的心，耗损的精力，付出的代价，不用他人提点，自己也能意识到不值得。古人云："用争夺的方法，你永远得不到满足，但用让步的方法，你可以得到比企盼的更多。"这句话告诉我们，学会知足是一种莫大的福气。

失去，意味着舍弃和牺牲，但是收获的是一种胸怀，一种品质，一种风度。况且一个人紧紧把持着可能要失去的东西，不仅不能阻止失去它们的结果，还会白白失去尊严。贪婪的人，为了能够多得，不惜费尽心机算计他人，在其热情的背后充满了伪装。可是伪装就是伪装，无论伪装的技术多么高超始终是假的，终有一天会被人揭穿，到那个时候，你失去的会更多。

而那些坦然面对得失的人，他们从来不怕吃亏，总是把别人往好处想，在其天真、可爱、宽厚的背后，是一种豁达、淡泊的心境。也许正是因为如此，很多好人才总是斗不过坏人，一次又一次地吃亏，被坏人算计。即便如此，也请你不要灰心，坚定不移地相信"吃亏是福"，坏人算计掉的不过是些蝇头小利，正所谓"聪明反被聪明误"，坏人们即便在物质上占了便宜，天理昭昭，他们也失了人心，失去了道义。要知道金钱买不来快乐和幸福，一个被身边人处处提防的有钱人，他的生活绝对没有一个拥有温馨家庭的穷人幸福、开心。

公元979年初，宋太宗御驾亲征北汉。北汉皇帝被迫投降。面对这如此巨大的胜利，宋太宗有些飘飘然，他不顾群臣的反对执意趁机伐辽。

宋太宗求胜心切，遂帅大军北进。不料大军快到高梁河时，遭到了辽国军队的伏击，宋军损失惨重，慌乱中宋太宗竟也不知所踪。一时间，举国上下人心不稳，众人纷纷揣测宋太宗或是被擒获，或是被杀死了。于是，随军出征的将领们对贤王赵德昭说："如今皇帝不知所踪，军心不稳，大敌当前，群龙不能无首，王爷不如当机立断，顺应天意，继承大统，方能力挽狂澜。"

赵德昭面对众将士的拥立之举，内心波动不已，遥想当年父亲宋太祖赵匡胤去世时，没有依照惯例将皇位传给身为长子的自己，而是依从祖母之命传给了叔叔赵匡义。这件事情让赵德昭的心里久久不能平静。后来他的一位亲信劝他道："事已至此，你如此介怀又有什么用呢？何不顺应天命，看开一些，其实做一个富贵、逍遥的王爷也挺好的。"赵德昭是一个聪明人，顿时醒悟，不禁暗叫"惊险"，如果自己一直对没能登上皇位耿耿于怀，定然会招来杀身之祸。从此，赵德昭终日安于享乐，对皇帝也非常忠心，方才换来了平安喜乐的富贵生活。对此，赵德昭至今仍记忆犹新。今天面对如此局面，赵德昭的心里也是百转千回，他思虑再三，暗暗告诫自己："千万不可因为一时的贪念而招来杀身之祸。"于是，赵德昭选择了放弃，毕竟宋太宗只是失踪，并没有确定已经蒙难。

于是，赵德昭对拥立他的将士说道："皇帝生死未卜，辽国大军虎视眈眈，尔等不思报效国家，却在此胡言乱语，动摇军心，这是忠臣良将所为吗？我是皇帝的臣下，在此危难之际，怎能干出如此大逆不道之事？"一时间，众将领不知所措。赵德昭接着说道："你们的心意我领了，但是现在皇帝只是失踪，我岂能在皇帝为难之时为自己谋私呢？如果国家真的到了需要

我的时候,我定然当仁不让。"

果不其然,第二天宋太宗被平安寻回,安然无恙地出现在了众人面前。众将士暗自庆幸,由衷钦佩赵德昭未卜先知的智慧。至此赵德昭也躲过了一劫。

试想一下,如果赵德昭没有放弃,顺应了众将领的拥立,那么结局会是怎样?恐怕不等赵德昭登上帝位,宋太宗就已经安然无恙地回来了,届时看到赵德昭欲登帝位,想必定然会心生隔阂,即便当时不杀之,日后也定然会寻个由头除之。因此,赵德昭控制住了内心的贪欲,实则救了自己的性命。

人生就是如此,有得必有失。生命之舟载不动太多的东西,必须在得到的时候,丢下一些,这样才能顺利抵达彼岸。在印度的热带丛林中,人们习惯将猴子喜欢吃的食物放在一个设有机关的盒子里。猴子一旦伸手去拿食物,机关就会启动,爪子也就拿不出来了。这种捕捉猴子的方法非常有效。因为猴子也有一个习惯,那就是已经拿到手里的东西绝对不会放手。或许,当我们看到这个故事时,忍不住嘲笑猴子的愚笨。其实,很多时候,我们又何尝不是如此呢?因为舍不下名利、财富、地位等身外之物,终日奔波,费尽心机,甚至做了很多违心的事情。世间的一切,有得必有失,当我们辛辛苦苦,终于如愿以偿地得到一直追求的东西时,殊不知,我们已经在不知不觉中,失去了很多更重要的东西。

## 6.忘却才能享福,善遗忘的人才能生存

生命如舟,载不动太多的包袱。想要轻松、愉快地航行,唯有轻装行驶,承载着那些令生命更加美好的东西,果断舍弃那些不堪的重负。一台冰箱,如果一味地往里塞东西而不取东西,那么冰箱里的东西就会慢慢坏掉。人也一样,如果大脑中储存的记忆越来越多,尤其是不美好的记忆,终有一天会不堪重负。

太极哲学告诫我们："要学会遗忘，忘记那些不美丽的回忆，记住那些美好的回忆，这样生活才能幸福，人们才能更好地生存下去。"这句话的真实意思并不是让人们真的忘记那些不好的事情，而是要学会放开，唯有正确面对那些不开心的记忆，人们才能更好地生活。过去那些不好的记忆同样也是我们人生阅历的一部分，正是因为有了它们，我们的思维、看问题的观点才一点点成熟起来。因此，我们要牢记它们，从中吸取经验和教训，为以后的人生提供宝贵的参考意见，但同时我们也要学会"忘记"它们，不要陷入这些不良记忆之中不能自拔，从而影响我们正常的生活。

丁丁是个有些小心眼儿的姑娘。那年丁丁读大三，暑假在家的时候与人发生矛盾，事情的经过是这样——

丁丁家的邻居就是丁丁的二伯家。这一天，丁丁二伯母的妹妹带着孩子小易来串门。姐妹二人好长时间没见，一见面就忙着聊天。小易和村子里的其他几个孩子一起玩耍。他们也不知道从哪里找来了铁桶和木棍，坐在大街上咚咚地敲了起来。

丁丁的父亲每天都要很早起床去外面打工，累了半天之后，中午回家就想好好地睡上一觉。可是，小易在院子外面叮叮当当地敲个不停，吵得丁丁的父亲无法午休。丁丁因为心疼父亲，于是就去劝阻小易他们。淘气的小易不仅不听劝阻，反而大骂丁丁。丁丁一时气愤便动手打了小易。丁丁虽然是个女孩子，但已经十九岁了。而小易虽然是个男孩，却只有九岁。真动起手来，小易自然打不过丁丁。小易哭着跑到妈妈身边告状。丁丁的二伯母和妹妹听完之后非常气愤，不能容忍丁丁一个成年人动手打自家仅有九岁的孩子。于是，小易的妈妈和丁丁的二伯母一起来找丁丁理论。理论的过程中，除了丁丁打小易这件事之外，二伯母姐妹俩还论起了其他的家长里短。结果丁丁的母亲不干了，于是两家人打了起来。丁丁的父母、二伯母、二伯父，以及二伯母的妹妹在大街上激烈地争吵了起来，惹得全村人前来看热闹。争论中，二伯父和二伯母一改平日温和的样子，大声指责丁丁。丁丁有些不敢相信眼前的一切，"这还是平时疼爱自己，自小看着自己长大的长辈么？怎

么此时此刻他们的嘴脸竟和仇人一样，对自己毫无半点亲情可言。"也许是因为二伯父和二伯母对待丁丁的态度反差太大，他们毫无半点亲情的样子在丁丁的心里留下了深刻的印象。至此，丁丁再也不愿意和二伯父和二伯母说话了。

丁丁和二伯一家不说话的情况一直持续到丁丁结婚。在丁丁的婚礼上，出于礼貌，也是为了不让大家尴尬，丁丁终于和二伯一家说了几句客气话，也仅仅是几句客气话而已，在丁丁的心里，当年的事情已经生根发芽，对二伯父和二伯母再也没有什么亲情可言了。

每家都有不少的家长里短，亲人之间在所难免地会发生一些矛盾。然而，亲人始终是亲人，打断骨头还连着筋。可是丁丁却对当年的那件小事情耿耿于怀，一直记忆犹新，以致一连好几年不理睬二伯一家。因为这么一点小事情，丁丁与二伯一家的亲情荡然无存，无论是对丁丁而言，还是对二伯一家而言，这无疑不是一个难以弥补的遗憾。如果在这个过程中，丁丁学会遗忘，能够心胸开阔一些，与二伯一家早早地握手言和，一家人和和气气，未尝不是一件好事情。背负着怨恨生活，时间久了，亲情断了不说，丁丁自身也不会快乐呀。每当她想起这段不堪回首的记忆，相信一定会一次又一次地被二伯一家的绝情伤到，被伤一次，心里就黑暗一次，负面情绪就产生一次。如果丁丁的心胸不能开阔起来，那么还会有更多的不好记忆印在心中。久而久之，丁丁的大脑里充满了不好的回忆，这些回忆会蒙住丁丁那双发现美的眼睛，让她看不到世界的美好，只能看到人生黑暗的一面。试问，这样的生活方式能给丁丁带来什么幸福呢？

人生从来不是一番坦途，客观地讲，生活中的逆境远远多于顺境，人们所承受的磨难远远超过所享受的美好。有人说："生活其实就是问题叠着问题，过日子就是不断解决问题的过程。"这句话符合客观现实。人从一出生就需要不断接受新事物，不断地学习，在这个过程中，没有人能够真正做到随心所欲，或多或少的不如意、不得已恰恰是人们成熟起来的必备条件。有时候，为了更长远、更有意义的目标，我们需要忍受痛苦，需要委屈自己。

成长伴随着疼痛,这是亘古不变的规则。

一个年轻人非常勤劳,经过一番努力后,他的房子越来越大,土地越来越多。但是,不管他的财富如何多,记忆中总会浮现出一些不好的回忆。每当这个时候,年轻人都会绕着房子跑三圈。所有认识他的人对他的这个习惯非常不理解,不明白为什么这个年轻人一不高兴就出来跑三圈。

直到很多年过去了,年轻人已经不再年轻。他的房子变得更大了,土地变得更多了。每当他想起那些不愉快的记忆时,他依然坚持绕着房子跑三圈。这一天,老人气喘吁吁地拄着拐杖跑完了三圈,一旁的小孙子坚持让他说明原因。拧不过小孙子的纠缠,老人终于说出了其中的原因。

"年轻的时候,想起一些不高兴的事情时,我就会绕着房子跑三圈,边跑边想,我的房子这么小,土地这么少,我哪有时间和资格想那些不开心的事情呀。一想到这里,我的心情就不再郁闷了。后来,我的房子一点点地大了起来,土地也越来越多了,我依然会绕着房子跑三圈,边跑边想,我都已经拥有这么多财富了,还有什么可不开心的呢。同样,想到这些,我也就不再陷入过去那些不好的记忆中了。"老人说道。

人生苦短,生活中充满了美好和很多很多值得我们去做的事情,一个真正聪明的人,是不会让自己一直生活在过去的阴影之下的。因为,一个乐观、积极的人生,才是真正有意义的人生,这就是太极想要让世人感悟的人生哲理。

## 7. 大智若愚,大巧若拙

历史上有位著名的"聪明"皇后,她就是后唐庄宗李存勖的皇后刘夫人。

话说刘夫人年幼时,其父是名靠行医算卦为生的江湖郎中。父女二人

东奔西走,相依为命,身世倒也令人同情。这一年,刘夫人只有五六岁的模样,恰逢战乱。乱军四处抢掠人口。刘夫人不幸被李存勖的手下袁建丰掠走,送入后宫中受训,学习各种乐器和舞蹈。后来,刘夫人被李存勖看重,纳为妃子。刘夫人聪明伶俐,深得李存勖的喜爱。这时,依然四处飘零的刘父听闻女儿已经成了晋王妃了,于是便来投奔。晋王李存勖听闻门外有人自称是刘夫人的父亲,便将当年经手此事的袁建丰找来,让其辨认真假。袁建丰看了看刘父,说道:"当年在抢夺刘夫人的时候,的确有位老者奋不顾身地保护刘夫人,那位老者就是此人。我想他应该就是刘夫人的父亲。"

李存勖马上命人通知刘夫人。此时的刘夫人正在与李存勖的其他几位妃子争宠,她们几个为了抬高自己,争相炫耀自己的出身是如何如何的高贵。正在此时,忽闻外面一位流浪汉是自己的父亲,刘夫人顿时大怒,不仅没有出去相认,反而对李存勖说:"我记得我的父亲当年已经被乱军杀死,我在他的尸体旁边哭了好久呢,这是哪里来的野汉子满口胡诌。"于是,刘夫人竟然命人在门外狠狠地鞭打了自己的父亲。

后来,李存勖称帝,册立刘夫人为皇后。掌握大权的刘夫人再一次展示出了自己的"聪明才智"。刘夫人不惜一切手段地敛财,什么东西赚钱,她就卖什么东西。各地的官员们都知道刘夫人贪财,于是献给皇室的贺礼从来都准备两份,一份是给皇帝的,一份是给皇后的。就这样,凭着自身的聪明才智,刘夫人很快即积攒了一大笔财富。随着刘夫人积攒的财富越来越多,国库的财政却越来越紧张。天灾人祸,百姓苦不堪言,可是国库就是拿不出银子来帮助百姓,甚至连官员和士兵们的饷银都发不出来。天下再一次陷入混乱,活不下去的老百姓纷纷揭竿而起。这时候,李存勖急需要军队。可是士兵们已经好久没有发饷银了,甚至有的士兵家里的孩子和老婆都已经饿死了。没有钱,就没有人愿意为朝廷效命。没有办法,大臣们纷纷要求皇后拿出银子。可是,贪婪的刘夫人说什么也不肯。

终于,国家到了危在旦夕的危急时刻,刘夫人被迫无奈拿出了一点点银子作为军饷发给士兵。士兵们看着久违的银子,苦笑着说道:"这银子来得太晚了。"战事一开,李存勖所统领的士兵就逃了一大半。混乱之中,李存勖被流箭射中，伤势很重，想要喝水。派人禀告刘夫人时，刘夫人正忙着将金银珠宝装车，根本没有工夫给李存勖送水。后来，李存勖因伤势过重去世了，刘夫人带着大量的珠宝逃到了太原，在当地的一个尼姑庵里做起了尼姑，最终被刚刚登基的新皇帝赐死。

　　这就是"聪明"的刘夫人，在她的一生中，为人、处世处处精于算计，从来不曾吃亏。从一名小小的舞女做起，一路登上了皇后的宝座，足见她的才智与心机。为了争宠，刘夫人毫不顾念父女之情，不惜命人当众鞭打自己的父亲，为了守住多年积攒下来的财富，她弃重伤待水的丈夫于不顾。最终，凭借着自己的聪明才智，成功从乱军中逃脱，不仅自身安然无恙，就连多年积攒的财宝也悉数带出，指望着做一名富贵的尼姑，继续享受荣华富贵。然而，聪明反被聪明误，聪明的刘夫人亲手毁掉了丈夫的江山社稷，最后连自己的性命也断送了。

　　试想，如果刘夫人能够傻一些，在国库空虚之际，将自己的积蓄奉上，救黎民百姓于水火之中，那么百姓们还会造反吗？造反都是被逼的，有吃有喝，能生存下去，谁愿意冒着杀头的危险造反呀？再试想，如果刘夫人能够傻一些，在军队发不出军饷的时候，将自己的财富奉上，用作士兵们的军饷，士兵们还会对这个国家绝望么？那么，李存勖率军作战时，士兵们也不会逃走一大半。连自己的老婆孩子都饿死了，这样的国家，这样的君主，又有谁愿意效忠呢？再试想，如果刘夫人能够傻一些，在丈夫需要她的时候，放弃自己的利益，拯救自己的丈夫，说不定李存勖可能不会死，李存勖不死，说不定他们夫妻能够共同突围，或是主动投降。如果李存勖能够主动投降，说不定新皇帝会善待他们。如此一来，虽然失去了大量的财富，但是他们夫妻可能会平安终老。

　　就是因为刘夫人太过聪明了，一点亏也不想吃，一点利益也不愿牺牲，故而毁灭了一个国家，自己和亲人也都惨遭屠戮，真正印证了那句俗语——"聪明反被聪明误"。

　　老子说："大智若愚，大巧若拙，大音希声，大象无形，大盈若冲，大

辩若讷，大方无隅，大直若屈，大成若缺。"老子当初说这句话，阐明的是"无为"的哲学思想。老子认为，真正的聪明人不是故意显露，精心算计，处处耍小聪明的伶俐人，而是那些看起来傻傻的，却能顺应事物的发展规律，自然而然地达到自己目的的人。

对此，太极哲学曰："外智而内愚，实愚也；外愚而内智，大智也。"愚蠢的人，外表看起来很精明，处事斤斤计较，四处张扬，唯恐天下人不知道他是一个聪明人。这样的人，在行事之前就已经给人带来了威胁感，因此处处被人提防，结果聪明反被聪明误，反将自己拖入万劫不复的深渊。而真正的智者，他们不显山不露水，处事低调，为人豁达，做事沉稳，从不算计他人，看似愚笨糊涂，实则内心清明。他们肯吃亏，能容忍，人际关系上左右逢源，虽然经常吃一些小亏，但却总能立于不败之地。

"大智若愚，大巧若拙"，是一种大智慧，一种大境界。想要做到大智若愚，一定要加强自己的内在修养，做到胸有太极，大彻大悟。现代生活中，"大智若愚，大巧若拙"的智慧尤为重要。拥有这种智慧的人，他们不用费心地计较什么、争夺什么，就能自然而然地将精力和情感运用到最有意义的事情上，从而悠悠然地享受生活的美好。

# 第七章
# 太极处世智慧
## 纷乱世情中保持淡然的境界

# 1. 做事不要过分与执着

我们练习太极拳，太极思维会在潜移默化中影响我们，让我们像打太极拳一样做事，不要过分与执着。这就是因为在日常的行拳走架之中，太极拳的智慧哲理深入到我们的内心深处。《道德经》曾说："将欲取天下而为之，吾见其不得已。天下神器，不可为也。为者败之，执者失之。是以神人无为，故无败；无执，故无失。"意思就是说，想要治理天下而有所作为，我看他是达不到目的的。天下是一个神妙之物，对天下是不能够采取勉强的行为的。有为者必然会失败，把持着必然会失去。因此，圣人无心于为，所以不会失败；不予把持，所以不会失去。

这段话的目的意在告诉世人：做事情不可以勉强为之，要顺其自然，不要过分与执着。《孟子·公孙丑上》所记载的"拔苗助长"的故事，形象、生动地阐述了这个道理。孟子曰："非其君不事，非其民不使，治则进，乱则退，伯夷也。何事非君，何事非民，治亦进，乱亦进，伊尹也。可以仕则仕，可以止则止，可以久则久，可以速则速，孔子也。皆古圣人也。吾未能有行焉；乃所愿，则学孔子也。"这段话中，孟子讲述了三种类型的圣人：伯夷，治世则进，乱世则退，他所侍奉的君王一定是自己的君王，所使唤的臣民一定是自己的臣民，因此才有了伯夷宁死不食周粟的典故；而伊尹呢，他的做法与伯夷截然相反，不管是身处治世还是乱世，都要发挥自己的才干，干出一番事业，对于君主也是如此，谁肯重用他，他就辅佐谁；而孔子又是一类，与伯夷和伊尹都不相同，他做事情完全顺应本心，顺应天道，从不强为。孟子称伯夷为"圣之清者"，称伊尹为"圣之任者"，称孔子为"圣之时者"，其中，孟子对孔子的处世风格最为推崇。

太极哲学认为，孔子在做事情时顺应天道，归根结蒂还是因为孔子拥有"无为"的大智慧，懂得事物的发展有其固有的客观规律，这种规律不会因为人的意识改变而改变，因此如果世人一意孤行，非要强行，就只能承受违背天道的严重后果了，如伯夷，虽然留下了清白的名声，却也无端牺牲了宝贵的性命。人类历史是不断前进的，先进的事物自然会取代落后的、不合理的事物，周王朝取代昏暗的商王朝乃是天道，伯夷逆道而行，甘为腐朽黑暗的商王朝的殉葬者，这难道不可悲吗？

做事情不可过分，不可执着，还有一层非常重要的原因，那就是时机不到，条件不成熟，此时强求硬推，最终适得其反。在太极智慧看来，大多数渴望有作为的人，他们所做的事情多半是违背天道的蛮干，这种蛮干会给自己和他人带来负面作用，例如，很多家长在教育孩子的过程中，为了让自己的孩子赢在起跑线上，不惜违背教育规则，强迫孩子参加各种特长培训班，结果孩子不仅没有赢在起跑线上，反而影响了孩子的正常生长规律，造成孩子综合能力失去了平衡。对此，很多家长不以为然，看到自己的孩子在英语方面或是美术方面或是其他特长方面取得了一定的进步，就认为自己的教育方式是合理的。其实不然，在孩子学前的年龄阶段，孩子们的天性就是玩，他们在玩耍中接触新事物，不断地认识、了解这个世界，在这个过程中，孩子的分析能力、思维能力、动手能力、看待事物的角度等，这些综合能力都在不断地、有序地得到锻炼。如果在这个过程中，将孩子圈在一个小小的范围内，人为地减少孩子对其他事物的接触机会，无疑是一件得不偿失的事情。因此，家长朋友们千万不要做出"拔苗助长"的蠢事，做一个"无为"的家长，让孩子顺其自然地生长，才是最佳的教育方式。

三国时期，徐庶是一位令人惋惜的旷世奇才。早年间，荆州的刘表曾经多次礼聘徐庶出山。徐庶虽然有出仕的想法，但他并不认为刘表是一位可以与之共谋大业的人。刘表表面上勤政爱民，像个谦谦君子，实则心胸狭隘，毫无大志。

那个时候，刘备正处于低谷期，自汉灵帝末年，起兵讨伐黄巾军之后，可谓逢战必败，颠沛流离，连个立足之地都没有。最后刘备投靠刘表。刘表表面上对他非常热心，礼遇有加，实则处处提防他。但是，徐庶却看出了刘备是一位胸有大志的人，而且颇有眼光。于是，徐庶决定辅佐刘备。

徐庶的到来，令刘备喜出望外，他立即对徐庶委以重任，二人相处得非常融洽。徐庶在刘备的帐下，充分展示自己的才华，甚至在刘表拒绝提供援助的情况下，助刘备成功击退了夏侯惇的进攻。然而，不幸的是，曹操为了得到徐庶，竟然使出了毫无底线的手段，将徐庶的母亲掳走作为人质要挟徐庶。徐庶是一位孝子，面对曹操的威胁，徐庶痛哭流涕，被迫无奈只好与刘备分别，"我原本想与将军一同共谋宏图霸业，无奈老母亲被贼人掳走，如今我已经方寸大乱，即便留在将军的身边也无法继续为将军排忧，请将军放我离去侍奉老母亲。"刘备虽然非常不舍得徐庶，但是也不忍心看到徐庶与母亲天人永隔，只好挥泪别离。

就这样，曹操如愿以偿地得到徐庶。然而，徐庶不耻曹操用这样的手段胁迫自己，又因顾念与刘备的情谊，因此自从来到曹操身边再也没有任何建树。一位奇才，就这样淹没了。正所谓"强扭的瓜不甜"，徐庶具有卓绝的才华，却因为曹操的极端手段而湮没，心屈志抑，徒驰岁月，着实令人惋惜。

太极主张世人应该去掉那些极端的、过分的行为，做事情不要过分，要适度，这种思想与儒家思想中的"中庸"是同一个根本理念。孔子曾经说过："中庸作为一种道德，该是最高的了吧！"落实到为人处世上，这种"中庸"的思想给了我们很多启示。比如，一些狂妄的富二代，每天过着豪华奢侈的生活，而一些出身贫寒的人，因为从小生活在贫苦的环境里，养成了小气、刻薄、斤斤计较的性格。事实上，这两种情况分别走向了两个极端，生活既不能太奢侈也不能过分吝啬，适度就好。

在人际交往中，太极智慧告诫我们要注意分寸，即使是为了他人好，也不能说话、办事失了分寸，说话过于严苛，一旦超出他人的心理承受底线，对方可能会翻脸，如此一来，我们就落得个好心办坏事的可悲结果。对于个人如此，对于一个组织也是如此，只有讲究适度原则，凡事不过分，才能取得恰到好处的效果。

## 2. 礼仪之术，人人须重视的积累

中华民族自古以"礼仪之邦"著称，讲究礼仪之术。直到今天，礼仪依然是中国人人际交往中必须遵守的基本原则。俗话说"礼多人不怪"，无论任何时候，无论任何场合，讲究礼仪总不会是错的。

庄子说："节而不可不积者，礼也。"意思就是说，连细微的小节都不能不积累的，是礼仪。老子说："道者，善人之道，万物之宝。"老子认为，道的最高境界是善人所秉承的道。何谓善人呢？想要成为老子口中的"善人"，就必须提高自身的内在修养和道德水平。在人际交往中，懂礼仪则是成为"善人"的首要条件。由此可见，古代圣贤们是多么重视礼仪智慧的。

而在太极看来，礼仪绝不仅是提升人际交往的重要砝码，更是一个法力无边的神器。

张良是汉高祖刘邦的重要谋臣。多次救刘邦于危难之中。没有张良的运筹，刘邦不可能从咸阳脱险，安然无恙地回到汉中。

秦末年间，张良为了给自己的母国报仇，便策划刺杀秦始皇。失败后，张良逃至下邳。这一天，心情郁闷的张良沿着河边散步，忽然听到桥上传出来了呼叫声，只见一位老者正赤着脚坐在桥头，冲张良招手。张良快步跑了过去，问道："老人家，您是在叫我么？"

老者点了点头，说道："年轻人，我的鞋子掉到了河里。你赶快帮我捞上来吧。"张良听完，二话没说，跳下河去帮老者捞鞋子。过了好长时间，张良终于找到了老者的鞋子。当张良浑身湿漉漉地爬上岸，将鞋子递给老者时，不料老者竟然有些恼怒，"你这个年轻人怎么回事呀，你看我这么大年纪了能自己弯腰穿鞋么？"看着有些得寸进尺的老者，张良虽然有些生气，但念及老人家年纪大了，最终蹲下身子帮老人家穿好了鞋子。

穿上鞋子的老者，顿时身轻如燕，腿脚灵敏地站了起来，笑着说道：

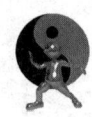

"嗯,你这个年轻人还不错,比之前的几个强多了。这样吧,十日之后你还在这里等我。"说完,老者一溜烟儿地消失在了山林中。

张良愣在原地,不敢相信一位白发苍苍的老人竟然如此灵活。过了一会儿,张良暗暗笑了笑,心想:"定然是恶人的恶作剧,弄不好自己被耍了。"十日之后,张良按照约定早早来到河边,只见那名老者真的出现在桥头。老者见到张良,顿时大怒,"你迟到了,十日后再来吧。"说完,老人家又一溜烟儿地消失了。

十天之后,张良再一次来到河边,这一次,他天没亮就出门了。不料,张良赶到河边时,那名老者已经到了。老者还是很生气,又让张良十日后再来。又过了十日,张良半夜就出门赶路。这一次,张良到达河边时,没有发现那名老者。等到天蒙蒙亮时,只见老者飘飘然从林子那头走了过来。

"嗯,年轻人,这一次你没有迟到。这就对了,我是老者,不能让我等你呀。"说完,老人家从怀中掏出一把皱巴巴的破书交给张良,"你拿去,认真阅读,它能助你成就一番大业。再过十年,天下就会大乱,届时群雄四起,你就能出人头地了。"说完,老者欲转身离去。张良忙问:"老人家,您定然是一位世外高人,我们何时才能再见?"

老者笑呵呵地看着张良,说道:"十三年之后,你会看到一块黄石,那就是我了。"此时张良四下寻找老者的踪迹,然而已然是只闻其声,不见其人了。

果然,十年后,天下大变。陈胜、吴广起义,一时间狼烟四起,群雄逐鹿中原。张良辅佐刘邦斩白蛇起义,根据当年老者给他的那本书,观天下事,为刘邦出谋划策,为开创大汉王朝立下了汗马功劳。后来,张良一直派人四下寻找老者,然而始终没有任何音信。这一天,张良跟随刘邦路经河北时,在古城山脚下发现了一块形状奇异的黄石。张良想起了老者说的话,掐指一算,果然现在距见到老者时刚好十三年。张良大喜,连忙命人将黄石抬回家中供奉。自此,张良与这块黄石形影不离,将其视如珍宝。甚至在张良死后,家人顾念张良对这块黄石的钟爱,便将黄石与张良一同下葬了。

这个故事虽说带有几分玄秘色彩，但是从这个故事中，不难看出：张良之所以能够飞黄腾达，辅佐一代君王，成为帝师，根源在于老者所赠的那本书籍。而老者之所以选择将这本神书赠予张良，就是因为张良是一个懂礼数的人。老者在选择赠书目标时，对张良进行了多次考验。最后，老者确认张良是一个懂礼数的人，才将书籍赠予张良，助其成就一番功业。

由此可见，礼仪之术，不仅可以影响一个人的人际关系，还可以改变一个人的命运。事实上，每个人都希望得到别人的尊重。那么，对别人表示尊重的最好方式就是礼貌待人。无论是在工作上，还是生活中，讲礼貌都会让你给别人留下好的印象。特别是你的领导和师长，一旦对你产生了好印象，对你以后的发展定然是益处多多。因此，太极哲学告诫我们要谦虚有礼。

现代社会中，礼仪的重要性更加凸显出来。颜元曾经说过："国尚礼则国昌，家尚礼则家大，身尚礼则身正，心尚礼则心泰，事尚礼则事成。"传统的礼仪之术显然已经被视为人们生存、立世之本了。

如果你用心观察，你会发现很多成功人士，他们在待人接物时，从来都是彬彬有礼，不管与人接触的目的是什么，也不管最终是否能够如愿以偿地达成合作关系，他们始终会对人表示足够的尊重。而且越是成功的人，越懂得礼貌待人。

教育部与央视合作播出的大型公益节目《开学第一课》，由主持人董卿和撒贝宁共同主持。节目中，著名主持人董卿在采访我国著名的翻译家许渊冲老先生时，因为老先生身体的原因，只能坐在轮椅上与董卿交谈。短短三分钟的交谈中，董卿三次跪地，目的是为了让这位已经96岁高龄的老先生听清自己所说的话。

这段视频播出之后，董卿的行为受到了广大观众的一致好评，同时也显示出了个人极高的内在修养。对此，马云是这样说的："穿着高跟鞋和紧身裙半跪在舞台，既要优雅又要谦卑不是一件容易的事，董卿这方面每次都做得很好！"

作为国家传媒的代言人，董卿的言行为我们树立了很好的榜样。我们应该向好的文明习惯看齐，提高自身的内在修养，注重自身礼仪之术的培养，做一名尊重他人、文明懂礼、心美人更美的好公民。

## 3. 用"真诚"为明天开路

　　古往今来，"真诚"一直是太极所提倡的处世哲学。庄子曰："真者，精诚之至也。不精不诚，不能动人。故强哭者，虽悲不哀；强怒者，虽严不威；强亲者，虽笑不和。"意思就是说，真，是精诚的最高境界。不精不诚的言语，是不能打动人的。故而，勉强落泪的人，虽然看起来很悲痛，但其实内心一点都不悲伤；勉强发怒的人，虽然看起来很生气，而实际上却没有一点威严；勉强与人亲热，虽然表面上非常热情，其内心深处未必与你真的亲近。这段话中的"精诚"包括着"真诚"意思。

　　在人际交往中，"真诚"是开启一切情感的必备钥匙。没有人不喜欢与真诚的人交往。一个有诚信的人，他所说的话必然可信，而诚信是一个人的立身之本。缺失诚信的人，往往会令自身陷入孤立无援的泥潭之中，不仅骗了别人也骗了自己。

　　小学课本中提到《狼来了》的故事，故事中的小男孩三次欺骗村里人说"狼来了"，导致自己失了诚信，没有人再相信他说的话。最后，狼真的来了，小男孩连忙向村里人呼救，村里的人听到了小男孩的呼救声，但是却不再相信他，认为他又在说谎。最终竟然没有一个人来救小男孩。

　　这个大家耳熟能详的小故事，充分说明了失去诚信之后的可怕后果。故事中的小男孩失去了诚信，付出了生命的代价，那么现实生活中，一旦失去诚信，将会付出怎样的代价呢？

　　记得有这样一个故事——

　　在一个寒冷的夜晚，丹尼先生刚刚结束一场应酬。灯红酒绿的生活，让他感觉有些头痛，于是他让司机先回去了，独自一人在街上散步。忽然一个衣衫褴褛的小男孩跑到他的面前，"先生，请你买一包香烟吧。"丹尼先生说道："不用了，我不会吸烟。"小男孩再一次恳求道："先生，您就买一包吧，今天天气冷，行人少，我还没有卖出去一包香烟呢。"

丹尼先生看着眼前这个可怜的小男孩，八九岁的样子，小手被冻得通红通红的，他有些不忍心了，掏了掏口袋，想要找出几个零钱。不幸的是，丹尼翻遍了所有的口袋，竟然没有找到一个零钱。丹尼有些不好意思地看了看小男孩，说道："真是对不起，我原想给你一些零钱，不想身上竟然没有找到一个零钱。"小男孩看了看丹尼手中的钱，说道："先生，我去帮你换零钱。"说完，小男孩拿走了丹尼手中的钱。丹尼在原地等了好久都没有等到那个小男孩回来。他无奈地摇了摇头。

第二天，丹尼再一次经过那里的时候，只见一个比昨天那个小男孩更小一些的小男孩正在四处打听他。见人就问是不是昨天让自己哥哥帮忙换钱的先生。丹尼觉得有些搞笑，便走了过去，说道："嗨，小家伙儿，我就是昨天那个让你哥哥换钱的先生。"小男孩眼睛顿时一亮，高兴地跑到丹尼的面前，举起一把零钱交给丹尼。看着孩子手里的零钱，丹尼停顿了一秒钟，接着问道："你的哥哥呢？"

小男孩伤心地答道："哥哥在昨天换完零钱后，不幸被车子撞到了。现在在家里躺着呢。"丹尼闻听，眉头皱起，说道："你带路，我想去看看你的哥哥。"接着丹尼在小男孩的带领下来到了他们的家。家里穷得四面徒壁，只见昨天的那个小男孩正奄奄一息地躺在地上的草堆里。身上的斑斑血迹显示出他被撞得不轻。原来，两个小男孩的父母双亡，只有他们兄弟两个相依为命，每天靠着哥哥卖香烟赚来的钱维持生计，不要说看医生了，连饭都吃不饱，经常一整天吃不上东西。

小男孩缓缓睁开眼睛，看到丹尼，艰难地说道："对不起，先生，我失信了，没有将零钱及时给你送回。"听到小男孩的话，看着眼前的一切，丹尼的眼角不知不觉湿润了。他立即将小男孩送到了医院。

就这样，小男孩在医生的救治下，身体得到了很好恢复。丹尼不仅承担

了小男孩的全部医疗费用,还表示要照顾两个孩子以后的生活,资助他们上学。在丹尼的帮助下,两个可怜的孩子终于过上了幸福的生活。

这个故事告诉我们,无论身处何地都要讲诚信。故事中的小男孩正是因为遵守信用,从而打动了丹尼,迎来了幸福美好的生活。试想,如果小男孩见钱眼开,失了信用,没有将钱还给丹尼,就不会有后来的峰回路转,丹尼不会资助他们,他和弟弟依然继续着吃不饱饭的生活。

小男孩的诚心为他和弟弟换来了美好的明天,同理,我们的诚心也可以为明天开路。松下电器的创始人松下幸之助说:"信用既是无形的力量,也是无形的财富。"正是因为"真诚",松下幸之助才有了今天的成绩。事实上,不仅是松下幸之助,很多人之所以获得成功,其中一个重要的原因就是"真诚"。

著名小说家瓦尔特·司各特就是一个非常真诚的人,虽然瓦尔特·司各特的一生都很贫穷,但周围的人却并没有因此而轻视他。他的一位朋友因为不忍见他潦倒不堪,便出资帮他创建了一家出版印刷公司。由于瓦尔特·司各特不善于经营,出版公司没有多久就倒闭了。瓦尔特·司各特的生活不仅没有得到改善,反而因此欠下了6万美元的高额债务。

瓦尔特·司各特的朋友们纷纷向他伸出援助之手,均被他婉言谢绝了。为了还清债务,瓦尔特·司各特倍加努力地工作,他一个人同时打几份工,累得又黄又瘦。其中的一位债主,读过瓦尔特·司各特的作品之后,对他说:"瓦尔特·司各特先生,我知道您非常讲信用,但是您是一位非常有才华的作家,您的时间应该用在创作上,因此我决定不用您还欠我的债务了。"可是,瓦尔特·司各特却坚持要还清债务,他说:"我什么都可以失去,唯独不能失去信用。"很多人了解了瓦尔特·司各特的事迹,非常钦佩他的诚信精神。为了还清债务,瓦尔特·司各特曾多次病倒。在病中,他对自己说:"欠别人的债务还没有还清,我一定要快点好起来,等我赚够了钱,还清了债务,然后再了无牵挂地死去。"凭借着这种顽强的信念,瓦尔特·司各特用了两年时间就还清了所有的债务。

的确如此,做人就应该像瓦尔特·司各特一样,可以失去任何东西,唯独不能失去信用。李嘉诚也曾经说过:"你必须以诚待人,别人才会以诚相报。这句话的意思容易理解,但是真正做起来却不是一件容易的事情。"因此,太极告诫我们,无论是一个企业还是一个人,没有了诚信,就没有了立足之本,即使一时获得了利益,也终究不会长久,这就是诚信的力量。

## 4. 宽容就是潇洒别人,逍遥自己

俗话说:"人非圣贤,孰能无过。"每个人都会犯错,人们往往更容易宽恕自己的过错,却对于他人的过失耿耿于怀。殊不知,这样做既伤害他人也伤害了自己。宽容就是潇洒他人,逍遥自己。

老子曰:"和大怨,必有余怨,安可以为善?是以圣人执左契,而不责于人。有德司契,无德司彻。天道无亲,常与善人。"意思就是说,化解非常大的怨恨,一定会余留一些仇怨,那么应该怎么办才好呢?圣人拿着借债人的契据,却不讨要,所以有德的人不会斤斤计较,无德的人才会处处计较。天道对于每一个人都是一样的,却常常帮助那些善良、宽容的人。因此,太极智慧告诫我们,无论他人是否有意伤害我们,我们都应该以宽容的态度对待他人。这样做不仅会使自己的人际关系更加和谐,也会让自己的心灵得到解放,不再被仇怨禁锢而不得逍遥。

春秋时期,秦穆公的一匹上等战马被乡下一些无知的村民们偷偷宰杀吃掉了。当地的官员将吃战马的村民抓了起来,交给了秦穆公。秦穆公却令人释放了这些村民。众人非常不解,秦穆公却笑着说道:"战马再好,终究也是畜生,我才不会因为一只畜生而去杀害那么多百姓呢。百姓们吃着马肉,却没有美酒,难免有些遗憾,这样吧,赏赐他们一些酒水,让他们各自回

家吧。"

那些被秦穆公宽恕的百姓非常感激秦穆公。正是因为感念秦穆公的宽容之情,这些村民们在秦国与晋国交战时,全都自愿奔赴战场,他们浴血奋战,只为战死疆场。当时秦穆公深陷晋国军队的包围圈,正是这些曾经吃过马肉的村民们,他们不惜拼掉自己的性命,突破了敌人的包围圈,杀出一条血路,保护着秦穆公顺利脱险。

秦穆公的宽容,换来了三百多名百姓的忠心爱戴,他们将自己的性命交给了秦穆公,在秦穆公最危急的时刻,他们宁可牺牲自己,也要确保主公的安全。从某种意义来讲,秦穆公的宽容不仅拯救了自己,也拯救了整个秦国。

法国诗人雨果说:"世界上最宽阔的是海洋,比海洋更宽阔的是天空,比天空更宽阔的是人的胸怀。"宽容不仅是一种善待他人的境界,更是一种善待生活的境界,宽容可以陶冶人的情操,带来心灵上的宁静和恬淡。屠格涅夫说得好,"不会宽容的人,是不配受到别人的宽容的。"有人说,宽容是一种美德,像催化剂一样,能够化解矛盾,使人与人之间的关系更加和谐。事实上,宽容不仅是一种社交态度,更是一种追求成功的必备素质。想要成功的人,一定要具备宽容的品格,这样才能顺利地经营生活。

正如事例中的秦穆公,他作为一个国家的首领,需要有更加宽厚的胸襟,宽容整个国家的人民,爱护整个国家的百姓,这样他才能得到百姓们的爱戴,从而将整个国家发展起来。同理,我们如果拥有宽容的生活态度,不将自己局限在一个狭小的空间里,我们所能达到的高度则会更高。

话说西汉年间,有一位名叫朱买臣的书生,自幼家贫却非常喜爱读书。为了能够维持生计,朱买臣一边砍柴一边读书。朱买臣酷爱读书,无论走到哪里,都会手中拿着书大声朗读。每次和妻子一起走在路上,朱买臣同样也会拿着一本书大声朗读。妻子觉得非常丢脸,经常因此和他吵架。可是朱买臣无论如何就是改不了这个习惯。最后,妻子实在忍受不了了,打算离开他。朱买臣拉着妻子,说道:"你已经和我生活这么多年了,吃了这么多的苦了,再等我几年行不,我就要出人头地了。"无奈妻子去意已决,朱买臣只好放手。就这样,朱买臣的妻子改嫁了。

妻子离开之后,朱买臣将自己的全部精力都放在了读书上。几年后,因为同乡的举荐,朱买臣得到了武帝的赏识,登上了太守的职位。朱买臣前往赴任时,正好赶上衙门的官吏们吃饭。众人见朱买臣衣着普通,以为是路过的百姓,并没有将他放在眼里。朱买臣便在一旁与看门的人聊了起来。后来,朱买臣无意间露出了印章丝带,看门的人拿起丝带一看,才知道眼前这个和自己聊了半天的人竟然就是新上任的太守。于是,看门人赶忙向上级禀告。众人纷纷因为怠慢了太守大人而感到惶惶不安。不料朱买臣却并不在意。因此,大家都非常喜欢这位宽容的太守大人。随后,朱买臣衣锦还乡,受到了乡亲们的热情接待。那场面甚是热闹,在人群中,朱买臣看到了前妻和她现任的丈夫,他表现出了一如既往的宽容,并不计较前妻离弃自己的绝情,反而让前妻与其丈夫一同乘坐自己的车子。

在这个故事中,朱买臣一直相信人尽其才,自己终有一日会出人头地,于是他废寝忘食地读书,不计较他人对自己的态度。也许正是因为朱买臣的这份宽容之心,他才能做到身处俗世依然能够静心读书。而他的妻子,正是因为没有这份宽容之心,在意他人的目光,在意生活的贫富,故而最终舍弃了相伴多年的丈夫。当然,最后朱买臣发达之后,并没有怨恨妻子,而是选择了宽容妻子。

《庄子》曰:"不能容人者无亲,无亲者尽人。"意思就是说,没有宽容之心的人,最终会众叛亲离。庄子认为人必须要有宽容之心,宽容他人不仅对他人有利,对我们自己同样有好处。一个心胸狭隘的人,内心充满了仇怨,不能宽容他人有意或无意间的伤害,这样的行为,往往是在他人感受到伤害之前,自己已然是伤痕累累了。相信没有任何一个人可以在对他人的怨恨中得到逍遥,心灵浸在怨恨之中,冒出来的绝不是甘甜的泉水,而是无穷无尽的苦水,而真正食用这些苦水的人只有他自己。

大文豪卢梭能够不计前嫌，宽容地对待曾经伤害他的人，尽管这个人曾经将他独自一人抛在订婚现场，牵着另一位男子离开，可是卢梭在得知她一直生活得贫苦不堪时，依然能够不计前嫌地帮助她。因此，卢梭在离开她的三十年里没有一天沉浸在怨恨的苦水里，从而诞生了那么多具有代表性的作品。

太极哲学告诫我们为人处世要宽容，宽容他人就是宽容自己。只有懂得宽容的人，才能笑口常开，才能获得自由。人生漫漫，总会遇到与人发生摩擦的时候，但是放眼观望，我们的格局还很大，不值得将自己的心禁锢在这样一个小小的空间里，要有大肚量，宽容地对待他人。正如庄子所提倡的，人生应该是逍遥的，要想学会逍遥，就必须学会宽容。

## 5. 接纳别人与自己不同的地方

在人际交往中，我们总会遇到别人与自己不同的地方：与自己观点不同的同事，与自己生活习惯不同的家人，与自己做事方式不同的朋友……因为这些不同，我们经常与之产生矛盾、误会、意见，从而在交往的过程中，我们可能对别人采用过激的言语、冷嘲热讽，甚至大打出手。殊不知，我们的这些行为正在违背天道。

太极智慧告诫我们："万物负阴而抱阳，冲气以为和。"意思是说，天下万物都背负着阴而拥抱阳，从而充满着元气，阴阳和谐。这句话说的不仅是万物的生长规律，还点出了世间万物阴阳调和的一面。任何事物都有两面性，阴阳之说既统一又分离开来，其中的变化非常微妙，但是它们之间是和谐的。

由此可见，我们在为人处世的过程中也要讲究太极智慧，阴阳和谐，既要保持自我本色，也要有胸襟和气魄接纳他人与自己的不同之处。正如历来国家领导人一直倡导的思想理念——中国既要保持着中华民族特色，又要积极与世界接轨。勇于接纳他人与自己的不同之处，不仅体现了一个人、一个群体、一个国家的胸襟、气魄和自信心，更是一种要求积极进步的大智慧的体现。在芸芸众生之间，我们只是其中一个非常微小的分子，就如汹汹大海中的一滴水，离开了海洋，我们的命运只有一种——死亡，从天地之间彻底蒸发得无影无踪，唯有融入集体，才能尽情地绽放生命。

　　1915年，美国发生一起历史上流血最多的罢工事件。当时科罗拉多州一家煤铁公司的职工们要求涨薪，并扬言如果老板不答应他们的要求就罢工。这场因为薪资引发的工潮从一开始就进展不顺。劳资双方经过数次协商依旧没有达成协议。很快，工人的情绪出现了波动，由最初的罢工迅速升级到了暴动事件，愤怒的工人们失去了理智，他们疯狂地捣毁了工厂，砸坏了机器。与此同时，公司的老板也联系了军警，对工人们进行了血淋淋地强制镇压。在镇压的过程中，军警使用了武器，很多工人被军警打死、打伤。然而，野蛮的武力镇压并没有击退工人，工人们变得更加愤怒，一些工人甚至扬言要将管理者吊死在苹果树下。

　　面对愤怒的工人，作为管理者的洛克菲勒先生表现出了超乎常人的平和，他用非常温和的语言对工人们说道："因为你们的厚爱，我才得以来到这里，因为这本来是公司职员和工人代表的集会，而我两者都不是。但是我觉得我与你们的关系非常亲密，从某种意义上讲，我代表着股东一方……"洛克菲勒先生的怀柔政策很快见到了成效，工人们激动的情绪得到了平复，那些原本想要吊死他的人对洛克菲勒的演讲表示满意，他们用掌声送走了洛克菲勒先生，并主动将工厂打扫干净。

　　在整个过程中，洛克菲勒先生并没有一味与工人辩论，而是等工人们恢复平静之后，真诚地表达了自己的真实情感。试想，如果洛克菲勒先生当着众人的面据理力争，非要厘清谁对谁错，那么结果会是怎样？这个世界原本就没有绝对的对与错，所谓的"对错"不过是当事人的立场不同而已，正如，越国的西施对于吴国而言，她是祸国殃民、迷惑君王的罪人，而对于越国而言，西施何尝不是舍身为国的巾帼英雄？

每个人的立场不同,看待问题的角度和出发点也不同,这就是人与人为何会有不同之处的原因之一。我们没有能力让所有的人全部都站在我们的角度上考虑问题,而且我们看待问题的方式和角度并不一定是最佳的,因此我们要多角度思考、看待事物,这样才能避免走冤枉路。故而,我们要学会接受他人与自己的不同之处。正如事例中的洛克菲勒先生,从某种意义讲,他代表的是股东们的利益,所站立的角度与工人们的角度不同,关注点和出发点自然也不会相同。洛克菲勒想要解决好事情,唯有与工人们进行沟通、交流,让双方彼此理解、体谅一些。因此,他采用了怀柔战术,尽可能地拉近与工人之间的距离,淡化双方立场不同的印象,尽最大可能满足工人的要求,对于实在无法应允的条件,摆出自己的难处,让对方理解和体谅。其实生活中很多事情都是如此,只要心平气和地协商,没有什么问题是解决不了的。

《荀子》中说:"万物各得其和以生。"《中庸》中也说:"名曰中庸者,以其记中和之为用也。"可见,无论是道家还是儒家,提倡"和谐"的观点都是一样的。想要做得"和谐",首先要学会接受别人与自己不同的地方。那么,怎样才能理性地接纳别人与自己的不同之处呢?

首先,要学会缓解情绪。

当你因为他人与自己的不同而愤怒时,不妨先放下这件事情,做些其他事情来缓解一下冲动的情绪,如公园里散散步、海边吹吹海风、美容院里做个舒服的按摩等,类似这些先让自己身体得到放松的舒缓之法,通常是些效果不错的缓解负面情绪的好方法。

事实上,只有当你的情绪得到抚平,你的理智才会恢复,思考和分析问题的能力才能更加客观、准确。这样你做出来的事情和决定才是最佳的。

其次,合理发泄心中的负面情绪。

很多事情,我们非常确信自己是正确的,别人与自己不同的地方完全是错误的,但是对方就是不肯放弃自己的观点,回归正途上来。这个时候,我们的心中难免会产生愤怒、郁闷、急躁等不良心理。这些不良的心理反应需要在第一时间里得到良性发泄。我们不妨采取一些积极的体育运动来发泄心中的负面反应，如爬山、踢球、跑步、游泳等，这些活动在点燃身体能量的同时，也会带走人们心中的阴霾，让人们的精神面貌焕然一新。

最后一点非常重要，想要接受别人与自己的不同之处，要求我们拥有一颗宽广的心。拥有一颗宽广的心灵，会让我们有耐心倾听他人的心声，有力气理解和体谅他人，有胸怀去包容不同的意见，在他人做出一些冲动的事情之后，有气量去宽容他人。

太极云："知和曰常，知常曰明。"在为人处世的过程中，我们一定要秉持一份太极智慧，以宽广、清明的心胸接纳别人与自己的不同之处，多角度思考问题，多理解、多体谅他人的感受，从而才能德高慧聪、心胸坦然、无拘无束，生活得逍遥自在。

# 6. 人言不可畏，笑而置之

人活一世，一半甜蜜，一半心酸。人与人之间，彼此刁难、互相攻击乃是常有之事，几乎没有人不生活在他人的指指点点之下。谁人背后不说人？谁人背后无人说？世界上没有完美人，无论你多么努力，表现得多么优秀，也永远不会让所有的人都说你好，就连耶稣这般完美无瑕的圣人，也经常为人言所伤，最终众人异口同声地喊着"将他钉在十字架上"。

如果你畏惧人言，做什么事情都怕被人说，那你只能生活在畏首畏尾之中，左右为难，最终让自己陷入绝境。如果你觉得人言可畏，那么人言就能杀死你的身体，如果你觉得人言不可畏了，那么再多的闲言碎语都不会伤你分毫。我们不能选择自己的出身，不能选择自己的相貌，不能选择生命的宽度，但是可以选择勇敢地对自己笑一笑。

她是一个有担当的人。在家里，她排行老大，父母在生下她之后的三年又生下了一个女孩，也就是她的妹妹。然而不幸的是，妹妹自小身体不好，一直到了上学的年龄，身体才好转起来。也许是因为这个原因吧，父母更加

疼爱她的妹妹。

从小她就知道自己与别的孩子不一样，因为别的孩子有自由，大多数时间是可以在外面尽情地玩耍，而她则不同，不知是因为家里的活计多，还是她的父母太自私了，总而言之她的大部分时间被限制在家里做一些活计。孩子嘛，哪有不贪玩的，于是一旦有机会了，她总是会悄悄溜出去和小朋友们玩得几乎忘记回家吃饭。当然，每一次她被重新抓回家里不免要面对父母的雷霆之怒。时间长了，这些儿时的经历渐渐地在她的心里留下了阴影。她总是羡慕那些和颜悦色的父母，羡慕那些可以自由玩耍的同伴，而她被父母约束得死死的，几乎每一天从父母的脸上看到的都是阴沉。

后来，她长大了，离开了家，独自一人在陌生的城市里闯荡。几年下来，她经历了很多很多事情，虽然没有受过太大的苦楚，但是生活得也很不容易。直到她遇到了生命中的那个男人，一个生长在温馨、富足的家庭环境里的男孩子。他第一次将她领回了自己的家中，面对着人生另一位母亲，她体会到了前所未有的"被夸奖"。

"孩子，爸爸和妈妈非常喜欢你，觉得你非常懂事，而且还很务实，不像一些坏孩子，非常浮躁，没有礼貌。我和你爸爸只有一个孩子，没有女儿，以后我们就把你当成自己的亲生女儿了。"丈夫的妈妈温和地对她说道。她感觉非常温暖，之后她经常听见自己的婆婆逢人便夸奖自己。听着婆婆绘声绘色地夸奖，有时候她都会感到有些不好意思，但是她终于觉得自己像一个被人宠爱的小公主了。

"妈，你为什么从来不夸我呀？"一次偶然的机会，她问自己的亲生母亲。

"谁自己夸自己的孩子呀，都要让别人夸才对。"母亲生硬地回答道。她看了看母亲，她相信在母亲的心里也一定是爱自己的，毕竟她是母亲的孩子呀，但是她无法认可母亲说的话。也许在母亲看来，自己夸自己孩子的行为有些张扬，但是作为一个年幼的孩子，她曾经并不懂得这些，她只是单纯地希望得到父母的认可和爱。如果父母的爱藏得太深太深，即便是真的有，即便真的感天动地，但是她不曾感受到，也就等于没有了。

后来，她生下了自己的孩子，基于自己儿时的感受，她从来不隐藏和吝啬对孩子的夸奖，她将自己对孩子的爱淋漓尽致地表现出来，她拥抱自己的孩子，亲吻自己的孩子，直截了当地向孩子表达着自己的思念，当然如果她的孩子犯了错误，她也会严厉地批评孩子。在她看来，他人对自己孩子的认可与自己对孩子的认可并不冲突，同时任何人对孩子的认可也无法代替母亲对孩子的认可。因此，她的孩子非常爱她。

她的母亲也非常疼爱她的孩子，隔辈亲的缘故吧，她的母亲非常享受这种天伦之乐，每天陪在小孙孙的身边乐不思蜀。她想，自己的母亲辛苦了半辈子了，现在也该享享福了，于是她将自己的工资交给了母亲，尽管母亲的到来让她感觉到了压力，无奈她选择了承受压力，因为那个人是她的母亲。

就这样，母亲来到了她的身边。每天接送孩子上幼儿园，除此之外整日里看电视剧。不管她的工作多忙，时间多紧张，屋子里即使乱成一团了，母亲也不会帮她收拾一下。原本的三口之家，变成了四口之家，原本宽松的房子，一下子拥挤起来。人一多，屋子就显得凌乱，而自己的母亲只知道每天抱着电视机着了魔一样地追剧。她只能利用下班之后的休息时间，急急忙忙地收拾家里。

母亲经常会给她的孩子买零食，只要孩子要，她就买，不管这些零食是不是垃圾食品。她一而再地叮嘱自己的母亲，不要给孩子吃垃圾食品。母亲不理睬，她有她自己的道理："老家那边的孩子哪有不吃小零食的，人家的孩子不也健健康康的嘛，什么垃不垃圾食品，乱说。"

也许是母亲年纪大了，对很多事情都不再用心了，对她的孩子也是一样，照顾得马马虎虎。这不，她的母亲又在晚饭时做了硬邦邦的饼，孩子吃了很多，运动量也不够。一觉起来，孩子的两个小脸红通通的。她摸了摸孩子的额头，又发烧了。医生说是食火引起的。这已经不是第一次了，每一次她都苦口婆心地对母亲说："妈，孩子太小了，不要给他吃太硬的食物，特别是晚上。"到最后，她甚至非常无奈地对母亲说："妈，这孩子我们只要稍稍用心一些，他就不会生病的。别的不说，孩子生一次病就会花掉上千元的治疗费用，咱家的孩子一个月总要病上两三次，这样下去我的压力实在是太

大了。"是的,她说的是真话,她和老公的收入加在一起,需要支付整个家庭的日常开销、孩子上幼儿园的费用、上课外班的费用、房子的贷款、车辆费用、水电费⋯⋯他们的压力很大。作为一名年轻的少妇,她已经很久没有给自己买一件衣服了。然而,她的不容易,她的母亲似乎根本不在意。

有时候,一句两句话说得不合适了,母亲不高兴了,不管不顾地和她吵。她能怎么办?她默默地离开家,在外面的空地上走了一圈又一圈,她的心情烦透了,她希望可以让母亲开心地生活下去,可是她已经承受不了了,那个人是她的母亲,她不能埋怨她,但是在心里她真的伤心了。在又一次的争吵中,母亲再一次拎着包表示要回老家,她知道母亲并不想走,但是她没有阻拦⋯⋯

母亲走后,她给母亲打了一个电话,电话那端母亲气愤地说道:"以后别再给我打电话了。"之后,母亲挂断了电话。电话这边,她苦笑了一下,默默地说道:"是的,以后不用再给你打电话了。即使全天下的人都认为我不孝顺,我也无所谓啦。"只是她的眼角里始终含着泪花⋯⋯

俗话说"人言可畏""众口铄金",在这段故事中,主人公在经过一番痛苦地挣扎之后,终于被自私的母亲逼到了绝境里。然而人总是要生存的,被迫无奈,她最终做出选择,选择了一条她最不愿意走的路。她知道,一旦走上了这条路,她将会面临众人的一片指责。"人言可畏""众口铄金",在她的内心深处,这些何尝不是重压。最终她选择了接受"人言可畏"的结局,虽说是迫于无奈,但是从她眼角里流出的泪花,我们能够看出她已经在痛苦中学会了"放开"。

世人总是喜欢站在道德的制高点对他人评头论足、说三道四。事实上,家家都有一本难念的经,每个人都有自己的难处。并不能因为你立志要做一名贤达的圣人,就可以随意评论他人,将自己可能都无法做到的要求强加在他人的身上。太极智慧告诫我们,要求永远针对自己而设立。

俗话说:"良言一句三冬暖,恶语伤人六月寒",也许正因为太极智慧是几代人历经沉浮总结出来的人生智慧,它才能包罗万象,感悟到生活的不易，所以教化我们要善待他人，不妄加置喙他人的决定和做法。

　　太极智慧在教化我们不要成为"人言可畏"的始作俑者，同时太极智慧也教导我们要有一份淡然的情怀，不要在意那些所谓的"人言"。如果你自身的免疫力提高了，拥有"人言不可畏"的抵抗能力，那么再多的"人言"也不会伤害到你。

第七章　太极处世智慧——纷乱世情中保持淡然的境界

• 第八章 •

# 太极生存智慧

上善若水，不争才是争

# 1. 太极平衡：举重若轻与举轻若重

众所皆知，太极最讲平衡。练好太极拳，不仅要做到形体平衡，还要做到心态平衡，其中最表面的平衡就是形体平衡。从物理学角度讲，形体平衡主要考虑重心位置下移，所以太极拳的所有招式全部建立在重心下移的基础之上。当然想要维持形体平衡还需要有其他条件。研究明白这些问题对于我们研究太极是非常有意义的。

所谓形体平衡，在运动学中，是指事物的静止或相对静止的状态。我们都知道物体在持续外力或是没有外力的情况下，能够保持匀速或是相对静止的状态，这种状态即为物体的平衡状态。通常情况下，人体也可以达到这种平衡。当然这种平衡只是相对的、暂时的。相对于形体上的平衡较容易达到，心灵上的平衡则需要一段时间的修炼。太极拳在注重形体平衡的同时，更加注重心态平衡的调整。所谓心态平衡，需要人们把握好两个相反的状态——举重若轻与举轻若重。

一个拥有太极智慧的人要同时兼具"举重若轻"与"举轻若重"这两种处世智慧，当然做到这点的确很不容易。但是，举重若轻与举轻若重二者必须同时具有，缺一不可，才能达到心灵上的平衡。也就是说，当我们在决策重大问题时，必须要有"举重若轻"的气势，方能当机立断，不耽误时机。如果一个人没有"举重若轻"的气势，在关键、紧急时刻，犹犹豫豫，就会贻误时机，造成无法挽救的巨大损失。当然一味地"举重若轻"也是不正确的，很多时候，尤其是在处理某些具体细节上，就必须处处"举轻若重"，方能做到行事周密细致，稳扎稳打，否则就可能因为一时疏忽导致重大失误。由此可见，我们在生活中一定要妥善运用和转换"举重若轻"与"举轻若重"这两种处世方法。

"举重若轻"与"举轻若重"，既是两种不同的处世风格，也是两种迥异的处世智慧，二者之间既对立又相生相依，时常相互转换，下面我们来具体研究一下这两种处世智慧的裨益。

所谓举重若轻，就是把复杂、纷乱的事务简单化，提纲挈领，以最短的时间迅速、敏捷地了解局势，然后果断地做出决定。通常情况下，"举重若轻"的处世风格适合用在决策大局和处理紧急问题上。

所谓举轻若重，就是将简单的事物具体化，对事物的细节和具体的步骤进行详细的研究和推敲，其标准是细致缜密，力求万全。通常情况下，"举轻若重"这种处世方式适合应用到处理一些日常的事务上面。

一个周末，一位母亲正在忙着收拾家务，一旁四岁大的孩子坐在沙发上兴致勃勃地玩着玩具。忽然间，妈妈听到了孩子的哭声，她立即扔下了手里的活计，冲到了孩子的身边。孩子仍然坐在沙发上，手却卡在了放在茶几上的花樽里。这个花樽是这位母亲家的传家宝，上宽下窄的形状，摆在客厅里漂亮极了。孩子一时淘气，将手伸了进去，现在怎么也拿不出来。看着孩子哭泣的样子，妈妈急得像热锅上的蚂蚁，她分别用了很多方法，可依旧没能成功。最后，这位母亲动了把花樽打碎的想法。尽管这个花樽是个价值不菲的古董，自己一直把它当成宝贝一样珍惜。可是为了孩子，她已经顾不上了。

"啪"的一声，花樽被打碎了，孩子的手顺利地拿了出来。母亲顾不上心疼被打碎的花樽，连忙检查孩子的手是否受伤。孩子的手没有任何伤痕，可就是一直紧紧攥着拳头，怎么也不肯松手。母亲一下子紧张起来，"难道孩子的手出了问题？是不是伤到神经了？"这位母亲开始一阵胡思乱想。她左问右问，孩子哪里都不疼。最后，孩子被问烦了，终于伸开了手……原来，孩子的手不是伸不开，而是为了握住一枚面值一元的硬币。这个时候，孩子的母亲真正明白，孩子的手不是卡在花樽里出不来，而是因为他握着拳头，不肯放开才出不来。

这个故事告诉我们，很多时候人们之所以陷入困境不能自拔，不是因为人们没有能力摆脱困境，而是因为在人们的心里有太多太多放不下的东西。

"举重若轻"的处世方式就是要人们学会放手,放开一些相对而言不太重要的问题,抓住大的纲领即可。

记得以前读过一本书,书中谈到毛主席和蒋介石二人,认为蒋介石之所以失败,其中一部分原因在于他的处世方式。书中提到毛主席是一个拥有太极平衡智慧的人,他能巧妙运用"举重若轻"与"举轻若重"的处世智慧,在很多重大战役上均采用了"举重若轻"的方式,他只是告诉部下最终要达到什么样的战果,至于如何达到这样的战果则交由部下自由发挥。而蒋介石刚好相反,他是一个"举轻若重"的人,不懂得放权,对每场战役都亲自部署,一点自由发挥的空间都不留给自己的下属,甚至在哪里搭建工事都要亲自过问。然而战场上的情况瞬息万变,根本无法事前预料,将士们没有自由发挥的权力,不能根据战场的实际情况迅速做出反应,自然不能取得胜利了。

当然,我们并不是说"举轻若重"的处世方式是错误的,事实上生活中的很多时候,都需要"举轻若重"的方式。

伟大总理周总理就是一个深谙"举轻若重"的人。周总理心系全国的老百姓,恨不得事事亲力亲为。因此,总理的时间总是不够用,紧张到连睡觉的时间都没有。工作占据了总理几乎全部的时间,直到生命的最后一刻,总理依然在病榻前为国家、为人民处理问题。可以说,从某种程度讲,正是总理的"举轻若重"让中国人民提前挺直了脊梁。

由此可见,"举重若轻"和"举轻若重",这两种处世方法各有利弊,只要我们做到取舍得当,根据具体的时间、环境、主客观条件等因素的不同而灵活转变,交替运用,就能达到解决问题的最佳效果。

以上我们谈到的平衡智慧还需要综合具体的实际情况,充分考虑和谐的因素。正如太极拳的推手练习,并不是身体的重心越低,其稳定性越好就越好，太过稳定了，很多动作做起来就会困难。事实上，很多太极拳的前辈们，他们在做太极拳推手时，重心都会稍稍偏高一些，目的就是为了利用这种身体的不稳定性，以便招式、身形能够更加灵活。太极讲究"人不知我，我独知人"的境界，它不但是一种东方文化，更是一种深奥的人生哲理。作为文化的载体，我们要充分领悟太极文化中的平衡智慧。

## 2. 上善若水，不争才是争

老子在《道德经》中一再强调"不争"的思想，多次说过类似"夫唯不争，故天下莫能与之争"的话，在老子看来，最高境界的品德是"上善若水"。水滋养着万物，却从来不求回报，无声无息地流淌，具有这种思想境界的人才是真正的贤者与智者。"贤"在于他有宽广的胸怀，磊落的胸襟，高尚的道德；"智"在于他拥有舍弃的精神，成全他人的精神，从而使自己远离纷争、嫉妒、怨恨，以此确保自身的安全。

事实上，"上善若水"的智慧，也是太极智慧的思想主张。太极拳与道家修炼渊源极深，想当年张三丰修炼太极拳能到登峰造极之地，全赖上善若水的道理。太极拳的先祖修炼太极拳时效法老子思想，力争达到心境若水。老子眼中的水是自然界中的生物源泉，养育万物而不自持，性温软而生生不息，包容万物。因而太极拳讲究和顺柔静，以柔克刚。太极拳与道家渊源极深，特别是在"上善若水"的人生哲理上更是一脉相承。

水是最能体现太极拳理的物质，正如老子所说："上善若水，水善利万物而不争，此乃谦下之德也；故江海所以能为百谷王者，以其善入于无之间，由此可知不言之教、无为之益也。"太极认为上善之人，就应该像水一样，滋养万物，却不与万物相争。同时老子又说出了"以其不争，故天下莫能与之争，此乃效法水德也。水几于道；道无所不在，水无所不利，避高趋下，未尝有所逆，善处地也；空处湛静，深不可测。善为渊也，损而不竭，施不求报，善为仁也。"由此可见，不争才是最大的争。

汉高祖刘邦逝后,吕后为了巩固自己的权位,大肆屠杀刘姓子孙,并且广泛启用吕氏家族的成员,造成了外戚当权的局面。但是最终证明吕后所有的努力都是徒劳的,甚至适得其反。不错,因为吕后,吕氏家族曾经一度兴旺,但是这种兴旺的现象太过短暂,而且后期吕氏家族为了这短暂的兴旺付出了惨重的代价。历史上著名的"周勃安刘"讲述的就是,吕后死后,刘姓皇室的成员们与周勃一起群起而攻,将吕氏子孙屠杀殆尽的历史事件。至此,吕后专权的局面彻底结束。

后来,刘氏成员们和大臣们开始思量由谁来继任皇位。当时汉高祖刘邦尚在人世的儿子有三位,齐王刘襄、淮南王刘长、代王刘恒。众大臣因为担心"吕后专权"的事情再次上演,故而否决了拥有强权娘舅的刘襄和强势母亲的刘长,选择了性格宽厚仁孝的代王刘恒。

从这段历史我们可以看出,吕后费尽心机把持朝政,处心积虑地争夺皇位,结果不但失去了皇位,还赔上了整个家族成员的性命,真可谓"赔了夫人又折兵"。如果那已在地下的吕后,能够感知到她死后的这一切,内心该是如何懊悔呀。相反,一直没有争夺之心的代王刘恒,最终却被群臣拥立为王,成为了九五之尊。这段历史,深深地印证了老子的那句"以其不争,故天下莫能与之争。"

在这里提到的"争",是指在条件、时间都不成熟的情况下,强行的争夺行为。这种有为行为,违背了自然之道,自然最终不能取得好的结果。正如一个实力不强的企业,试图与一家实力雄厚的企业打价格战,一番你死我活的较量之后,实力不强的企业变得千疮百孔,而实力雄厚的企业却仅伤分毫。这种情况在现实生活中并不少见。

企业如此,个人也是如此。现在有一些父母在教育孩子的过程中,"争"的心理太过严重了,动不动就流露出来,潜移默化地影响着孩子们的心理。例如,父母们经常对孩子说:"你看谁谁表现得多好呀,你一点不比她笨,赶快也去上台表演一个节目吧。"孩子听完,明确表示不愿意去表演,可是父母"争强好胜"的心已经被激发起来，根本容不下自己的孩子表现得比别人的孩子差的情况存在，于是父母们死拉硬拽地将孩子推上了表演台。看着孩子们脸上尚存的泪痕，看着孩子们惊恐的眼神，无比的遗憾呀，他们就这样成了父母们"争强好胜"的工具。事实上，每一个孩子都有自己的小天地，在他们的世界里原本存在着温暖的阳光，他们热爱生活，热爱周围的小伙伴，同时他们也有自己的小小情怀，如他们也会害羞、恐惧、紧张、难为情等。当你的孩子出现这些小情绪时，作为父母，我们要力所能及地帮助孩子合理调节情绪，而非强迫孩子做些不愿意做的事情。过度的强迫会导致孩子心理的严重失衡，在孩子们幼小的心灵上埋下嫉妒、狭隘、自卑等不良心理的种子。

玲玲的奶奶告诉玲玲的妈妈一定要和孩子的老师搞好关系，以便老师能够多多照顾自己家的孩子。玲玲的妈妈认为奶奶过于看重老师的特殊照顾所能起到的作用，认为在孩子的教育问题上，还是不要特殊化。从小享受特殊待遇，对于孩子的健康成长不是一件好事情。奶奶则表示，如果老师能够特殊关照一下孩子，如出操时让孩子领操呀，表演节目时让孩子领舞呀等，这些有助于培养孩子的自信心，让孩子从心里相信自己是最优秀的。听了奶奶的话，玲玲妈妈更加明确地表示拒绝让孩子享有这些特殊待遇。在玲玲妈妈看来，孩子能不能成为同龄人的标杆，需要孩子自己去努力，这期间，孩子必须明白努力的过程比结果更加重要。如果一个孩子过于重视结果，会养成孩子"争强好胜"的心理。这种心理严重失衡时，会影响孩子的心理健康，甚至会毁掉一个孩子。

现在社会上，人人都想成为鹤立鸡群的那一个，俯视万千，这种想法被实现后，就被称为所谓的"成功"。事实上，这是对"成功"定义的严重扭曲，"成功"不是非要你比别人强，"成功"的概念里没有他人，只有你自己，只要你自己过得幸福快乐，觉得有意义，这就是"成功"。事实上，如果你能够取得这样的成功，也根本没有和别人比较的意义，因为现实是你一定已经

收获了很多很多别人渴望已久的东西了，这些东西可能是金钱，也可能是地位，还可能是权力……它们的到来不是"争"来的，而是因为你的付出，顺其自然而来的。

## 3. 分清主次，生存下去才有利益可谈

有一种王鱼，生活在布拉特岛的水域里。它有一种非常奇特的本领，那就是可以吸收那些海洋中附着在它们身上的小生物，然后将它们转化成自身的鳞片。并且随着王鱼吸附的小生物越来越多，它的体积也会变得越来越大，甚至有的王鱼的身体会因此比其自身身体变大四倍。

然而，随着时间的推移，当王鱼达到一定的年龄时，身体的各项机能也开始逐渐退化，这个时候，那些一起吸收的"鳞片"便会慢慢脱离它们的身体。这个过程非常痛苦，无异于活生生地被剥鳞。这个时候的王鱼需要忍受很大的痛苦，身体变得非常脆弱，根本没有办法在海洋中生存。直到最后，忍受不了痛苦的王鱼选择自杀，它们拼尽全力，撞向海底的岩石，以此来结束这种痛苦。

这就是王鱼的命运，因为贪婪那些小生物，而让自己的身体过度庞大，最后还要忍受一点点被剥鳞的痛苦。试想，如果一条不贪婪的王鱼，它们只是吸收身体所需的小生物，身体也不会变得很大，到最后剥鳞的时候，经受的痛苦自然也就小了很多，说不定它们忍一忍就能过去了，也不至于因为痛苦不堪而选择自尽了。

其实人生何尝不是如此。我们的一生，随时随地都充满了很多诱惑，它们就像是王鱼所遇到的小生物。表面上这些"小生物"会令我们生活得更加幸福，实际上往往到了最后，它们会成为我们生命中不能承受之重，为了生存，我们需要经历巨大的痛苦来摆脱它们，甚至会因为无法承受失去它们的痛苦而丧命。

因此，太极智慧提醒我们，在生活中一定要分清主次，面对那些生存必

需的主要诱惑，我们可以争取，对于那些不重要的次要诱惑，我们要学会放手，不能胡子眉毛一把抓，什么都想要，什么都不舍得放弃，毕竟生命能够承受的重量是有限的。

元末明初，有一对兄弟郭德成和郭兴，他们二人跟随朱元璋征战沙场，立下了很大功劳。后来，朱元璋得到天下，对有功之人大加分封，当年那些跟随他的人都加官进爵，做了大官，唯有郭德成只做了一名普通的戏骑舍人。对此，朱元璋曾有意试探道："德成兄弟，你是跟着咱一起打江山的功臣呀，立过大功，现在却只做一名普通的戏骑舍人，有些大材小用了，咱给你封个大官做做吧？"

郭德成连忙推辞道："那可不行呀，我有什么样的能耐我清楚得很，我这个人脑袋笨，还特别懒，每天只知道吃喝玩乐，根本担不起重任，您要是真封了我，那不是害了我也害了国家嘛。"

朱元璋见郭德成真心推辞，不贪图权位，内心非常欢喜，因此对他大加赞赏，赏赐了他很多金银财宝，还经常请他进宫喝酒。

一次，朱元璋又邀请郭德成进宫来喝酒。酒过三巡，郭德成喝得酩酊大醉，迷迷糊糊中他跟跟跄跄地向朱元璋谢恩。朱元璋见他一副狼狈不堪的样子，笑着说道："看你这蓬头垢面的样子，简直就是一个醉汉。"

郭德成听完，痴痴地抓了抓头发，语无伦次地说道："我最烦的就是这些杂乱无章的头发了，等到哪天非将它们全部剃去，做个光头。"

朱元璋早年间为了生存，曾经剃去了头发，在寺庙里做了和尚，这段不堪回首的往事成了他心中永远的痛，因此他非常忌讳"光头""和尚""僧人"等词语。如今郭德成竟然当着他的面大放厥词，朱元璋不由得恼怒起来，但是看到醉得不省人事的郭德成，便将心中的怒火压了下来，心想："等到他清醒之后，我再观察一下，看看他究竟是有心挖苦我，还是酒后胡言。"就这样，郭德成被送回了家中。

第二天，郭德成酒醒之后，想起自己酒后失言，说到了皇帝的痛处，暗叫："大事不妙呀！"他猜想此刻的朱元璋定然是对他百般猜忌，即便昨日放

过了他，日后想起此事终究会收拾自己。为了避免日后有杀身之祸，郭德成首先想到去向朱元璋请罪，这个想法一产生，立即又被他否决了，这样做等于彻底撕开朱元璋心里的伤口，只会给自身带来更大的灾祸。于是，郭德成左思右想，终于想到了一个万全之法。

郭德成并没有向朱元璋再提起那天醉酒的事情，而是接着日日饮酒，日日喝得酩酊大醉。终于，在一次醉酒之后，郭德成借着酒劲径直来到一家寺庙，将自己的头发全部剃光，真的做起了和尚。

朱元璋在得知这件事之后，心中的疑虑全部消除，他笑着对旁人说道："郭德成乃是真汉子，毫无心机，原本我还以为他是故意借着酒醉嘲讽我，没想到他说的都是真的，他真的是讨厌那些乱糟糟的头发。"自此，郭德成的杀身之祸彻底消除。

后来的事情证明，郭德成的做法是正确的。因为猜忌，朱元璋纷纷以各种理由将曾经的功臣悉数杀死。唯有郭德成得以平安终老。

这段历史证明，在人的一生中会遇到很多选择，在做出选择时，我们一定要保持头脑清楚，分清主次，不能贪图眼前的利益，导致灭顶大祸，毕竟如果一个人连生存的机会都没有了，就谈不上什么利益了。正如事例中的郭德成，此人心怀大智慧，在几次人生的十字路口，他都能保持心清神明，分得清主次，做出正确的选择，因此他能够在朱元璋的铁血手腕下保存性命，安享富贵。现在看来，在众多明朝开国功臣中，郭德成的结局应该是最好的了。

由此可见，分清主次对于我们的人生是多么重要呀。人生一世，任何时候都不能做到鱼和熊掌兼得，最好的结局就是根据自己的需求，分清主次，选择对自己最有用的东西。这点说起来容易，做起来一点也不容易。古往今来，不能分清主次，想要鱼和熊掌兼得的人不在少数，他们往往都是一些旷世奇才，最终却都凄惨地死在了贪婪上，如那不知足的长孙无忌、那放不下权势的韩信、贪恋权位的文种、清朝名将年羹尧等，他们哪一个不是罕见的旷世奇才，他们哪一个不是因为分不清主次而丧命？这些血淋淋的历史教训,难道还不能够让我们清醒过来么?在生命面前,所谓的财富、权力、美女等,难道不是极其次要的么?

因此,太极智慧告诫我们,一定要学会放手,学会舍弃,懂得主次。若非要违背自然之道,试图抓住一切主要的和次要的事物,无异于逆道而行,最终不仅会一无所获,还会赔上自己的卿卿性命。事实上,人生一世只要你能抓住几个主要点,就能获得无比幸福、光辉的生命。

## 4. 太极容纳万物,以"平常心"对待世情

古代的人原本处于蒙昧的状态,日出而作,日落而息,阴阳和谐,生活宁静。那个时候,四时合乎节序,万物顺其自然。因此太极认为,人们本来能够安静地生活在大自然的怀抱中,保持一份平静的心态,安享天命,但是随着人类欲望的无限膨胀,使得人类最终摆脱了最本然的自己,故而人类失去了宁静祥和的乐园,开始了紧张、压抑的生活。所以,庄子说:"无为名尸,无为谋府;无为事任,无为知主。"意思就是说,不要让自己的心成为获取名誉、承载计谋、承载负担、承担智慧的工具。

世间百态,人情世故百态。大千世界,人们为了生计、欲望或是疲于奔命,或是阴狠狡诈,或是心机百出等,表面上的觥筹交错,背地里的飞短流长……复杂,复杂,还是复杂,这些复杂的人情世故让心灵原本无忧无虑的自然空间消磨殆尽,背负了太多太多的沉重包袱。

正所谓,"有意栽花花不发,无心插柳柳成荫。"人生的很多东西远非刻意谋取就能得到的。太极阴阳鱼最主要的价值就是它们身上所自然喷吐出的太极阴阳力,这是世上最顶级的元力,蕴含了阴阳属性,这种力量能够容纳万物。面对纷乱复杂的人世,最弥足珍贵的还是我们的一颗"平常心",平常心对待人生百态,对待世俗羁绊,对待一切。正如周国平所言:"心理的空间是一个快乐的领域,其中包括创造的快乐,阅读的快乐,欣赏大自然和艺术的快乐,情感体验的快乐,无所事事的闲适和遐想的快乐,等等",太极

就是要人们修炼快乐，修炼一颗平常心。

虫虫的眼睛天生有疾，一只眼睛大一只眼睛小，而且非常明显。随着年龄的增大，虫虫早已不再是当年那个什么也不懂的毛孩子，她的心思很细腻，对一切都非常敏感。

"孩子，你的眼睛怎么回事呀，怎么一个大一个小呀？"公交车上，一个毫不相识的中年妇女问道。

虫虫最烦这种八卦的大妈，对周围的所有人和事充满了无穷无尽的好奇心，无聊至极。虫虫狠狠地白了一眼对方，真想回敬她一句："管你毛事儿，死八婆！"最终虫虫还是压制住冲动的情绪，用不理睬回敬对方。

"就是，不用理睬她，这种人最无聊，像个长舌妇一样，专门盯着别人的缺陷，为了满足自己的好奇心，不管是不是戳痛别人。"一个豪爽、直率的声音从虫虫的身后传了出来。

虫虫立即转身寻找这个声音的主人，并对其回以感激的微笑。

"你说谁像长舌妇呀，我问你了么？有病吧。"果然这个八卦的中年妇女没有什么素质，一副吵架的样子，看起来马上就要当场撒泼了。

虫虫自然不能让帮助自己的人孤军奋战，她静静地说道："可是你问我了，我从心里非常反感你的八卦行为，也觉得你是个长舌妇。"

那位八卦的中年妇女看着平静的虫虫，感到了一阵慌乱，她的脸上一会青一会白，显然对于眼前的一切觉得无比的尴尬。"今天怎么回事，出门没看黄历，专门遇到当横的啊，你的眼睛长在脸上，谁都看得见，问问都不行呀。实在不愿意引起别人的好奇，干脆带个墨镜出门，一了百了。"中年妇女开启了泼妇模式，一点道理也不讲了。

"我说你怎么说话呢？缺不缺德呀，人家孩子不愿意向你这个陌生人说些什么，你怎么还攻击上了。将心比心，你就不该问东问西的。"一旁的老大爷老大妈们实在听不得那位中年妇女的胡言乱语，纷纷群起而攻之。

中年妇女怎么也没有想到，自己的一个问题竟然引来整车人对自己的批判，她倒也是个聪明人，见事态发展有些不妙，急忙想要撤离，"我愿意，一个个的神经病。"说着，中年妇女想要挤到后门下车。

中年妇女使劲挤了挤，没有挤过去，"麻烦让一让"，中年妇女说道。没有人给她让路，"麻烦让一让，麻烦让一让……"中年妇女又接着喊了几句，可依然没有人给她让路。这时，一位老大爷好意提醒她，"年轻人，说话太不注意了，你刚才那'神经病'把这一整车的人都得罪了，赶快给大家道个歉吧，也不是什么大不了的事情。"

老大爷的提醒，让中年妇女顿时明白，原来大家是故意为难她，她的脸涨得通红通红的，"我可能没太注意啊，顺嘴说出来的，不针对大家，没有什么恶意，对不住了各位。"中年妇女简单地说了这些话。

刚才说话的老大爷也起身打圆场，说道："哈哈，各位，这位同志既然已经认错了，大家也别揪着不放了，一件小事情，都别放在心上了，让个路，让人家下车吧。"这时，车上的乘客才纷纷挪动了身体，给中年妇女腾出了下车的空隙。

我们在生活中，难免会遇到一些行事不够周全、素质不够高的人，有意或是无意地让我们陷入窘境，这个时候，我们可能会有些愤怒，有些埋怨，这些情绪反应是正常的，但是产生这些情绪之后，要学会调节，懂得释放，不要让坏情绪影响我们，否则就是在犯傻，在用别人的错误惩罚自己。事实上，故事中的虫虫的确已经算有素质的一员了，尽管对八卦妇女的问题很反感，但并没有对其直接发难。但是很明显，虫虫的思想境界还不够高，其实我们每个人的身上都有这样那样的缺陷，面对这些缺陷，我们应该以平常心视之，不要太把它们当回事儿，弄得像老虎的屁股摸不得，完全没有这个必要嘛。过度在意，对自己也是一种心理负担呀，毕竟我们总会遇到几个类似那位中年八卦大妈的，难道我们遇到一个，气愤一次，遇到一个，争吵一次？这样做也改变不了什么呀！因此，解决问题最好的方法就是从自身着手，改变自己的心态，以平常心对待自身的不足之处，以平常心对待人生中形形色色的人与事。唯有如此，我们才能像穿上一件金刚罩，练就百毒不侵之身。

太极智慧包罗万象，能容下一切的好与坏，我们要潜心修炼、钻研，守护自己的心灵森林。我们要做的事情还很多，不能让心灵背负太多的包袱，要拿得起放得下，要让我们的心灵之水像山涧里的溪水，舒缓地、自由自在地流淌，以平常心面对人生的每一次日出日落。生命是海，心灵是潮，人们应该把握好浪潮的势头，不要大浪滔天，要风平浪静，才能一览宽广的海面风光，才能扬帆远航，在灿烂的阳光下驶向那个充满鸟语花香、清泉明月、朗朗乾坤的未来世界。

## 5.宠辱不惊，惯看世事无常

太极所蕴含的哲学道理侧重辩证法的角度分析。俗语说："宠辱不惊，闲看庭前花开花落；去留无意，漫随天外云卷云舒。"世事无常，人间百态，看惯了也就没有"宠""辱"之分了。

大明王朝的开国功臣，中国历史上最后一个宰相胡惟庸，早年间跟随朱元璋起兵，深得朱元璋的信赖。后期更是集万千宠爱于一身，居百官之首，甚至一度代替朱元璋理政，处理军国大事。

然而胡惟庸虽然聪明绝顶，却不安分守己。他利用职位之便，排斥异己，肆意罢免官员，隐匿对自己不利的奏章。一些趋炎附势的小人，见胡惟庸如此得宠，纷纷争先恐后地贿赂他，送给他字画、古玩、珍宝，数不胜数。而对于这一切，朱元璋心知肚明，只是故意不动声色。朱元璋在等，等待一个合适的时机。而胡惟庸对于即将到来的灭顶之灾却浑然不知，他还继续沉浸在备受君王宠信，众人敬畏的美梦之中。直到有一天，胡惟庸的儿子因为在闹市区骑马招摇，不幸坠马，被一辆刚好经过的马车碾死在车轮下。胡惟庸悲愤万分，竟然不分青红皂白地将车夫杀死，以消心头之痛。事后，胡惟庸意识到自己触犯了大明律法，心中深感不安，于是他精心编了一套说辞，向朱元璋声泪俱下地倾诉自己的丧子之痛和失手杀人的悔恨之意，原以为朱元璋会被自己感动，进而大事化小，最后不了了之。没想到朱元璋静静地听完他的倾诉，然后冷漠地说了四个字："杀人偿命"。此话一出，胡惟庸立即意识到了问题的严重性，他跪求朱元璋允许自己用金钱弥补死者，以此来减轻自己的罪过。可是朱元璋早有杀他之心，根本不会再给他任何机会。当朱元璋简单明了地回复道"不许"时，胡惟庸这才意识到自己的灭顶之灾已成现实。

就这样红极一时的一代宠臣，最终惨死在朱元璋的算计之下。不仅如此，胡惟庸之案牵连甚广，相关人员均被灭九族。这也就是说，只要与胡惟庸扯上一点点关系的人，均难逃一死。更令人发指的是，朱元璋竟然认为上元、江宁两个郡县的百姓与胡惟庸关联密切，竟然下令将这两个县的百姓，不分男女老幼全部屠杀。

由此可见，人生无常，今日看来是无限风光的荣宠，他日未必不是一场灾祸。正如事例中提到的胡惟庸，据传当年朱元璋宠信他时，甚至将自己贴身之物都送予他，谁能想到短短数载之后，这莫大的荣耀竟然变成一场巨大的灾难，径直要了五万余人的性命，包括当时已经告老还乡的开国第一功臣李善长。

世间的很多事情都很难料，也许正当你春风得意之时，却发生一件令你痛不欲生的事情；正当你沉迷于甜蜜蜜的爱情之中，一件影响你一生的灾祸正在等待着你。之后你便如直接坠落的飞机，从天上陡降到了地上。心情的巨变，周围事物的巨变远远超过了你的承受范围，于是你觉得异常痛苦。事实上，人生从来都是福祸相依，没有任何人的一生是永远一帆风顺的，也没有任何人的一生是永远一蹶不振的，人生跌跌浮浮、起起落落是再正常不过的自然现象了。之所以人们觉得接受不了，承受不了，只是因为他们没有做好足够的心理准备。

太极智慧告诫我们，人生无常，我们要学会宠辱不惊，淡看世事无常。

在清末时期，北京城里有一位著名的艺人，在一家戏班里唱戏。这位

艺人原本是满族贵族的子弟，因为酷爱戏剧，所以便时不时地客串一下。渐渐地，随着唱功越来越好，班主便让他成为了一名正式的戏剧演员。那个时期，唱戏是非常低贱的职位，戏子们因此受尽了世人的歧视。当时这位艺人的家里传来消息，欲让他承继祖上的爵位，但前提是他必须放弃唱戏。

遇到这样的事情，其他人定然会毫不犹豫地选择放弃唱戏，可是他偏偏选择放弃了继承家业。这件事情在当时传遍了整个京城，众人对于这个艺人的决定很难理解，认为他脑子有问题，分不清什么是光荣什么是耻辱。面对周围的一片质疑声，他非常淡然地说道："谁说唱戏是一种耻辱，你们认为继承爵位就是荣耀的，说不定我继承了爵位，还来不及享受这个荣耀就不明不白地死在了别人的算计之下。"

他说的是人生无常。人生的确无常，没有所谓的荣耀也没有所谓的耻辱，只要能够顺应自己真实的心意，开开心心地生活就已经很完美了。也许在很多人的眼中，这位戏子的选择是荒诞的，但就是这个荒诞的选择让他在以后有了立足社会的能力，而很多和他一样的贵族子弟随着清王朝的覆灭全都流落街头，成了有上顿没下顿的乞丐。

这个时候，那些曾经劝阻他继承家业的人们开始赞扬他的慧眼，夸奖他具有超凡的眼界，见识非凡，能够预知未来等。而他听着人们这些赞美的话，并没有觉得开心，在他的内心里，并没有因为自己当年的"正确"选择而感到万分庆幸。在他看来，无论是过去还是现在，都不能妄言宠辱，从长远看，那些已经流落街头的贵族子弟，他们所承受的耻辱也不算什么，三十年河东，三十年河西，说不定这段不堪的经历会成为他们人生的升华点。

他的话总是那么神奇地准。真的就有一位贵族子弟因为家道中落，流落街头，受尽了世人的白眼和欺辱，于是他立志成才，靠自己的努力摆脱困境。于是他跟随着远行的船只来到了欧洲，在那里他一边工作一边努力学习，最终成为与时俱进的一代华商，富甲一方。

由此可见，人生无常，我们应该珍惜生命赐予我们的一切荣辱，以一颗淡泊的心去面对它们，迎接它们，宠辱不惊，看庭前花开花落。

现代画家丰子恺先生曾经说过这样一段话："有一回我画一个人牵两只羊，画了两根绳子。有一位先生教我：'绳子只要画一根。牵着一只羊，后面的都会跟来。'我恍然大悟自己的阅历太少了，后来留心观察，看见果然如此，前头牵着一只羊，后面数十只羊都会跟去，就算走向屠宰场，也没有一只羊肯离开羊群，独自寻觅生路。"现实生活中就有这样一根无形的绳子在牵引着人们，使得很多人痴迷于宠辱的执念之中不能自拔。而那些圣人之所以能够宠辱不惊，就是因为他们已经放下了这根绳子的束缚，摆脱了一切世俗观念，看清了生命的本质，自由自在地做真实的自己。

## 6. 读懂了"生""死"，才能更加坦然

生命是有极限的。当一个人死去时，有的人感到遗憾，心想："人死如灯灭，一切皆空了"；有的人感到很伤心，心想："以后再也见不到了，无论心里怎么思念"；有的人感到灰心，心想："混得再好又有什么用呢，到头来还不是一场空。"总而言之，当一个生命离开这个世界时，没有人会感到高兴。推己及人，看到他人的离开，内心不免感到一些伤感。

谈到看淡生死，世间有些人做到了，但是大部分人做不到。尽管我们无比在乎，却无力左右，生命的长度并没有全把握在我们的手中。有些人说，人的一生其实只有三件事情，一件是自己的事情，一件是他人的事情，还有一件就是上天的事情。这三件事情的决定者不同，就拿"上天的事情"来讲，决定者是老天爷，如死亡、刮风、下雨、泥石流、地震等，这些都是人力所不能及的事情。面对这些事情，我们能做的只有顺其自然，不能过于执着。相对于"上天的事情"，"自己的事情"则可以由我们自己决定，如高兴、伤心、积极奋斗、坚持到底、哭泣、恐惧、坚强等，这些事情的决定权一直把握在我们自己的手中。因此，面对那些"上天的事情"，我们能做的就是做好"自己的事情"。

老子曾经说过："吾之所以有大患者，及吾有身，若吾无身，吾有何患？"

意思就是说：我之所以有这么多忧患，是因为我有身体，若我没有了身体，那么我还有什么忧患呢？从这句话中可以看出，老子其实已经读懂了生死，不再受死亡的困扰。也许在老子的眼中，死亡其实是一种重生，重新塑造一个无忧无虑的自我。

一位年迈的母亲在孩子的陪同下去郊外散步。天气非常温暖，阳光明媚，绿树成荫，绿草油油，时不时地迎面扑来阵阵的青草香。抬起头，天空蔚蓝蔚蓝的，几朵鲜明的白云在天空中飘浮着。这样美丽的大自然，让来人头脑中的烦恼一扫而空，觉得心情敞亮了好多。

"真应该时不时地接触一下大自然，亮一亮心灵，我们整日里忙着各种七七八八的事情，心里的潮气太重了。"大女儿说道。其他的几个孩子不约而同地点了点头。

"你们还年轻呀，很多问题还考虑不到，妈妈老了，想的问题和你们不一样了。"老母亲略带无奈的语气让孩子们感到很好奇。

"妈妈，你有什么心事么？"孩子们问道。

"最近我特别不愿意出门，一出门看到那些腿脚不利索的老年人，或是坐着轮椅，嘴歪眼斜的老年人，心里就觉得不舒服，我特别害怕我有一天也会这样。时间过得真快呀，好像昨天我还只有三十几岁，怎么一眨眼的工夫我都六十多岁了呢？"母亲说出了内心的话。

孩子们听着母亲的表述，他们能够感受到母亲的恐惧心理，"妈妈，您别这么想，现在科技发达了，六十多岁不算老，您还很年轻，最多算是中年人。"

母亲听着孩子们的安慰话，勉强地笑了笑。孩子们非常清楚，这样的话安慰不了母亲的心灵。人一旦上了年纪，各种疾病开始慢慢找上身时，心态很容易就变得脆弱起来。曾几何时，她们的母亲是那样的坚强，像一座高大的山峰，将她们姐妹几个牢牢拢在一处，风吹不到，雨淋不到。母亲那时高大的身影与现在步履蹒跚的身影却是大不一样了。

"妈妈，不管生命有多长，以后的事情我们决定不了，我们能做的就是珍惜现在的美好时光，高兴也是一天，不高兴也是一天，生命不会因为你的忧愁而延迟，倒是有可能会因此缩短，既然什么也改变不了，那么为什么不开开心心地享受现在的健康时光呢？"其中的一个孩子说道。

"你还是那么乐观，不知愁的丫头。"母亲忍不住伸出手拍了一下女儿，"其实你们说的道理我都懂，只是想要真的看开生死也不是一件容易的事情。算了，越想越不舒服，索性不往上想了。"母亲长长地出了一口气，说道。

人的力量说大也大，说小也小，在应对我们自己的事情上，我们是主宰一切的神，能够将任何事情做好，也绝对有这个能力。但是在面对上天的事情上，我们的力量又显得那么的渺小，使不出任何的力量。偏偏，人们对于自己干预不了的事情还总是耿耿于怀，放不下。

当人们的阅历达到一定的限度时，经历一些生离死别之后，渐渐发现，其实人生最重要的事情不是你拥有多少财富，拥有了怎样的地位和权力，这些都是浮云，在生命行将结束之际，它们变得没有任何意义，再多的金钱也买不来多一秒钟的生命，不是嘛？这个时候，人们开始发出感叹："原来最宝贵的是健康。"

生命中总是会有这样那样的无奈，当健康不复存在时，才明白健康的重要性，已经没有任何意义了。我们应该感到庆幸，能够在自己尚且年轻时，一切都还来得及之际，感悟到生死。回首过往，问问自己，那样执着权力和地位，那样迷恋财富，为了得到它们不惜拿自己的健康、家人的健康去交换，真的值得么？

生命是宝贵的，健康是无价的，能够在有限的生命里做自己想要做的事情，不委屈自己，不做被浮云一样的权力、地位和财富束缚住的傻子，是件多么幸福的事情呀。一个人的才华、时间、精力是有限的，想要做好一切是绝对不可能的事情，有些事情，别人擅长，而你并不擅长，有些事情你擅长，而别人并不擅长，我们需要充分发挥自己的长处和运用他人的长处，让事情得到最完美的结果，不要患得患失，而要用最宽广的胸怀包容一切，坦然接受大自然的安排，尽自己最大的努力吧。

国学大师南怀瑾先生曾经借用古人的一句话："生者寄也，死者归也。"意思就是说，死亡才是回家。是的，我们每一个人都是赤条条地来，游历了一圈之后，自然是要回家的。其实生命本身也是一个圆，起点和终点都是同一个点。由此可见，生与死原本就是一个概念。事实上，人们能够来到这个世界就是一种偶然，而走向死亡却是一种必然。不同的是，有的人走得快一些，有的人走得慢一些。自然界给了我们宝贵的生命，仅有一次的生命，我们除了珍惜，珍惜，再珍惜，没有任何一种更加真爱生命的表达方式了。不要虚度此生，更不要让一些原本不重要的尘埃覆盖了我们的生命，这是太极智慧最想告诫我们的人生哲理。

## 7. 无欲则刚，不让欲望做主

老子说："致虚极，守静笃。"意思就是说用一种虚空的心态，守住内心的平静。事实上也就是我们常说的"无欲则刚"。然而世界上的诱惑实在是太多太多了，有物质的、精神的，还有心理上的等。面对这些诱惑，没有人能够真正做到"不为之所动"。客观地讲，欲望是人类的天性，是与生俱来的，无欲无求的人根本不存在。大自然既然赋予了人类这种天性，必然有赋予它的理由。其实，欲望本身并没有是非对错之分，在一定程度上，适度的欲望是人类积极进取的动力，是社会文明进步的推力。没有人类的欲望，人类不会进入文明时代，更不会进入高科技时代。因此，从这个角度分析，欲望带给了人类很多积极的正向能量。

然而，任何事物都要有限度，超过了事物本身的极限的时候，必然会朝着相反的方向发展，这也是人类智慧代表作《道德经》中的至理名言。欲望本身并没有错，只是人类的欲望是无限的，如果不加以克制，就会发生很多歪曲自然之道的事情。因此，自古以来，圣贤们一再强调要做到"无欲则刚"。

众所周知，清朝有名的大贪官和珅，贪婪无度，所积敛的财富远远超过了当时的国库。因此才有了后世流传的这句话："和珅跌倒，嘉庆吃饱"。

早年间，和珅出身在一个没落的家庭，因为家里贫穷，自小便和弟弟受尽了亲戚的白眼。后来和珅凭借着满洲官宦子弟的身份进入了咸宁宫官学读书，这是雍正皇帝为了培养八旗优秀人才而筹建的学堂，专门为内务府输送人才。年幼的和珅在学校里非常刻苦，加之人又聪明，和珅早早就能将《四书》《五经》倒背如流，并且通晓满、蒙古、汉、藏四种语言。就这样，和珅成了这批官宦子弟中的佼佼者，这也为他后来的发迹打下了基础。

在和珅二十岁的时候，从咸宁宫官学毕业。一次偶然的机会，年轻英俊的和珅遇到了时任户部侍郎的朝中重臣英廉，立即得到了英廉的赏识。英廉料定和珅定然会前途无量，尽管目前他还未建功立业，于是便将心爱的孙女许配给了和珅。很快，在英廉的安排下，和珅成了御前侍卫。虽然这个职位并不高，但是却有机会接触皇帝。很快英廉的眼光就得到了证实，和珅受到了乾隆皇帝的宠信，以直升机的速度迅速高升，直至手握重权，成为军机重臣。不仅如此，和珅还身兼数职，统领各部，后期更是与皇帝结下了儿女亲家，其子丰绅殷德迎娶了乾隆皇帝最宠爱的十公主。

至此，和珅由一个落魄的八旗子弟成了大清王朝的第一权臣，一人之下万人之上，可谓荣耀至极。然而，这些荣誉依然不能满足和珅的欲望。贪婪的和珅利用一切机会疯狂地为自己谋取财物。和珅的贪婪可谓历史之最，他的府上所拥有的珍奇宝贝甚至连皇宫里都没有。

和珅彻底败给了自己的欲望，他的巨额财富不仅没有给他带来好处，反而为他招致杀身之祸。乾隆皇帝驾崩之后，嘉庆皇帝立即对和珅下了手，对和府进行了彻底查抄。具官方记载，嘉庆皇帝共查抄了和珅总资产高达十一亿两白银，相当于大清二十年的财政收入。不仅多年收受贿赂所得的财富如竹篮打水一场空，就连和珅本人也落得个凌迟处死的结局。幸得他的儿媳十公主的求情，最终嘉庆皇帝开恩，恩赐和珅自尽。

和珅的结局正印证了老子的那句话——多藏必厚亡。欲望本身并没有

什么错，和珅最初的发迹和快速成长完全得益于他的欲望，然而错就错在和珅对自己的贪欲不加以克制，为了满足自己日益膨胀的私欲，不惜做出很多有违天道的事情，终至灾祸降临。因此，太极智慧告诫我们，凡事均要有节制，欲望更是如此，一定要学会克制，做欲望的主人，而非让欲望控制住自己。

那么，如何才能摆脱那些难缠的欲望呢？

太极智慧告诫我们，无欲则刚，想要做欲望的主人，必须做一名内心安宁的人。

一代儒学大师董仲舒就是一个内心安宁的人，他爱读书，即使和姐姐们一起到花园里游玩也总是手捧书简，虽然身处满园春色的美景之中，依然能够心无旁骛地专心读书。后来中秋赏月，全家齐聚，其乐融融。父母呼唤董仲舒加入其中，董仲舒表面答应，依旧没从书本中抽身出来。由此可见，想要成为无欲则刚的人，必须有足够的定力，能够抵御外界的诱惑。董仲舒正是因为"三年不窥园"的静心精神，才学到了真正的学问。

卢梭是法国十八世纪最著名的思想家、哲学家，他的一生享有极高的盛誉，一生创作出很多文明遐迩的代表作品，其中最令人印象深刻的就是他晚年所著的《忏悔录》。在这本书中，卢梭对自己的阴暗心理进行了彻底揭露，没有半点的遮掩。在人类历史的长河中，像卢梭这样勇于自我剖析的思想家还有几个，如古罗马的哲学家奥古斯丁。但是，他并没有毫无保留地将自己不光彩的地方和盘托出。因此，卢梭的《忏悔录》被认为是世界上最值得一读的自传。

卢梭之所以能够做到毫无保留，彻底坦白自己的阴暗之面，其根源在于他有相同于"无欲则刚"的太极智慧。正是这种智慧给了他足够的勇气和信心，向世人敞开心扉。正如卢梭所言，"我现在要做一项既无先例，将来也不会有人效法的艰巨工作。我要把一个人的真实面目赤裸裸地揭露在世人面前。请看，这就是我所做过的，这就是所想过的，我当时就是这样的人，无论善和恶，我都同样坦率地写了出来。我既没有隐瞒丝毫坏事，也没有增添任何好事……"目前世界上，能够做到这种境界的只有卢梭一人。我们不一定非要成为像卢梭一样的人，向世人坦白自己的一切，但是我们一定要做一个能够控制欲望的人。

现实生活中，我们想要做到"无欲则刚"，也必须练就一定的定力，不管外界的诱惑如何之多，我自岿然不动。靠着心中的这份沉静和不为外界所动的定力，定然能够征服内心的欲望，把握自己的人生。

太极作为生命的哲学，兼备文、武。人们运用太极智慧作为为人处世的原则，从而做到放得下、容得下、沉得下、刚柔并济、能屈能伸、淡泊自守、宠辱不惊……不为世俗所累，任何事情都拿得起放得下，胸怀豁达，自如应对任何一种人生处境。太极拳的修练过程，其实也是思想境界的修炼过程，不仅能够强身健体，而且磨炼人的心智。生活中，太极智慧无处不在，正如林则徐所言："海纳百川，有容乃大；壁立千仞，无欲则刚"，便是太极智慧的体现。

# 第九章
# 太极健康智慧

## 养生的根本在于"慈俭和静"

## 1. 调整心态，增强活力

　　太极智慧和道学思想中的美妙语言，在很多人看来是一体的。在人们考虑、分析问题中，太极智慧这个伙伴给了世人非常大的帮助。在很多极端的情况下，太极智慧令人平静下来，调整心态，保持平和、冷静的态度。有的时候，它给人安慰，像一位祥和的长辈；有的时候，它给人建议，像人生中必不可少的师长……太极智慧出发点在于"养生"，而其养生的根本还在于"调整心态，增强活力"。

　　事实上，每个人的经历都很相似，有时感觉到很幸福，有时又觉得危机重重。如果人们承受着巨大的压力时，内心觉得无比的悲哀，并且这种悲伤的心理会对身体产生很大负面影响，那么他的健康正在被摧残。一旦人们失去了健康，生命也就失去了意义。任何时候，健康的身体才是我们最大的资本。

　　子楚大学毕业后，被顺利分配到了一家国企上班。母亲考虑子楚初入职场什么经验都没有，便让子楚的父亲传授他升职的心得。子楚觉得非常奇怪，自己的父亲虽然在职场上打拼多年，可是一直都没有升职呀。

　　只听父亲清了清嗓子，说道："你还记得你大表叔家的阳哥吗？"子楚想了想，答道："记得，很多年不见了。"父亲接着说道："你阳哥不爱说话，家里条件也不好，大学毕业之后就参加了工作，能力平平，赚得也不多。可就是这样一个没有任何背景和过人之处的普通人，进入公司不到两年的时间就升入了管理层。现在你阳哥手握重权，混得风生水起。"

　　听着父亲的描述，子楚不禁好奇地问道："那我阳哥快速升职的秘诀是什么呀？"

　　父亲兴奋地说道："你阳哥有思想呀，参加工作挣的工资一分也不存，扣除日常的基本生活费用之后，余下的钱全部花在了送礼上面。有的时候，他的父母还得资助他一些。因此，在职场中想要快速升职，最佳的方法就是——送礼。"

子楚看着滔滔不绝的父亲，听着这些所谓的升职妙招，忍不住问道："您说得这么头头是道的，怎么你自己一直都没能升职呢？"

儿子的话击中了父亲的要害，他张口结舌的，不知道该说些什么了。一旁的母亲连忙打圆场，"你爸爸的单位不行，升上去也没有用。可是你不一样呀，你还年轻，前程需要自己争取的。"

就这样，父母每天轮流给子楚上课。渐渐地，子楚的心情也产生了变化。子楚是一个非常优秀的孩子，非常务实，而且也有志向，他立志一定要好好干工作，在工作岗位上充分发挥自己的才能，靠自己的双手打出一片天地来，可是听了父母的话，他有些灰心，职场这么黑暗，好像上级领导们从来不看重手下人的能力，而是更加在意谁送的礼重。忽然间，子楚觉得人生没有了方向，没有了努力奋斗的动力。

因为积极性不高，子楚的工作表现非常一般，经常心不在焉的。上级领导看着子楚，再看看其他朝气蓬勃、干劲十足的年轻人们，不禁皱了皱眉头。很快，子楚上班已经一年时间了。在这一年里，子楚的职位从来没有调整过，职场的培训也从来没有参加过。不是子楚不想参加，而是名额有限，人员每一次都由上级领导指派。有些同事甚至已经参加过两次职场培训了。子楚觉得领导似乎有些看不上他，为了改变这种现象，子楚听从了母亲的建议，决定给领导送礼。

这一天，子楚将一千元人民币装进了信封，趁着别人不注意，将信封塞给了领导。领导接过来一看，脸上的笑容立马僵住了，他追了出来，硬是将信封还给了子楚，脸上没有任何表情，"子楚，你的心情我能理解，但是你这样做没有任何意义，如果你真的想要我高看你，你就好好地工作就可以了。"

子楚碰了一鼻子灰，他认真地反思了自己参加工作以来的表现。痛定思痛之后，子楚决定脚踏实地地奋斗，不再搞些歪门邪道了。奇怪的是，自从子楚做了这个决定之后，他的心情一下子好了起来，每天都活力四射的。看到子楚的改变，领导也很开心，他将一次培训的机会给了子楚，并说道："看

到你们这些年轻人真心实意地上进，我感到非常高兴。"

成功的果实令人垂涎，很多人为了能够一品成功的甜蜜，不惜采用各种手段。事实上，成功远没有我们想象中的复杂。作为现代生活中的参与者，我们每一个人都有很多很多的愿望和欲望，都想通过自己的努力改变自己的命运。然而，每个人对成功的定义不同，自然最终的结果也不同。一个人是否成功，取决于他的态度。成功者即使身处低谷之中，他的眼界依然广阔，他的目标依然远大，因此他不会为了眼前的利益而做出一些不堪的举动来。他会想尽一切办法，勇敢地战胜困难，他非常享受这个奋斗的过程。事实上，在成功者的眼中，奋斗的过程才是最重要的。而一些失败者却只重视事情的结果，他们不在乎其中的过程，只要最终能够达成所愿，使用一些不正常的手段在所不惜。这样的人，他们在追求成功的过程中偷工减料、心浮气躁、眼高手低，不愿意脚踏实地地付出。其实，没有美好的过程，何来美丽的果实。对于任何人都是如此，没有脚踏实地的付出，怎么可能会有好的结果呢？

太极智慧告诉我们，做任何事情都要摆正心态，不急不躁，本着水到渠成的心态，平和地处理事情。顺境时，我们戒骄戒躁，保持空杯的心态，一切从零做起；逆境时，我们不卑不亢，保持坚持不懈的心态，绝对不向困难低头。在奋斗的路上，只要我们的心态是正确的，我们脚下的路就不会断。只要心中有梦，并且为之一直不快不慢地走着，总有一天我们的梦想一定会实现。

养生的原理也是如此，很多疾病的产生都是因为心态。心态不好，身体的状况也就不好，长时间地压抑会摧毁一个健康的身体。因此，为了我们的健康，不管遇到什么事情，我们都要保持着积极乐观的向上心态，让身体充满活力。

## 2. 阴阳平衡，祛病强身

近几年，随着人们对养生知识的重视，越来越多的人认可太极拳对一些疾病的治疗有一定的作用。为什么太极具有一定的祛病功效呢？原因是，太极提倡缓慢柔和、连绵不断，在练习太极的过程中，要求人们做到心静体松，阴阳平衡，这对抵抗疾病具有很大的积极作用。

太极拳是我国传统武术的瑰宝，练习太极拳不仅可以调整人们的心态，还能延缓衰老、祛除疾病、强身健体、提高自身的免疫力。众所周知，长时间的消极心态会大大损害人们的身体健康，导致多种疾病的发生。这个结论已经得到证实，现代医学研究表明，很多疾病的发生都与患病者某些方面的长期失衡有密切关系。

自然界的万物都是相同的，天地之间讲究阴阳平衡，人也一样。想要维持良好的身体状况，也同样需要保持阴阳平衡。人们需要有欢喜有痛苦，不要长时间维持一个姿势，如长期的心理失衡会影响人体的各项生理指标；长时间坐着不动会造成颈椎、腰椎病变；长时间保持蹲着的姿势会形成骨质增生、椎管狭窄、椎间盘突出等。

太极拳的招式正是改变这些失衡姿势的关键，太极拳讲究顺应自然，练习太极拳可以改变很多生活中的不良习惯，从而过上有规律、有节制的健康生活。

老李头是个死硬死硬的倔老头。凭借着年轻时候打下来的结实底子，一度不讲究养生。

"爸爸，现在的老人养生意识非常强，您老年轻时为了生计经常走南闯北，练就了一副好身板，但是您也不要因此忽略了养生。就比如你这个吸烟的习惯，为了自己的身体健康，是不是也要改一改呀？"儿媳妇是难得的孝顺孩子，每次从遥远的城市回来都会语重心长地劝说老李头。

老李头非常喜欢这个儿媳妇,基本上儿媳妇的意见他多数都会考虑,唯独这个吸烟的习惯,几十年了,老李头实在是离不开了。他"呵呵"地笑了两声,"不改了,年纪大了,没有什么别的爱好了,就好这口烟了,离了它呀,浑身哪都不舒坦,可能会死得更快。"

"你个死倔老头子,离了它你还不活啦,年轻时候,每天忙着生计,也没见你抽它,老了还添毛病了。孩子们那是为了你好,想着让你多活几年。"一旁的老伴见儿媳妇劝阻无效,索性来了硬手段。

"咋地,年轻时一心忙着赚钱养家,娃们都等着吃饭呢,我能舍得买烟么?现在孩子们都成家立业了,我也没有什么牵挂了,还不让我有点自己的爱好呀。"老李头也不甘示弱。

"爸爸,您看这样好不好,我们家那块有一群老头每天都在公园里练太极。你和我妈一起过去,每天也跟着练练太极。至于吸烟的事情,过段时间再说。"儿媳妇说道。

老李头听完,没有说话。老伴知道,他这是答应了。

就这样,老李头和老伴来到了儿子家,每天早上和晚上都去公园里练太极。最初,老李头只是碍于儿媳妇的情面,想着练上两天应付应付就回去了,没想到练着练着,老李头和老伴还真认真起来了。一天不去练,浑身都觉得不舒服。时间长了,老李头吸烟的坏习惯改掉了,就连老伴一直缠身的高血压也治好了。

现在的老李头和老伴非常重视养生,他们四处宣扬太极的神奇功效,很多老年人都是受了他们的影响才开始练太极的。有时候,儿媳妇开玩笑说道:"我爸现在可忙了,你就是把烟摆在他的面前,他都没有时间抽了。"原来,老李头成了领导,每天带领着大伙一起练习太极,空余的时间还需要进一步学习呢。

太极就是这样一种令人着迷的学派,它的智慧包罗万象,是人们穷其一生也无法参悟透彻的大学问。单单就养生知识而言,太极倡导"日出而作,日入而息"的自然作息习惯,凡事讲究限度,不能没有节制。因此胸怀太极智慧的人，懂得节制，他们从来不会大吃大喝，终日泡在电脑游戏中，直到深夜还精神抖擞的。生活习惯不好，作息时间不规律，没有适度的运动量，人体得不到有效锻炼，自然无从谈健康的身体。

事实上，我们也不一定非要练习太极，只要我们能够真正领悟太极的智慧，那么做什么运动都是一样的。太极拳作为一个养生的运动形式，锻炼的不仅是人们外在的身体，还有内在的心灵。可以说，太极对人们的身体和心灵起到了内外兼修的功效。

首先，太极的动作非常缓慢，却柔中带刚。这样既不会让练习者的身体处于一种激烈运动的巅峰状态下，导致情绪高亢，也不会让人们处于一种静止不动的状态下，导致人们过于死气沉沉，太极可以让人们在舒缓中得到放松和锻炼，让心情得到有效放松，身体得到最大限度的放松，从而起到内外兼调的目的。

其次，太极的动作顺应自然，讲究借力打力。这样的动作技巧，可以让练习者学会使用巧劲儿，不蛮干。生活中，随着人们年龄的增大，各种锻炼都要适度，稍稍不注意可能就会给身体带来损害，特别是老人朋友们，一定要顺其自然，借力打力，讲究锻炼的技巧。

其实，身体上的锻炼是一方面，心理上的调节也是不可或缺的。很多老年人在上了年纪之后，更加需要有人陪在身边，他们不求好的物质生活，不在乎手里的存款是多还是少，他们只是怕孤单。因此，让老人的心情舒畅也是长寿的秘诀之一。在这一点上，儿女自然需要尽一份力，但更重要的是老年人自己调节好心态，阴阳平衡，凡事不苛求，尽可能地自娱自乐。

很多老年人在退休之后，生活节奏一下子慢了下来之后，非常不适应，并因为终日无所事事而心情郁闷。客观地讲，年轻人有年轻人的生活，他们的生活节奏非常紧张，每天忙到很晚才回到家里，也的确抽不出太多的时间陪伴父母。因此老年人一定要学会调节，自己给自己找一些事情做，不要整日里无所事事。太闲的生活也不好，这就是为什么那么多老人选择上老年大学的原因。人的年纪大了，精力和体力都跟不上了，因此他们不能再像年轻人一样为社会做贡献，但是真的完全放松下来也不行，可以根据自身的情

况,有选择地从事一些自己感兴趣的事情。这样一来,每一天都会过得非常充实,人的积极性也被大大地调动起来了。心情舒畅了,身体状态也会好起来。

同理,年轻人也是如此,大脑里的弦绷得太紧时就需要适当地放松一下。人们常说:"一定要劳逸结合,才能提高效率",事实上,劳逸结合对我们的身体健康也非常有好处。因此,为了能够拥有一副健康的身体,我们一定要学会阴阳平衡、劳逸结合。阴阳平衡是传统的、经典的哲学思想,全面客观地反映出天地万物的存在形式和发展规律。阴阳平衡是世间一切事物运动变化的最完美状态,也是人们保持健康长寿的重要秘诀。

## 3. 体脑并练,延缓衰老

体脑并练,延缓衰老,是老年人的共识。毋庸置疑,想要做到"体脑并练,延缓衰老",必要的体力锻炼必不可少。提到锻炼,人们在一秒钟就可以想出很多种方法,如晨练、跑步、走路、踢球、跳舞等。这些体育锻炼在城市的各个角落里随处可见。可是对于如何活动大脑,却很少有人关注和思考了。这就是,现代城市里人们普遍存在着重体轻脑的现象。

客观地讲,老年人不仅要拥有健康的体魄,还要拥有清明的头脑。因此老年人在动脑方面锻炼也必须提上日程。《吕氏春秋》中写道:"流水不腐,户枢不蝼,动也。"这句经典的论述,清晰地揭示了事物运动的规律,人类的智慧也是如此,人类的大脑是越用越灵活,如果长时间不思考问题,人类的智商会大大减退的。

想要让大脑神经细胞像身体的其他组织器官一样,时刻处于转动、运动的状态下,就必须勤动脑。因此,生活中老人们要注意多动动脑,不要动不动就以"我已经退休了,一切事情都应该交给年轻人了"这种心态来应对每天的生活。因为各种原因,退休只是让你卸下了工作的重担,并没有让你彻底停止脑力活动,生活中的任何事情都需要动脑筋才能做好。

婷婷的父母今年五十四岁了。他们生活在农村，一直过着淳朴的生活，上了年纪之后更是不愿意动脑了。一天，婷婷给父母买了一部智能手机。父亲看了看手机，推给了母亲，"还是你来弄吧，费劲死了，还不如我的手机呢，按几个数字就可以打电话了。"母亲看了看，也不太愿意用。

婷婷看着父母的样子，有些不高兴了，"爸妈，你们怎么回事呀，我同学他们的父母都会用这种智能机，你们的年纪也不大，才五十几岁，尝试着接受一下新事物，和这个社会接轨一下嘛。"

"哎呀，我们都多大年纪了，眼睛也不好使了，学习鼓捣这些玩意干嘛，有个手机能接打电话就行了呗。"母亲说道。

婷婷有些恍惚，曾几何时，就是自己的父母，每天都如早晨的太阳，浑身充满了活力，他们勇敢地挑战一切新事物，他们在打理田地的同时，依然开动脑筋，思考着其他的赚钱之路。最后，他们几经波折，终于在一所中学里开了一间食杂店。在那段时间里，父母忙得不可开交，几乎整日里没有闲工夫，他们学习如何进货，如何销售，如何做账等，父母忙着开创自己的事业，与此同时，家里的经济条件也一点点地好了起来。父亲成了村里率先致富的典型，竟然带上了大红花。那个时候的父母脸上洋溢着青春的活力和勇气，可是现在……

婷婷不甘心地说道："爸妈，你们还不老呢，很多你们的同龄人，他们学着用微信，学着开车，学着用电脑……只要你们学，这些都很简单。"父母没有说话。是的，他们已经不愿意再继续用脑了，他们只想过简单、机械的生活，排斥接受任何新生事物。

现代生活中，有很多和婷婷父母一样的中老年人，他们可能生活在农村，也有一部分生活在城市里面，他们对生活没有任何追求，只想平平淡淡地过日子。我们不能评价这种生活态度的对与错。因为对错只在自己的心中，只要他们觉得快乐，那就是对的。事实上，在某些时候他们也会觉得不方便。因为赶不上时代的发展，对于新生的事物排斥，所以他们不会用微

信,失去了很多与亲人、朋友聊天沟通感情的机会,这难道不是他们的损失么?因为不会用电脑,所以世界上每天发生了什么,各种第一手的网络资讯,他们都了解不到,这难道不是他们的损失么?

对于这些"闭塞"的中老年人,他们中有一部分人不愿意接受新生事物,原因只有一个,那就是"惰性",他们不愿意再动脑筋了。人越是年纪大了,越应该多动动脑筋,多接触接触外界,开阔一下心胸,调动一下积极性,从而让自己的生活更加充实起来。很多人都有这种感觉,人只要忙碌着,那么不会觉得身体不舒服,一旦闲下来,就会发现老得特别快。因此,为了我们的生活能够更加有质量,在锻炼身体的同时,也一定要勤动脑。

田老太是东北的一位普通农妇,老伴死得早,独自抚养四个儿子长大,家境一直不富裕。田老太一直独自居住,虽然和最小的儿子一家生活在一个院子里,但是也都各自过各自的。每天,田老太的主要精力全部放在打理家务和小儿媳妇斗智上面。因此,田老太的身体和大脑从来都不缺乏锻炼。

这一天,田老太发现自己家的鸡少了一只,猜想是小儿媳妇偷偷吃掉了,便去询问。不料,小儿媳妇径直承认了,说是因为那只鸡先吃了她的菠菜,所以才抓了鸡。田老太觉得儿媳妇说得有道理,谁叫自己家的鸡跑去吃人家的菠菜呢。为了扳回这一局,田老太左思右想,终于想到了一个好方法。她在自家的菠菜地里撒了一些谷子。小儿媳妇家的鸡很快就跑到了田老太家菠菜地里了。田老太一把抓住了鸡,得意地对儿媳妇说道:"你家的鸡也吃了我家的菠菜,所以我也要吃掉它。"儿媳妇看着小孩儿一样的婆婆,笑着说道:"吃吧吃吧,这老太太猴精猴精的。"

事实上,这对婆媳虽然每天都勾心斗角地算计,但是她们之间非常愉快,彼此间非常享受这其中的乐趣。正如田老太常说的,"有小儿媳妇在,我从来不觉自己生活孤独,如果我的小儿媳妇连着几天不在家,我就会觉得孤独。"

这就是老人,他们并不在乎自己是不是真的吃亏还是占了便宜,最重要的是有人陪着他们"玩"。故事中的田老太按照自己心愿独自生活，因为她觉得这样更自由。她的孩子们每天虽然并没有帮助她做些家务，却用了另一种方式照顾着她。故事中的小儿媳妇，在田老太的晚年生活中扮演了不可或缺的角色，正是因为她的存在，老人家才能每天动脑思考，生活才充满了乐趣。最后一句"这老太太猴精猴精的"，充分说明了田老太的健康状态非常良好，生活得也非常幸福。

很多时候，人就是一台机械，需要经常运转，一旦长时间的停歇，就会生锈。身体各个器官如此，大脑也是如此。日常生活中，锻炼脑力的方法有很多，如看书学习、旅游、作诗、学习用电脑或是写写回忆录、下象棋、记记生活账等。这些都是锻炼大脑的好方法。老年朋友，一定要改变只重视身体锻炼，忽略脑力锻炼的思想，只有做到体脑并练，才能延缓衰老。

## 4. 量变质变，巩固提高

学习太极，每个人都能从中得到足以改变一生的信息。

随着人们生活水平的提高，人们所承受的压力越来越大，生活节奏也越来越快。面对如此紧张的生活，人们的生活规律越来越乱。"亚健康"的问题与日俱增。忙碌之余，人们开始感受到了体力不济，越来越多的人开始被迫关注健康。于是，全民健身的热潮一浪高过一浪。

年轻人感到了为难，"怎么办呢？我的工作需要整日坐在电脑面前，运动量根本跟不上，下班之后又要忙着打理家务和其他事情，根本没有时间锻炼身体呀。""我也一样，明明知道自己的健康状况不够良好，早上一起床就觉得头疼，为了改变这种情况，我制定了健身计划，可就是坚持不下来。""工作量大，连吃饭的时间都没有，出去锻炼身体，总是觉得时间被浪费了……"

老年人觉得迷惑了，"怎么回事呢？我每天都坚持跳广场舞来锻炼身体，可是一段时间过去了，我的肩周炎反而更加严重了。""我有心脏病，医生叮

嘱过不要做剧烈运动，没办法了，我只能每天走走路，效果不明显，各种疾病总是找上我。""你看我，为了能够拥有健康的身体，以前我每天都坚持锻炼，一刻也不在家里呆着。事与愿违，现在还是坐上了轮椅……"

年轻人、中年人每时每刻都被"亚健康"困扰着，他们有锻炼身体的意识，却没有锻炼的时间。生活的压力、对梦想的追求，让他们一刻也不能停歇。对于他们而言，时间就是金钱，时间就是资本，他们的身体还很好，虽然在走下坡路，可是因为年轻，健康状况还算不错。因此，为了生活、金钱、权力、梦想等，锻炼身体这件事情还是往后再推推吧。

老年人退休后，终于有了大把大把的时间可以自由安排了。此时，他们没有来自生活上、职场上的压力，没有太多的功利心，他们只要拥有更加健康的身体，因为此时此刻"健康"正离他们渐行渐远。于是，老人们将大量的时间和精力花费在了锻炼身体上面。可是，令他们觉得奇怪的是，尽管他们开始坚持锻炼身体了，健康状况却每况愈下。事实上，这就是太极智慧想要提醒人们的，锻炼身体的过程是一个量变达到质变的过程，没有任何捷径，只有经过一段时间的积累，才能见到成效。很多老年人，他们在年轻时忙着事业，忙着家庭，忽略了自己的身体健康，因此失去了"量变"的过程，到了晚年自然也见不到"质变"。所以，我们要从现在起，立即行动起来，每天坚持锻炼，不要等失去了健康再开始锻炼，那时一切都晚了。

王燕曾经是一名药材公司的会计，非常能干。那个时候，公司每年都会评"优秀员工"，王燕年年都能评上。事业风生水起，自然需要付出一些代价。王燕可谓工作起来不要命，经常低头整账，一整就是一整天，这期间她连口水都顾不上喝，更别说起身活动活动。也许正是因为王燕常年保持着低头的姿势，她的颈椎开始变形。那个时候，她很年轻，不懂得保养自己。后来渐渐地上了年纪，颈椎问题开始疯狂地困扰着她。王燕经常因为颈椎疼痛彻夜难眠。后期问题更加严重，王燕的颈椎弯曲压迫肢体神经，她的手臂由最初的麻木，到后来的活动受限。健康问题不容忽视，王燕开始四处求医，尝试各种偏方。然而，她的颈椎变形太严重了，错失了最佳的治疗时机。

为了能够缓解颈椎疼痛，王燕开始有意识地锻炼身体。每天早上，王燕和院里的其他几位老年人一起到东门外的植物园里快速走上几圈，走到身体微微发汗，王燕觉得颈椎处的不适感减轻很多。到了晚上，吃过晚饭之后，他们几个还要出去跳舞，手舞足蹈地将全身活动一遍。

每天的锻炼量跟上了，身体的健康状况自然也会一点点好转起来。王燕尝到了锻炼的好处，开始对锻炼更加着迷，一天不出去锻炼、活动，就觉得浑身难受。然而事与愿违，在一次常规的体检中，王燕竟然被查出了癌细胞。听到"癌症"两个字，王燕整个人都僵住了。这些年，身边的一些朋友的确有生这种病的，但是她从来没有想过自己有一天也会得这种病。王燕的内心忽然间变得异常安静，她没有哭泣，没有愤怒，只是眼睛里充满了迷茫。是的，面对这种情况，任何人都会手足无措，不知该怎么办。

王燕的事情传开后，很多人都开始怀疑锻炼身体的功效。"王燕是我们几个里，锻炼最积极的那个，谁能想到她竟然……"听着大家七嘴八舌地议论，一位熟悉王燕的老人说道："话也不能这么说，什么事情都需要过程。王燕年轻时，对自己的爱护不够，心胸和气度都有些小，经常一个人生闷气。那个时候我就劝过她，说生气对身体不好，可是她就是改不了。看来，现在再怎么锻炼，终究还是晚了。"老人的话，让大家纷纷陷入了沉思。

经常听人说："如果时光可以逆转，我的人生之路一定不这么走。"每个人的生命都有遗憾，有的遗憾可以弥补一些，而有的遗憾则无法弥补。相对于金钱、地位、权力，这些生不带来、死不带走的东西，唯有健康才是我们真正的资本。当我们年迈时，能够拥有一副健康的身体，时而陪伴着我们的孩子，时而挽着老伴的手臂，潇洒在山水间，把年轻时没有走过的地方都看一遍，这样的晚年生活才是最美好的。

生命无常，遗憾的事情太多太多了，也许只有到了晚年，到了一切都来不及的时刻，人们才会明白：什么才是最重要的。如果你是幸运的，在年轻时代就有幸翻开了太极智慧，明白了世间的一切执念不过是庸人自扰而已，也许你能轻松放下沉重的包袱，不让生命承载太多不可承受之重，从而真正地生活。

## 5. 静神养心，滋养精气

又忙到了深夜十二点，今天然然又将衣橱里的衣服、被褥重新整理了一遍。明明已经规整得很利落了，可是然然就是觉得乱，整个屋子哪里都乱，乱得她不知道该从何下手整理。终于，然然绷不住了，她烦躁地一通乱抓，头发被抓得像堆乱柴。第二天，然然早早起来，她要给老公和孩子做早饭。一通忙活之后，九点了。看着再一次无比凌乱的厨房和卧室，她有一种说不出的窒息感。

然然将心中的压抑告知了母亲。母亲一声不响地听着然然的倾诉，静静地看着眼前这个萎靡不堪的女儿。终于，然然说完了，她觉得心里舒服多了。母亲没有急着开导她，只是带着她去了郊外的小树林采蘑菇。昨天傍晚下了一场雨，今天小树林里神奇般地长出来很多小蘑菇。这些白白嫩嫩的小蘑菇非常天然，味道也很好。然然拿着篮子跟在母亲的身边，一朵一朵地采摘着地上的蘑菇。湿润的土地散发出了阵阵泥土的香味。大自然真是神奇，无论你的心多么凌乱，置身其中都能得到洗涤。然然看着周围的绿树、脚下的蘑菇，她的心情也跟着土壤一起湿润起来。

看着女儿脸上的笑容，母亲轻声说道："身处钢筋混凝土中，每天看着疾驰的车水马龙，烦躁是在所难免的。如果你感到烦躁要想办法调节，别压在心里。正是因为你的心乱，所以你才会觉得生活乱，屋子乱，衣橱里乱，如果你的心是静的，你就会发现生活其实是一种享受。"

说完，母亲轻轻抚摸了几下然然的头，心疼地说道："自从你独立生活后，母亲对你的照顾不够，总是想着让你在生活中得到锻炼，一点点褪去幼稚之气，这个过程是痛苦的，却也必不可少。孩子，你要学会静神养心，即便是为了你自己的身体健康。"

在太极看来，世界其实就是我们的心，心静则整个世界都安静，心乱则整个世界都凌乱。有的人利用假期去了云南、三亚、四川等风光秀丽的地方游玩，心情得到了放松，临别之际对这些地方充满了不舍之情，心说："生活在这些地方的人，他们是多么的幸运，坐在自己的院子里就能看到不远处的青山绿水，呼吸着新鲜的空气，喝着甘甜的泉水，听着林间的鸟语，闻着山间的花香。再想想自己，每天从早忙到晚，灰头土脸的，抬头看到的只是灰茫茫的雾霾，闻到的只是汽车的尾气气味。"其实，大可不必如此伤感，我们所处的生活环境可能不够优美，但是这不是最主要的，只要你的心觉得幸福、美好，即使环境再恶劣也会觉得像仙境的。

因为各种原因，我们无法抛下重重顾虑，自由自在地过我们想要过的生活，但是我们可以选择修身养性，调理自己的心态，不要为得不到的事物悲切，要珍惜自己已经拥有的，其实只要你拥有一颗发现美的心灵，无论你身处何地，都能发现生活的美好。

太极智慧告诫我们要静神养心、顺其自然，凡事不可过于强求，想要做到这一点，首先需要做到淡中取真。

有这样一位诗人，他的一生都生活在旅馆中。他没有给自己购买一套住房，他不断地从一个地方到另一个地方。当然，这并不是因为生计所迫，他是一个追求真实的人，他喜欢旅行，他要在自己的有生之年看看世界，见识一下不同的地貌、人文。他是这样做的。在旅行中，他得到源源不断的灵感，做出了很多优美的诗句。后来，他年迈了，政府给他提供住所并安排人员随身照顾他。可是，他拒绝了，他不愿意过这样的生活，即使他的身体不如从前了，他也愿意融入大自然之中。最后，这位诗人病死在了途中。他没有孩子，没有任何的遗产，除了一个简单的行囊。

也许在很多人眼中，诗人的一生不值得羡慕，人们还是更喜欢有儿有女，有个温馨的家。家是很多人心中情感的寄托，只要你觉得有家的生活美好，那么你就努力建立一个温馨的家。而诗人想要过的生活就是这种"以天

为庐,以地为褥"的生活,没有太多不必要的牵挂和困扰,没有太多的欲望和挣扎,活得那么的清脆。这样的生活,是很多人可望而不可及的生活——淡中取真。

太极智慧告诫我们要静神养心,想要做到这一点,我们还需要做到少些欲望。

有位老教授,一生创作出了很多作品,辞世时享年108岁。他的一生,不仅在事业上创造了奇迹,在生命的长度上也创造了奇迹。

教授晚年时,曾经有人问其养生之道。教授坦然地说道:"其实我没有什么养生之道,我每天的生活内容和大部分人基本相似,如果一定要说的话,我从来都是无欲无求,不想做官,不想发财,不想留下盛誉,我只是顺应本心,安心做学问而已。"

教授这种"我乃常人,就安于常态"的智慧,是一种难得的大智慧。拥有这种智慧的人,都是一些绝世的高人,他们或许没有太多的成就,只是普普通通的俗人,但是他们却给了生命最纯洁的展现。事实上,人世间真的没有那么多烦恼和忧愁,所有的烦恼和忧愁不过是因为人心不足蛇吞象而言。想要的东西太多了,得不到就难过,如果你现在正处于情绪低谷期,请你仔细反省一下自己,问问自己:是不是想要的东西太多了?这些你苦苦追求的东西真的重要么?

除此之外,想要做到静神养心,我们还需要做到"不以物喜,不以己悲"。

人生无常,生命中起起落落原本是常事,可是拥有至高灵感的人类却不愿意接受这一客观规律,人们将自身的喜怒哀乐无限放大,直到在他们的意识中,除了自己的感受,再也容不下其他人的感受时,整个世界的得与失真的就只关乎自己了。然而,世界不是只有你一个人,芸芸众生,每个人都有自己的爱好和感受,我们在考虑自己的同时,也需要在乎一下他人的感受。如果你将自己的感受与他人的感受平等视之时,你会发现:其实我们真的很渺小，我们自身的喜怒哀乐在辽阔无边的自然界中真的不值一提。如此，你的心胸会宽广起来，再也不会因为一些俗世而惊扰心神的。

太极告诫我们要少欲，知足，这也是太极智慧的最高境界。欲望在某种程度上促进了人类文明的发展，社会的进步，可是它是没有极限的，如果任由其发展下去，适得其反，展现出来的只有负面作用，人们会因为它的存在而痛苦，社会会因为它的存在而动乱，天地间秩序大乱。因此，我们要学会克己，让贪婪泯没在萌芽中。

## 6. 松劲养肝，调理怒火

"哎呀，你能不能不要这么大的火气，天天动不动就发火，动不动就吼叫，你这个样子谁受得了呀。"小李抱怨妻子道。

"我火气大，怨谁呀？还不怨你，家里家外这么多事情，里里外外全指着我一个人，你就不能伸把手？每天需要处理这么多事情，我的脾气能好到哪里去？"小李妻子像个泼妇一样冲着丈夫吼道……

小李决定开间理发店，妻子表示支持。没过多久，小李的理发店开业了，生意非常红火。小李每天忙着打理店里，经常很晚才回家。时间一长，小李妻子有想法了。这一天，小李早早出门，妻子悄悄跟在身后。她一定要看看丈夫每天都忙些什么。遗憾的是，小李妻子的跟踪能力太差了，很快小李便发现了身后鬼鬼祟祟的妻子。他生气地问道："你在干什么？"

小李妻子理直气壮地答道："跟踪你，理发这个服务行业鱼龙混杂，什么人没有呀，我不放心你也很正常。"小李强忍怒火，耐心地和妻子讲道理。妻子终于答应不再跟踪他了。可是，没过几天，小李妻子继续故技重施，还动不动就到店里，向其他的工作人员和左邻右舍打探小李的表现。正所谓，"好事不出门，坏事传千里"，很快小李有个跟踪狂的妻子一事就被传得满城皆知。这样的生活，丈夫小李觉得难受，小李妻子过得也不顺心。

有些养生常识的人都知道，经常抑郁、易怒容易伤肝。果不其然，时间

没有多久，小李妻子总是隐隐约约地觉得身体不舒服，脸色也非常难看，脸上和身上还是长出很多痘。到医院一检查，果然是肝脏出了问题。医生告诉她，就是因为她平日里经常生气影响了健康。小李妻子感到非常后悔。

现实生活中，困难远远多于我们的想象。在遇到困难时，我们一定要学会调整心态，以积极乐观的生活态度去解决问题，战胜困难，绝对不能一遇到困难就急躁，对身边的人动不动就发火，以此来释放心中的压力。这样做不仅会伤害到我们身边的人，也会伤害我们自己的身体健康。正是基于这个养生常识，太极养生才非常重视心态的锻炼。

太极智慧告诫我们，在任何时候都要保持放松，不要给自己太大的压力。常听父母们说，他们小的时候连饭都吃不饱，经常饿肚子，可是他们却觉得生活得很幸福。这种体会可能年纪大一些的人都有。为什么条件那么差，人们还会觉得幸福呢？因为贪欲少，人性更淳朴。人们为了能够吃饱肚子，需要花费很多很多的精力去寻找食物，在温饱这种本能需求都得不到满足的阶段，心理上的需求则更加无暇顾及了。相对于那个时代的人们而言，现代人追求的东西更多了。虽然温饱问题得到了解决，可是随着人们越来越多的欲望，人们的心理变得更加吃不饱。因为得不到，因为压力大等，所以现代人的心理问题更加严重。

"我的手还能活动；我的大脑还能思维；我有终身追求的理想；我有爱我和我爱着的亲人和朋友；对了，我还有一颗感恩的心……"

也许你根本想不到，这样一段充满阳光的文字，竟然来自一个坐在轮椅上三十多年的高位残疾人。他就是霍金，一个口不能言，腿不能走，全身上下只有手指可以活动的科学巨人。尽管命运对霍金并不怎么公平，但是他却并没有沉浸在黑暗之中，他的生活充满了希望，他的人生是充实、幸福的。事实上，与霍金相比，我们每一个人都是幸福的。上天至少给了我们更加健康、强壮的身体，可是我们似乎并不知道感恩和珍惜，依旧每天肆无忌惮地甘心沉浸在黑暗之中。我们因为孩子们不懂事而发火；我们因为工资没有别人高而发火；我们因为上级的批评而发火；我们因为爱人不够体贴而发火……

我们发火的理由实在是太多太多了。归根结蒂，我们因为需求得不到满足而发火。可是在我们发火时，你有没有冷静地想一想：发火有用吗？

1. 发火永远只会让事物变得更糟

> 玲玲是一个嫉妒心很强的人。一天，妹妹给她打来电话。
> "姐姐，我找到工作了。"妹妹说道。
> "是呀，好事情，做什么工作？"玲玲淡淡地问道。
> "人事经理，一个月六千块钱。"妹妹兴奋地说道。
> 电话这边一阵沉默，尽管是自己的亲妹妹，但当玲玲听到了这个消息之后，首先产生的还是嫉妒情绪。她嫉妒妹妹能够找到这么好的工作。一时间，玲玲的心情变得非常糟糕，看哪里都不顺眼。正在这个时候，老公打来电话，"喂，今天晚上单位又有点事情，可能会晚点回家……"
> "晚回家，干脆你就别回来了。"还没等老公说完话，玲玲就发起火来。

生活中，嫉妒心理人人都有，事例中的玲玲因为嫉妒自己的妹妹，心情也变得糟糕起来，对身边的人乱发火，这样做对于解决问题没有一点帮助，反而会伤害身边的人，让大家都不愉快。因此，无论遇到什么事情，我们都要学会保持冷静，静静地分析解决问题的方法，不要让愤怒扰乱我们的心智。

2. 发火会伤害自己

愤怒之下，人的身体会释放一种毒素，这种毒素会对我们的健康产生负面作用，尤其会增加肝脏的负担，影响肝脏正常的排毒功能。太极拳讲究缓、慢、柔，这些动作技巧从各个角度磨炼人的性情，有助于帮助人们平复原本急躁的情绪。

很多养生秘诀一再强调愤怒的害处，甚至一些人认为，愤怒是在用他人的错误惩罚自己。的确如此，如果你此时此刻正在因为他人的不良行为而愤怒，从而损害着自己的健康。试问，这种愚蠢的行为会给对方带来什么伤害呢？真正受伤的只有自己。如果对方是一个有城府的人，看到你怒气冲冲的

样子,他会觉得自己胜利了,因为愤怒是人性最软弱的一面。

生活中,只有那些失败者才一次又一次地情绪失控,与他人发生争执。这些争执没有任何意义,除了那些真正在乎你的人,其他人没有人会在意你是否愤怒,也不会因为你的愤怒而感觉恐惧。发火是一种非常不好的生活习惯,是人类不能很好控制自己的表现,是成功路上最大的障碍。因此,我们要做心中有太极的人,急事冷处理,戒骄戒躁。

3. 控制不等于压抑

我们要控制自己的情绪,不能随便发火,但需要说明一点,控制不等于压抑,积极的情绪可以激励我们,促进我们走向成功。如果我们把很多精力消耗在压制自己的情绪上,不仅会给我们带来严重的心理问题,还会损害身体健康。因此,我们要从生活中的点滴开始磨炼自己的心性,让自己的负面情绪得到有效控制而非压制。这是练习太极的最大收获。

· 第十章 ·
# 太极成功智慧
### 梦想在坚守与顺应中照进现实

# 1. 突发奇想不等于想象和幻觉

数百亿年前，宇宙的一次大爆炸形成"混沌"，又经过一段时间的变化，天地间渐渐形成了太极。太极在运动中衍生出"动"和"静"两种仪态，也就是人们常说的太极生两仪。随后"两仪"衍生"四象"，即：空间、时间、力量、能量。接着"四象"再次衍化，形成了"八卦"，"八卦"即天地间的八种事物特性，分别为：乾、坤、离、坎、震、巽、艮、兑。每一种卦形代表一类事物，其中：乾代表天，坤代表地，巽代表风，震代表雷，坎代表水，离代表火，艮代表山，兑代表平衡环境的云雾。八卦是太极文化的精髓，其中蕴含着深邃的哲理，像八只无形无状的口袋，将天地万物全都包罗进去。正如《易传》所云："是故易有太极，太极生两仪，两仪生四象，四象生八卦，八卦生吉凶，吉凶生大业"，世间的一切都在太极之中。

事实上，宇宙所表现出来的太极只是太极智慧的表象之一，世间任何事物都是太极的表现，一事一太极，一人一太极，一草一太极……在我们身边的一切都是太极，包括人们一直追求的成功也在太极哲学的范畴之中。

说到成功，影响它的因素有很多，其中最重要的一点就是"突发奇想"。奇特的想象力对成功的影响不言而喻，可以说一个人如果没有足够奇特的想象力，就不会成功。

鲁班在森林中砍伐树木，不小心被一种当时也不知叫什么的野草划破了手指。鲁班没有立即处理伤口，而是聚精会神地观察这种野草，只见它薄薄的、长长的叶子边际处呈现锯齿状。正是这密密麻麻的锯齿割破了鲁班的手指。正在此时，鲁班突发奇想，最终模仿其发明了锯子。果不其然，锯子在切割树木方面非常好用。

牛顿眯着眼睛躺坐在一棵苹果树下休息，忽然，一只熟透的苹果从枝头掉下，不偏不倚正砸在牛顿的头上。牛顿"哎呀"一声，伸手揉了揉有些疼痛的头。忽然他的手停了下来，一个奇想油然而生，"为什么苹果会向下掉落，而不是向上掉落呢？"因为这个奇想，牛顿发现了"万有引力定律"。

莱特兄弟的父亲带着莱特兄弟二人来到郊外放风筝。父亲放风筝的技术非常高超，没过多久，一只漂亮的风筝便被父亲放飞到高空。看着高空中自由飞翔的风筝，莱特兄弟激动地欢呼起来。就在此时，莱特兄弟忽然产生了一个奇想：如果我们也能像风筝一样飞起来该多好呀！孩子们将这个奇怪的想法告知父亲后，父亲竟然鼓励孩子们，"孩子们，只要是你们想做的事情就勇敢大胆地去做吧。"于是，两兄弟在父亲的鼓励下开始着手研究制造飞机。经过了三年时间的研究和试验，莱特兄弟终于发明出了依靠风力飞行的滑翔机，实现了飞行的梦想。

这些事例充分说明了"突发奇想"对人们取得成功的重要影响力。人类文明史上的任何一次突破和发现都源自人们的"突发奇想"。"突发奇想"让人类有别于其他物种，让人类成为大自然的主宰者。基于"突发奇想"的重要功效，一些人开始盲目运用自己的想象力，脱离太极地漫天想象。殊不知，突发奇想并不等于想象和幻想。

盲目的幻想是指人们脱离现实，脱离世间客观规律的想象，这种想象不具有可行性，没有太大的意义。如果一个人终日沉浸在这种毫无意义的幻想之中，那么不仅不会向成功迈进一步，还会与成功背道而驰，荒废大量宝贵的时光。因此，一个真正有智慧的人，想要获得成功，首先他一定会基于现实之上充分发挥自己的想象力，不会漫无边际地任意胡想。

"妈妈，今天老师说了我的想象力有多广阔，我的人生舞台就有多大。"一个稚嫩的声音响起。

"是的，孩子，老师说得非常正确。一个人想要获得成功，必须具有一定的想象力。"孩子妈妈温和地说道。

"妈妈，我特别想要成为奥特曼战士，那是不是从现在起我就把自己想象成为奥特曼呢？"这个孩子似乎很聪明，竟然会举一反三。

"孩子,妈妈需要提醒你,想象力不是幻想,需要具有可行性,也就是说,你的想象在经过一番努力之后是有可能变成现实的,这样的想象才有意义。"妈妈说道。

一个年轻人非常渴望成功,为了能够成功,他已经努力了很长一段时间了。然而,成功不是简简单单的事情,影响它的因素有很多,年轻人经过一段时间的努力之后依然没有获得成功,因此他有些灰心。渐渐地,他开始放弃努力,终日沉浸在幻想之中。今天他幻想自己是一位草根英雄,在初级奋斗的过程中遇到了伯乐,从此他的抱负得以施展;明天他又幻想自己是一位名门之后,天之骄子,具有与生俱来的优越,不仅能够任意改变自己的人生,还能左右他人的人生;后天他又幻想自己是一位天才,具有常人没有的超能力,比如,听得懂他人的心声、过目不忘、不寻常的灵感等。这种"美丽"的幻想具有很强的魔力,让他深陷其中不能自拔,他愿意沉浸其中,不愿意回归现实,因为越来越糟糕的现实已经让他不忍直视了。

是的,正如那位母亲所言,突发奇想不等于幻想,脱离实际的想象没有任何意义。而界定这两者的唯一标准就是:想法是否具有可行性。一个人突然冒出来的想法,其本身并没有对与错之分,不管这个想法听起来多么不靠谱、离奇,都不要紧,只要想象者在产生它之后开始行动起来,并为其能够变成现实制定一系列的行动计划,那么这个想法就不是幻想,就具有可行性。同理,一个奇想无论它听上去多么美好、靠谱,可是想象者就是不采取行动,那么这个想法就是"纸上谈兵",没有任何现实意义。

如果说太极源自当年的那场大爆炸,不如说太极源自现实。太极离不开天下万物,与天下万物共生共灭,这是亘古不变的天道。因此,人的想象力也是如此,脱离现实的想象力就是胡想、幻想,不仅于成功无益反而有百害。故而,太极智慧告诫我们,做事情一定要脚踏实地,在突发奇想之后,必须为其变成现实而付出实实在在的行动,这样的"突发奇想"才是成功的关键因素。

太极是个完美的宇宙,世间的一切事物都是一个完美的小太极,之所以你还没有取得成功，只是因为你还没有掌握正确地思考问题、解决问题的方法。我们不仅需要了解太极智慧，学习太极智慧，还要建立太极思维来感悟生命。

## 2. 自发行为和直觉力很重要

太极拳要求顺其自然，用内在的意念催动肢体动作，这个过程似慢非慢，似柔非柔，没有半点的遮掩，非常自然。随着练习者功夫的加深，肢体受意念指挥的成分越来越多。此时此刻人们才渐渐明白：太极拳的招式之所以慢，原来是为了启动内在运动模式。因此，人们感悟到了"磨刀不误砍柴工"的道理。

太极拳是名副其实的内家拳，主张用意而非用力，提倡招式自发，顺其自然，借力打力。太极拳顺应天道，遵从世间万物的运动规律，只要练习者能够把握住其中的奥秘，就能发挥出用之不竭的能量。然而，人类却自出生起就开始学着"用力"，如从婴儿开始学习翻身、抬头、走路等，一举一动都在对抗着地球的引力。看着一名只有两个月大的小婴儿，趴在床上，费尽全力向上抬头，我们终于明白，"原来人们在不知不觉中就已经习惯了用力"。自小的习惯，想要改变的确不容易，而太极偏偏不提倡"用力"，提倡"顺其自然"。因此，人们在练习太极时，最先需要克服的难关就是"用力"。

人法地，地法天，天法道，道法自然，自然而然。太极拳的最高境界，当然是自然而然。我们生活在地球上，拥有着其他物种所不具有的灵性，表面上看，是人类在主宰地球，主宰世界，其实不然，相对于自然界的巨大神力，人力是多么的微乎其微呀。与其说是人类统领着整个地球，不如说是我们运用自身的智慧，借助自然的巨大神力统领了地球。

说到这里，一些人忍不住想说："原来我们才是真正的太极高手，掌握着四两拨千斤的太极技巧。"答对了，人类就是这样一群拥有着太极智慧的生物。当我们刚刚学习走路时，我们就懂得这个道理。因此婴儿会做出左脚

撑地，右脚抬起；右脚撑地，左脚抬起的动作，使身体在地球引力的作用下保持平衡。由此可见，顺其自然的自发行为和自觉力的能量是多么巨大呀。

在美国，曾经有一位年仅十一岁的小男孩，在和同伴一起踢球的过程中，不小心打破了邻居家的玻璃。更加不幸的是，邻居家刚刚做完装修，所以邻居显得非常愤怒。愤怒的邻居竟然向这名小男孩索要十二点五美元的赔偿款，这对于每天只有几美分零花钱的孩子而言，简直是个天文数字。被迫无奈，小男孩只好向自己的父亲求助。出乎意料的是，一向对他和蔼可亲的父亲竟然拒绝帮助他。男孩非常为难地说道："父亲，如果你不帮助我，我去哪里找这笔钱呢？"

男孩的父亲一本正经地说道："这笔钱我可以先借给你，但是你要保证会尽快还给我，因为这笔钱是因为你的过失花出去的，这个责任必须你来承担。"说完，男孩的父亲递给了男孩十二点五美元的钱。

男孩接过钱交给了邻居。从那以后，人们再也看不到男孩在外面空地上玩耍的踪影。为了尽快还清欠款，小男孩将所有的课余时间花费在了打零工赚钱上面。也许是因为自发行为的缘故吧，男孩子工作得非常认真。为了能够不落下功课，男孩子充分利用学习时间，上课认真听讲，课后认真复习。一段时间之后，小男孩不仅还清了父亲的借款，学习成绩还得到了大幅提高。看着孩子的变化，男孩的父亲感到非常欣慰，他从来没有想过自己的孩子可以如此懂事。要知道，以前父亲就是拿着鞭子敲打着他学习，他的成绩也是班里最差的。

这就是被动行为与自发行为的区别。被动的行为是指当事人在外界因素的强制干预下，不情愿地采取的行动，这样的行动缺乏内在的灵魂，因此所产生的收获微乎其微，甚至还会产生负面效果；相对于被动行为，自发行为则是当事人发自肺腑地采取的行动，因为是在当事人心甘情愿的情况下产生的行为，所以行为具有主动性，故而人体的内在潜能得以充分的调动，自然所带来的效果非同一般。通常情况下，自发行为均能取得成功，而被动行为往往会无功而返。

为什么同样都是行动，同样的当事人，所产生的行动效果竟会有如此大的差别呢？

原因非常简单，就是太极智慧常常提倡的"顺其自然"的原理。自发行为顺应当事人的本心，从而使心灵和身体合二为一，各种潜在的能量得以顺利发挥，自然所产生效果会更好一些。而被动行为，因为行为本身就违背了当事人的主观意愿，也就是说，当事人其实根本不愿意这么做，从心里排斥这样的行为，只是因为迫于某种或是某些外来的压力，才不得不违心行动。这样产生的行为与当事人的真实心理相矛盾，人神无法合二为一，自然身体潜在能力得不到充分的发挥，所产生的效果自然也不会太好。

对于我们而言，想要做成一件事情，发自内心的自觉行动会让我们距离成功更近一步。那么如何激发我们的自觉力呢？在此提醒大家：想要让自己的付出成为自发行为，必须清楚自己的兴趣是什么，也就是说我们要尽可能地做自己想要做的事情。其实，做自己想要做的事情、顺应本心就是顺应天道，也就是太极智慧中提到的"顺其自然"。很多时候，只要我们用心感悟，太极智慧就可以帮助我们解决生活中的所有迷惑。

丽丽曾经在高三时就给自己定好了方向，她太喜欢医生这个职业了，所以她立志一定要考入军医大学。尽管后期丽丽付出了很多努力，结果仍然不如意，她没能考上心仪的大学。接下来，丽丽的想法很简单，选择一所二流的医学院，只要能够让她学医就足够了。很多年后，丽丽毕业了，进入了一所名气不大的医院工作，尽管每个月赚不了多少钱，但是丽丽觉得非常开心，尤其是看到那些经过自己的双手治愈的病人脸上露出久违的笑容时，丽丽觉得自己是天下最幸福的人。她不在乎金钱，不在乎地位，全身心地投入工作中。实际上，只要你能够全身心地付出努力，好的结果自然而然就会降临在你的身上。短短数年时光，丽丽成了所在城市远近闻名的名医，很多患者慕名前来就诊。而丽丽仍然是全身心地工作，不同的是此时此刻的她既收获了金钱，又收获了地位。

正所谓"兴趣是最好的老师",兴趣可以激发人的自觉力,让人心甘情愿地行动。事实上,如果你顺利挖掘出了自己的兴趣,那么你距离成功已经不远了。在人生这条船上,我们是唯一的舵手,决定了船只将要驶向何方。如果我们有幸选择了自己喜欢做的事情,那么奋斗的过程将不再是一种煎熬,而是一种享受。

## 3. 你需要创作力和想象力

太极作为中华文化的重要组成部分,自开创以来到现在一直深受人们的喜爱。尤其是近年来,伴随着全民健身的浪潮一浪高过一浪,太极拳的健身功效也越来越被世人了解。事实上,太极智慧包罗万象,养生智慧只是它的一个分支。我们都知道,人们在练习太极拳的过程中,常常处于一种入境的状态。想要达到这种境界,只能靠练习者反复练习,反复思考。传授者是没有办法用语言表达其中的技巧的。在这个过程中,练习者的想象力和创作力将会发挥主要的作用。

太极的想象练习是一个生动的、多层次的过程,具有速度快、跳跃性的特点,可以在人的大脑中在很短的时间里反复思考。太极拳在练习的过程中,讲究"轻抬轻放、动作有度、运劲如抽丝、迈步如猫行",这些锻炼要领充分说明了太极重意念的修炼。从生理学角度来讲,太极拳的练习能够有效地抑制大脑皮层的兴奋过程,让大脑处于冷静状态,从而静思冥想。

因此,练习太极首先要做到心静。古语说:"形静则神聚,形动则神散",静是人们充分发挥想象力的重要前提。修炼太极的过程就是修炼"静"的过程,让身体和大脑得到充分的放松,从而使大脑得到足够的指挥空间。

正如爱因斯坦所说的,"想象力比知识更重要,因为知识是有限的,而想象力凝聚着世界上的一切,推动着进步且是知识进步的源泉。"想象力和创作力的重要性众所皆知。现实生活中,想象力和创作力是人类制定一切计划的基础。借助心灵的想象力和创作力，人类的各种愿望和理想都有了形象，若能够付诸行动，那么人们的愿望就有可能变成现实。

周末陈科和其他几个朋友约好一起去帮助好友丁茂装修房子。刚一进门，就看到丁茂蹲在地上一筹莫展的样子，"嗨，丁茂，蹲在这里干嘛，捡钱呀？"陈科开玩笑地问道。

"别提了，我想在这里扯出一根电线，方便以后使用，可是这个管道足足有十米长，直径只有4厘米，中间还需要拐上两个弯，太难穿线了，我这都穿了两个多小时了，简直快要崩溃了。"丁茂抱怨道。

看着满头大汗的丁茂，陈科绝对相信这项工作的难度，他盯着管道口左看右看，最后吩咐一位哥们去市场买两只小白鼠来，并且还必须是一公一母。

"不是，陈科，哥们这都急死了，你怎么还有闲心玩小白鼠呢？"丁茂听着陈科的吩咐，哭笑不得地说道。

"要不怎么说你的智商低呢，等着吧，我让你见识一下什么是高智商，分分钟就帮你搞定它。"陈科一副吊儿郎当的样子说道。

朋友们你看看我，我看看你，都猜不到陈科葫芦里到底卖的是什么药。没过多会儿，下去买小白鼠的哥们回来了，手里拎着两只小白鼠，递给陈科。陈科接过小白鼠，冲着蹲在地上的丁茂喝道："走开！"说着陈科抓起一只小白鼠，将电线的一端缠在了小白鼠的身上，将其塞进管道里，并将另一只小白鼠放在管道的另外一端，逗着它吱吱叫。不到一分钟的时间，只见那只缠着电线的小白鼠从管道里跑了出来。陈科一把抓住了小白鼠，解下绑在小白鼠身上的电线，冲着丁茂撇了撇嘴儿，"怎么样呀，服不服气呀？还两个小时，我这可不到一分钟就搞定喽。"

丁茂看着陈科，有些不好意思地挠挠头，说道："服……服，要不我怎么管你叫哥呢，您的智商绝对灭我。"朋友们看着丁茂脸红的样子，哈哈笑了起来。

这就是想象力的作用，它能给人们的生活带来便利，是人类智慧的体现。其实，不管是在生活上还是学习上，我们都离不开想象力和创作力。很多孩子都觉得《立体几何》是所有学科中最难的一科，其实《立体几何》并不难，它的侧重锻炼对象就是孩子们的想象能力。众所周知，书本上画出来的图形全部都是二维图形，而《立体几何》这门学科需要孩子们充分发挥想象力，将书本上的二维图形立体化，从而解决问题。因此只要孩子们能够稍加运用自身的想象力，就能轻松搞定《立体几何》。

美国商人尼科尔斯是仿木纹家具的发明者。谈起自己发明仿木纹家具的过程，尼科尔斯总是忍不住炫耀自己的想象力。原来这一切的灵感竟然是来自一场意外的火灾。

有一天，尼科尔斯的孩子趁父母不注意，跑到厨房里玩火。偏巧尼科尔斯和妻子都不在房间里，没能及时发现状况。等到火势大起来，他们两个才发现，可是已经来不及了。这场突发的火灾将尼科尔斯的家里烧得一干二净，只留下一片残存的焦松木。正当家人为此苦恼之际，尼科尔斯却意外地从焦松木独特的形状和漂亮的木纹得到了启发，从而发明了家具的仿纹样式。至此，仿纹家具诞生了，尼科尔斯也因此收获不菲的回报。

事实上，人类文明史上的任何一项发明都离不开人们的想象力和创作力。想象力和创作力使人类拥有了驾驭自然的力量，这是一个不争的事实：很久以前，人类就已经彻底征服了天空。尽管人类没有长出像鸟儿一样的翅膀，但是人类绝对有能力比鸟儿飞得更快、更高；很久以前，人类就已经彻底征服了海洋，尽管人类没有长出像鱼儿一样的鳍，但是在游泳方面，鱼类显然已不是人类的对手。不仅如此，在奔跑方面，人类也是首屈一指的"超级千里马"，尽管人类没有千里马跑得快，但是人类发明的火车的速度却远超千里马的奔跑能力。

想象力，让人类的智慧插上了翅膀，因为它的存在，人们的生活变得更加美好，人类社会也因此越来越先进。人类离不开想象力，一个没有想象力的人，没有任何获取成功的机会。可以说，想象力和创作力是开发人类一切技能的钥匙，是启动人成功机制的第一把金钥匙。

成功往往始于人们的想象力。在我们的生活中，存在空白领域等待我们想象，如果我们能够充分发挥出自身的想象力，在想象中学会连接现实，我们就会遇到人生最美丽的风景。如果我们不懂得运用自身的想象力，总是盲目地遇山开山，遇水搭桥，最后只会被累死。事实上，生活中的很多时候，只要我们稍稍动动脑筋，发挥一下想象，就能达到成功的顶点。日常生活中一定要留心观察，对于接触到的事物不要只看表面，要学会举一反三，只有这样，我们才能胸中光明，灵台澄澈，这就是太极智慧想要告诫我们的。

## 4. 太极，解决冲突的钥匙

太极包罗万象，蕴含着巨大的能量源，那么太极的能量是从哪里来的？来源于阴阳的不断变化。市场经济为什么能够繁荣？那是因为市场经济中，供与求的变化不断；一个百年企业为何能长久地保持着足够强的市场竞争力呢？还是因为企业在不断创新，不断地改变；一个和睦的家庭为什么能够保持其乐融融呢？是因为亲人之间的感情维系，让彼此关心。由此可见，不管是宇宙还是尘世间的小事物，它们的能量全部来自变化——平稳地变动。

在太极图中，我们看到的太极是圆形的。众所周知，我们生活的地球也是圆形的，天上的太阳和月亮也是圆形的，包括那些星星点点的星星也都是圆形的。因此，人类学着模仿真实的天体，发射出的人造卫星也是圆形的。那么，太极为什么是圆形的呢？

太极来源于宇宙，宇宙就是太极，太极就是宇宙。人们绘制出来的太极图正是依据宇宙而制。圆形对人类、对宇宙都有着非同一般的意义，例如，一场盛会在结束之际，主持人通常会说："我们的盛宴到此圆满结束。"某某同事结婚时，朋友通常会祝福道："祝你们生活幸福圆满。"为什么人们这么崇尚"圆"呢？因为圆形是最完美的，首尾相连，无棱无角，从哪个角

度看都是一样完美。为人处世也需如此，人生活在社会中，既不能与低俗合流，也不能故作清高，最完美的处世方式就是圆，也就是儒家提倡的"中庸"之道。

战国时期，齐国的孟尝君非常贤达，家里供养着很多慕名投靠他的门客。孟尝君非常厌烦其中的一名门客，几次想要撵他走。他的朋友鲁仲连知道后，劝说道："一只伶俐的猿猴一旦离开树木掉到河里，连小小的鱼虾都不如；千里马能够日行千里，可是让它在荒山野岭里奔跑，恐怕还不如一只狐狸；战神曹沫一人能敌千军，但让他扶犁耕种，他绝对不如一名普通的农夫。由此可见，任何人、任何事物都有其所长，当然也有其短处，我们不要用别人的短处与他人的长处比较。这位门客在某些方面的确不如其他的门客，不能很好地完成你交代的任务，但是这并不能说明什么。如果你因此将他逐走，引起他的怨恨，对你采取报复行为，这样的教训自古以来还少么？"孟尝君听完后，觉得朋友说的非常有道理，从此再也没有驱赶过自己的门客。

年少时的曾国藩是一名胸怀大志的有识之士，他刚正不阿，不屑官场中的黑暗。因此初入仕途的曾国藩表现得甚为扎眼，得罪了很多人，并因为处处遭受他人的暗算，仕途非常坎坷。几经沉浮之后，曾国藩学会了圆的智慧，坦然面对官场中数不胜数的趋炎小人，既不同流合污，也不深恶痛绝。

曾国藩的一位手下非常反感那些阿谀奉承之人，便在奏折中对一位前来溜须奉承的官员大加讽刺，搞得那位官员非常难堪。曾国藩知道这件事情后，对这名手下说："这些官员就是如此，他们以阿谀奉承为生，你这样做无异于断了他们的生路。试想一下，如果别人断了你的生路，你会不会想方设法地置对方于死地呢？事实上，只要他们不做出违法乱纪的事情，我们又何必计较人家的处世方式呢？"

从这段话不难看出，曾国藩深谙人情之道，他尊重任何一种处世方式，在不违反原则的前提下，最大限度地满足他人，因此无论是对上还是对下，曾国藩都能做到游刃有余。

俗语说:"水至清则无鱼",人世间从来就没有真正的世外桃源,凡事过犹不及。因此,我们在为人处世时一定要"糊涂"一点,多包容一些,给他人足够的空间,特别是在解决人与人之间的冲突之际,太极的"圆"智慧犹如一把万能钥匙,没有化解不了的矛盾。为什么这么说呢?原因有三点:

1. 太极体现了"和谐"

圆象征着平等,圆没有棱角,无论是对自己还是对他人都不会造成伤害,这是太极智慧中的"和善"。如果人们在面对冲突时,能够秉持着这种"和善"的太极思维,一切解决方法的出发点都本着"和""善",那么世界就不会有这么多纷争了。与人为善,是减少冲突的根本。

2. 太极体现了"胸襟"

"尺有所长,寸有所短",每个人的身上都有优点和缺点,太极智慧告诫我们,要学会综合评价一个人,不放大他的缺点,多关注对方的优点。很多时候,人们的优点和缺点是可以转化的,正如太极图中的阴阳变化,任何事物都不是绝对的,解决冲突也是如此,我们不能绝对地认为对方有错,而我们无错,不要把一件事情看死,也不要把一个人看死,在不违反大原则的情况下,尽可能地宽以待人,多看对方的优点。

3. 太极体现了"未来"

老马是位参加过抗美援朝的老革命。战争结束后,他脱掉了军装,回到了家乡,在一家小粮站工作。后来粮站关闭了,老马又被安排到了一家国营企业做些后勤。很多年过去了,老马老了,各种疾病缠身,企业也濒临破产,家庭面临着很大的医疗费用支出。老马的儿女都是普通的农民,根本承担不起。就在这个时候,一通来自军委的电话直接打到了县长处,一位大首长请县长帮忙寻找一下老马。很快,这位首长就在县长的陪同下来到了老马的住处。看到老马之后,首长一下子扑了过去,"营长,我是小武。"老马揉了揉眼睛,终于看清楚了,原来是他曾经的警卫员小武。二人寒暄一阵之后,首长看了看老马破乱不堪的家,又了解到老马因为没钱买药强忍病痛的情况之后,落泪了,随即表示要承担老马治病的一切费用和生活开支。他对

一旁的县长说道:"这是一位参加过抗美援朝的英雄呀,我不能让老人家晚年太清苦。"

太极智慧告诫我们,做人做事要思量未来,不要只顾眼前的得与失。很多职场上的老人,经常自恃经验丰富,在企业里人脉更广一些,动不动就欺负新人,尤其是那些刚刚走出大学校园的大学毕业生,这种现象在任何一家企业里都存在。事实上,这些所谓的老人,他们的前途远远短于那些年轻人,原因是他们目光短浅,只看眼前。年轻人因为年轻,所以前程更远大。所谓"三十年河东,三十年河西",没有人能够断言自己永远是谁谁的上级和领导,说不定有一天,你曾经的下属反过来成为你的上级。

## 5. 每天打一拳,益寿又延年

众所周知,太极拳有很多好处,每天坚持打拳可以延年益寿。近期,专家发现:持续练习太极拳的人,心肺耐力更强,身体对血脂血糖的调节能力更强。然而,练习太极拳的好处远非如此,太极拳还可以增强人体的柔韧程度,调节人体的五脏六腑,疏通经络,减少各种骨骼疾病。太极拳作为中华民族的保健运动,秉持了道家"清静无为"的思想和儒家"中庸"的思想,以修身养性为主。故而,太极拳不仅是一项运动,更是一门处世哲学,养生之学。

"老赵,又来练太极拳啦。"牛老头见到老赵总是喜欢搭讪一下。

"是呀,我说老牛呀,你没什么事情也来练练吧,太极拳可以延年益寿。"老赵精神抖擞地说道。

老牛狠狠瞪了老赵头一眼儿,说道:"你自己延年益寿吧,活成一个老妖精。"

老赵和老牛是一个厂子的工人,他们年纪相仿,年轻时就喜欢拌嘴玩,并不是他们真的意见不合，这只是二人增进友谊的一种方式而已。老牛头没有什么爱好，就喜欢喝点酒吃点肉，退休之后更是无拘无束，终日与酒为伴。老赵头则不一样，他生活得非常有节奏感，年轻时就开始接触太极拳，数十年下来一直坚持每天练上一会儿。以前，老牛头总是嘲笑他练拳时慢慢吞吞，没有一点阳刚之气。现在看来，老赵头的选择是正确的。如今的老赵头，尽管已经快七十岁了，可是依然精神抖擞，身体没有一点疾病。每个月都要女婿陪着他爬一次山。老赵头身体健朗成了老牛头妒忌的缘由。严格地说，老牛头还要比老赵头小上两岁，但是身体状况可是比老赵头差远了。老牛头早早就换上了"三高"，每天都要吃上一大把药，弄得他都快失去味觉了。

为了能够延年益寿，老牛在心里也想练练太极拳，可是一想到自己当时是怎么嘲笑老赵头的，就抹不开面子。对此，老赵头心知肚明，看着老牛头左右为难的样子，老赵头只想笑。相对于对老牛头固执的小小厌恶，老赵头还是更加在意这位老朋友的健康问题。一天，老赵头死拉硬拽地拉着老牛头一起练习太极拳。老牛头找到了台阶，终于可以正大光明地练习太极了。

事实上，练习太极需要一个持续的过程，半路出家的老牛头自然达不到老赵头的修炼程度，但是只要他从此坚持下去，对身体还是有好处的。练拳如此，做人也是如此。太极智慧告诉我们，不管做什么事情都要懂得坚持，不能半途而废。

很多成功人士已经证明了这样一个简单的道理：成功在于持之以恒。成功需要坚持，只要肯坚持，就一定会有成功的一天。如果不能坚持到底，那么即便是一件小事情也不能取得成功。

童话书中记载着这样一个故事——

一只青蛙渴了，想要喝水。偏巧这段日子天公不作美，一滴雨也没有下，河里的水都蒸发干了。没有办法了，青蛙决定自己动手挖一口井。青蛙挖呀挖呀，眼看就要挖到水源了，却出现了一块大石头。青蛙看了看大石头，决定放弃，重新再挖一口井。第二口井才挖开一点，青蛙再次决定放弃，原因是它觉得这个位置的土壤太结实了，不会有水源。就这样，青蛙挖呀挖呀，转眼间已经挖了七八口井了，每一口井都是挖到一半就放弃了，没有一口井挖出水源。最后青蛙被活活渴死了。

青蛙死后，一只狐狸跑了过来，在青蛙挖过的井口接着挖了起来。非常幸运，狐狸很快就挖出了水。事实上，青蛙挖的第一口井已经非常接近水源了，只要搬开那块并不是很大的石头，甘甜的水就会冒出来。遗憾的是，青蛙放弃了。

这虽然是一则童话故事，但却清楚地告诉人们一个道理：成功的人不见得有多聪明，他们只是比别人多坚持了一下而已。而正是因为多坚持的这一下，事情的结果却有了天壤之别。

事实上，每天练习太极拳确实对身体有好处，中间偶尔间断一下，效果不会受到太大的影响，但是问题的关键不是锻炼的效果，而是人们的心态。事情一旦开了先例，有了第一次的放弃，就会有第二次，第三次，甚至更多，时间长了，做事情时就没有坚持到底的决心。我们要告诫自己：原则就是原则，原则等同于高压线，不到万不得已不能动摇，否则原则就失去本身的约束力。太极拳重视连续的过程，要求练习者坚持每日练习，其中一条最重要的原因就是为了锻炼人们持之以恒的韧性。

事物的发展过程是由量变到达质变的过程，没有人能够无缘无故地成功。人生如太极，一个如环无端的圆，起点即终点，连续不断，生生不息，在这个圆里，我们可以明白一个道理，那就是：天道循环，只要坚持下去，终将到达终点。

美国著名作家斯蒂芬·金，被认为是当今世界上拥有读者最多的小说家。他的成功得益于坚持的力量。据斯蒂芬·金回忆，在他只有六岁那年，因为生病而休学，闲来无事之际，他读了很多漫画书和故事书，从那个时候起，他就开始着手写作。最初，斯蒂芬·金只是模仿其他故事，没过多久就开始自己独自创作。他最初的作品是一篇用铅笔写成的童话故事。他的妈妈是第一位读者，给了他很大的鼓励。之后，斯蒂芬·金的作品再也没有获得他人的认可，直到三十岁，他的稿子还是在不断地被出版社退回。斯蒂芬·金非常苦恼，但是每当她想到妈妈的鼓励，总会咬牙坚持下去，直到最后取得成功。

这就是成功者在成功之前的经历。相比于成功时瞬间的鲜花和喜悦，之前为之付出的过程显得那么漫长，然而正是这无比漫长的、煎熬的过程，才换来了最终的成功。很多人没有能够熬过这个黑暗的过程，他们中途放弃了，自然最终的成功与他们无缘了。因此，我们在羡慕他人获得的成功时，更应该看一看他一路走过的历程，这才是我们需要学习的地方。

正如伏尔泰所言："要在这个世界上获得成功，就必须坚持到底——剑至死都不能离手。"对于每一位想要获得成功的人而言，坚持到底、不屈不挠的精神是获得成功的必要条件。有了这种条件，就有了奋斗的力量和勇气，能够勇敢地战胜一切困难，最终顺利抵达成功的彼岸。

## 6. 保持戒惧，才能少走弯路

老子曰："物或损之而益，或益之而损"，意思就是说，很多时候事物表面上受到损害，反而最终却得到了好处，表面上得到了好处，实际上却受到了损害。例如，自然界中的野草和温室中花朵。当狂风暴雨来临时，人们将鲜花移进了温暖的花房，就这样，鲜花在温暖的花房躲过了风雨。而野外的野草只能仍由风吹雨打，无处藏身。表面上看，鲜花得到了好处，其实却在人们的照顾中降低了自身对外界恶劣环境的抵抗能力。一旦狂风暴雨再次降临，而人们来不及及时将它移进花房时，它随时可能会死去；而野草因为久经风雨的洗礼，虽然表面上身体受到了损害，实际上却增强了对外界环境的抵抗力，从而获得了更加顽强的生命力。

由此可见，人不能长时间处于安逸的生活中，否则就如温室中的花朵，没有太多的抵抗能力。太极中提倡的顺应自然，也有让人们顺其自然地接受

生活磨砺的意思。事实上,太极中的"守柔"观点也是道家思想的反映。在《道德经》中,老子多次提到了顺应天意、阴阳变化、无为而治等,这些思想与"守柔"思想同根同源,应用到日常生活中,告诫世人在为人处世的过程中要心存戒惧,做事情要有限制,有约束。

正所谓,"强梁者不得其死",无论是太极智慧,还是道家思想都不提倡"大无畏"的思想。因为一个人如果无所畏惧,无所戒顾,那么他在做任何事情时都不会有底线,"为所欲为"是这种人行事的唯一准则。这样的行事风格不仅对他人容易造成伤害,对自己也未尝是件好事。

王晓飞是个暴发户,没上几年学,成人后和朋友一起做起了服装生意。赶上了服装生意的黄金期,赚了点钱。然而因为没有太多的文化,思想很肤浅,见识也不足,尤其体现在教育子女方面。

"儿子,爸爸有钱,你想吃什么就告诉爸爸,爸爸都能给你买。"听着老爸财大气粗的允诺,儿子高兴极了。随着孩子一天天地长大,别的本领还没有学会,做事无所顾忌的本领却已经学到家了。

"王晓飞,你快去看看吧,你儿子又和人打架了。"一位邻居说道。

"什么,谁敢打老子的儿子,我废了他。"王晓飞撇下这样一句话,撒腿就跑向邻居所指的方向。

邻居无奈地摇了摇头。

王晓飞边跑边骂,一副要杀人的样子。跑着跑着,他的心提了起来,"警车,怎么会有警车呢?不就是小孩子之间打个架嘛,怎么还惊动警车了?"带着这些疑问,王晓飞跑得更快了。终于到了现场,王晓飞胡乱推开围观的人群,"儿子,儿子,你在哪,没事吧,爸爸来了。"

听到爸爸的声音,王晓飞的儿子微微起身,"爸爸,快来救救我。"顺着儿子带着哭腔的声音看去,只见儿子被一名警察牢牢按住,脸上挂满了泪痕,显然是被这种场面吓坏了。

看到王晓飞出现,儿子试图站起来,跑向自己的父亲。"蹲下!"随着警察的一声呵斥,儿子吓得又哭了起来。见到这样一幕,王晓飞连忙跑了过去，他想要抱起在地上蹲着的儿子，可是被警察制止了。

"警察同志，到底发生什么事情了，我是孩子的父亲，您和我说，别吓到孩子。"王晓飞说道。

"吓到孩子？是你儿子吓到我们了。"一位警察说道。

王晓飞有些糊涂，连忙问道："警察同志，到底发生什么事情了？不行先让孩子回家，我来处理。"王晓飞看着地上吓得浑身发抖的孩子，心疼极了，不惜收敛起平日那副"天不怕，地不怕"的架势，哀求道。

"回家，别想了。你的儿子和人打架，用水果刀把人家孩子刺伤了。看那孩子的伤势，很严重呀。"警察叹了一口气，无奈地说道。

"什么？"王晓飞顿时觉得脑袋里一片空白，嗡嗡作响，"这怎么可能呀，我的儿子只有七岁呀，怎么可能做出这么可怕的事情？"

"是的，目击者说，您的儿子的确天不怕，地不怕，用刀捅人时还说：'老子捅死你，我爸有的是钱，我什么都不怕。'"警察一边说，一边用轻蔑的眼神扫了一眼王晓飞。

近年来，独生子女越来越多。通常情况，每个孩子由四位老人和父母疼爱着，从小过着锦衣玉食的生活，想要什么就能得到什么，渐渐地养成了孩子们"天不怕，地不怕"的霸道性格。表面上看，孩子得到了长辈们无微不至的爱护，最优越的物质生活，其实这种爱护深深地伤害了孩子，让孩子失去了戒惧心理。随着孩子们成人，步入社会，离开父母的羽翼，这种伤害会逐渐显现出来。通常情况下，没有戒惧意识的孩子会多走很多弯路。其中，一些孩子比较幸运，他们在后天的磕磕碰碰中学会了戒惧，开始规规矩矩地做事情；而另一些孩子则很不幸，生活上的多次碰壁不仅没有让他们学乖，反而让他们误入歧途，走上了错误的道路。

因此，太极智慧告诫我们，在为人处世时一定要有戒惧的思想意识，守规矩，讲道德，事情要有底线，不能为所欲为。天地万物都必须遵守一定的规则，正如，农夫会在春天播种，到了秋天收割，从而获得丰收，这是植物的生长规则，人们想要收获果实，就必须遵守规则，否则将会颗粒无收。自

然界如此，我们的生活也是如此，想要获得成功，收获付出之后的硕果，就必须顺应天道，遵守自然之法。

　　随着社会的发展，人与人、人与自然之间的关系变得越来越复杂。同时，越来越多的人清楚地意识到：这是一个法治的社会，没有人能够凌驾于法律之上，任何人都必须遵守法律规则，不能无所顾忌。事实上，太极智慧就是教化世人做遵守道德规范，顺应天道的有素质、有修养、有思想的良民。要知道一个人的视野、思维模式、文化背景决定着这个人能走多远，一个企业家的视野、思维模式、文化背景决定着这个企业能够走多远，一个国家领导者的视野、思维模式、文化背景决定着这个国家能够走多远。由此可见，人类文明得以长远发展尚且离不开各种规则的约束，何况我们呢？世界上没有绝对的自由，建立规则并令人们遵守规则正是为了确保大家的相对自由。因此，我们需要胸怀戒惧之心，主动遵守规则，承担自己的责任和义务，方能获得自由，少走一些弯路。